Ryszard Kapuściński
Die Welt im Notizbuch

Zu diesem Buch

Für Ryszard Kapuściński sind Kontinente gleich fremd und gleich nah. Afrika, Asien, Europa, Lateinamerika – es gibt kaum eine Weltgegend, in der er nicht persönlich war. Seine unersättliche Neugier treibt ihn in die entlegensten Regionen. Und anders als seine westlichen Kollegen tritt der legendäre polnische Reporter in Drittweltländern nicht als Privilegierter auf – vielmehr lebt er in den Hütten der Einheimischen, reist mit ihren Verkehrsmitteln. Seine Arbeit als Reporter »vor Ort« verschafft ihm einen einzigartigen Blick auf unsere Welt. So sieht er auch die rasanten globalen Entwicklungen nach dem Zusammenbruch des Kommunismus ganz anders als ein »Westler« oder einer, der seine östliche Heimat kaum verlassen hat.

Ryszard Kapuściński, geboren 1932 in der ostpolnischen Stadt Pinsk, wurde in den fünfziger Jahren als Korrespondent nach Asien und in den Mittleren Osten, später auch nach Lateinamerika und nach Afrika entsandt. Er zählt zu den großen Journalisten der Gegenwart, seine Reportagen aus der Dritten Welt sind weltberühmt. 1999 wurde er in Polen zum »Journalisten des Jahrhunderts« ernannt.

Ryszard Kapuściński
Die Welt im Notizbuch

Aus dem Polnischen von
Martin Pollack

Piper München Zürich

Von Ryszard Kapuściński liegen in der Serie Piper vor:
Afrikanisches Fieber (3298)
Die Erde ist ein gewalttätiges Paradies (3644)
Die Welt im Notizbuch (3645)

Dieses Taschenbuch wurde auf FSC-zertifiziertem Papier gedruckt.
FSC (Forest Stewardship Council) ist eine nichtstaatliche, gemeinnützige
Organisation, die sich für eine ökologische und sozialverantwortliche
Nutzung der Wälder unserer Erde einsetzt (vgl. Logo auf der Umschlag-
rückseite).

Ungekürzte Taschenbuchausgabe
Piper Verlag GmbH, München
1. Auflage April 2003
3. Auflage Februar 2007
© 2000 Eichborn AG, Frankfurt am Main
Umschlagkonzept: Büro Hamburg
Umschlaggestaltung: Birgit Kohlhaas, München
Foto Umschlagvorderseite: Boris Potschka / LOOK (oben)
und Jan Greunel / LOOK (unten)
Foto Umschlagrückseite: Irmi Long
Satz: Fuldaer Verlagsagentur, Fulda
Papier: Munken Print von Arctic Paper Munkedals AB, Schweden
Druck und Bindung: Clausen & Bosse, Leck
Printed in Germany
ISBN 978-3-492-23645-4

www.piper.de

Schreiben heißt soviel wie auswählen und verschweigen. In einem Tagebuch kann man sich, ähnlich wie in einem Gedicht, einen längeren Moment des Schweigens erlauben, ein Abbrechen mitten im Wort. Der Schreibende ist von allen Übergängen und Einführungen befreit, von diesem ganzen Bindegewebe, das man so lange vorbereiten muß und walken wie einen Teig.

Jean Guitton

Es gibt keine Darstellung der ganzen Wirklichkeit. Nur eine Auswahl.

Pär Lagerkvist

Abu Dhabi

Wie Kinder im Zoo einen Gorilla neckten (der Zoo ist neu und steht außerhalb der Stadt, in der Wüste). Anfangs wurde der Gorilla wütend, rannte durch seine Betonlandschaft und drohte den kleinen Quälgeistern. Schließlich setzte er sich erschöpft in die Mitte des Käfigs und begann zu weinen. Und da – wirklich genau in diesem Augenblick (was für ein außergewöhnlicher Zufall!) – brach ein Sandsturm los. Ein plötzlicher, gewaltiger, machtvoller Sturm, der den Himmel mit Wolken grauen Staubs bedeckte und uns heiße Sandkörner in die Augen trieb. Alle wandten sich zur Flucht, die Kinder mit lautem Geschrei, hinter den Kindern die Erwachsenen, der Wind zauste und riß an den Tschadors, in denen erschrockene Frauen wie aufgescheuchte schwarze Vögel durch den geballten, glühenden Nebel des Wüstensturms liefen.

Im Laufen blickte ich mich für einen Moment um: Durch den Staub, die Sandwolken, das ringsum herrschende Halbdunkel sah ich den Gorilla, der vornübergebeugt auf seinem Platz saß, wie in der Mitte abgeknickt, er saß da, schaute uns nach und schluchzte.

Ich ließ eine kleine Katze in mein Arbeitszimmer. So eine Katze belebt die Dinge, verleiht ihnen neuen Sinn und neue Bedeutung. Sie holte irgendwelche Drähte und Kabel hervor, die seit Jahren reglos und vergessen herumgelegen hatten, warf einen Stoß Bücher zu Boden (auf diese Weise fand ich ein Buch, das ich seit langem gesucht und von dem ich geglaubt hatte, jemand habe es mitgenommen). Durch ihre Streiche gewann der ganze Raum andere Ausmaße und Proportionen.

Nieborów

Bei Sonnenaufgang (Sonne, endlich Sonne!) ging ich in den Urwald von Bolimów. Hinter dem Palast geht man zuerst an liegenden, vom Tau schweren Getreidefeldern vorbei, dann an feuchten, silbrigen Wiesen, schließlich kommt der Wald, sofort hoch, alt, seit Urzeiten hier ansässig, majestätisch. Ich kam am Forsthaus Siwice vorbei, dann am Forsthaus Polesie, an Schneisen und Gräben, bis ich schließlich ins Herz des Urwalds vorstieß. Hier standen hundertjährige, ausladende Eichen, an eine war ein Bildstock genagelt. Unter dem Bild standen in Gläsern zwei Maiglöckchensträuße – aus Plastik. Ich begegnete einem Bauern aus dem benachbarten Dorf Borowina. Er ist in diesem Wald geboren und hat hier sein ganzes Leben verbracht: Er ist 67 Jahre alt. »Vor dem Krieg, mein lieber Herr, herrschte hier tiefstes Elend, und jetzt, mit dieser ›Solidarność‹, steuern wir wieder auf die Armut zu.« Er beruhigt sich ein wenig, schaut mich verunsichert an – »Aber vielleicht sind Sie ja auch von der ›Solidarność‹? Aber ich sag's, wie es ist, mein Herr!«

Er erzählt, daß dieser Ort Rehschneise heißt und daß hier früher einmal das Forsthaus Kaczew stand (weil in der Nähe ein Sumpf war, wo es Scharen von Enten gab). Jetzt hat man »Melioration gemacht«, aber trotzdem hat er vor gar nicht langer Zeit hier zwei Elche gesehen. Große.

Er richtet etwas an seinem Rad und sagt:

»Wenn ich manchmal hier entlangfahre, kommen mir Gedanken, die gar nicht in meinen Kopf wollen.«

Aber was das für Gedanken sind, womit sie sich beschäftigen und vor allem: warum sie nicht in seinen Kopf wollen – das sagte er schon nicht mehr.

9. August 1995

In Wola Chodkowska, bei Kozienice. Die Normalität Masowiens, ja Bescheidenheit dieser Landschaft. Das ruhige, seichte Flüßchen Radomka, Kiefern (ein paar alte, mächtige, doch der Rest ist dichter, halb verwilderter Jungwald), Erlen, Wacholder, einige Eichen, hier und da einzelne Birken. Kleine Lichtungen, Brachfelder, Gruppen von Büschen. Sand, man braucht nur mit dem Spaten hineinzustechen, die Schuhspitze hineinzustoßen – überall Sand.

Ein paar Vögel, ein paar Maulwürfe. Ein paar Pilze und Brombeeren. Ein paar Frösche. Bienen und Mücken. Schmetterlinge und Käfer.

Ameisen.

Die Geschichte von »Einem Tag der Welt« schreiben:
- wie die Sonne über Tibet aufgeht, über der Sahara, über Florenz und Lima,
- wie die Kinder erwachen, wie die Frauen erwachen,
- wie die Arbeiter erwachen,
- wie die Krieger erwachen,
- wie sich der Duft von Kaffee, Tee, gebratenen Eiern, dem Blut eines frisch geschlachteten Huhns, von Maniok verbreitet,
- wie die Bauern zur Arbeit gehen,
- wie die Maultiere losziehen,
- wie die Züge losfahren,
- die Panzer,
- wie die Frauen, die am Ufer der Flüsse stehen, mit ihrer Wäsche beginnen,
- dann wird es Mittag und das Leben erstirbt (in den Tropen – im Tschad, in Mali, in der Wüste Atacama, Gobi, Kara-Kum usw.),

- wie die Bildhauer mit Holz arbeiten, mit Ton, mit Stein, mit Metall, wie Diamanten geschliffen werden,
- wie sie Maniok zerstoßen, Kartoffeln ausgraben, wie sie Schiffe und Flugzeuge lenken,
- wie überall irgendwelche Maschinen zu hören sind,
- wie dann die Arbeit beendet wird, man von der Arbeit nach Hause geht,
- wie alles langsamer wird,
- die Dämmerung hereinbricht,
- der Abend,
- wie Lagerfeuer entzündet werden, die Lichter in den Fenstern aufleuchten, Laternen und Neonlampen, das Glimmen der Glühwürmchen, die Augen der Boa constrictor,
- wie die Savanne brennt, wie ein Dorf brennt, eine Stadt nach einem Luftangriff,
- wie sich in Tschernobyl die Tore der Hölle auftun,
- wie wir uns zum Abendessen setzen, fernsehen,
- wie das Kleine (Patscherl, Würmchen, Herzchen) schlafen will (oder auch nicht),
- wie endlich doch alles langsam einschlummert,
- wie vorher die Körper zueinander drängen,
- wie das zu hören ist,
- Raunen, Reden, Rufen, Schreien (ein ganzer Turmbau zu Babel von Stimmen, Tönen, Klängen, Geräuschen, Inkantationen, B-Mollen und C-Duren),
- langsames Übergehen in die Dunkelheit, in die Nacht,
- in die Qual der Schlaflosigkeit, in Trugbilder und Alpträume, oder in kräftiges Schnarchen, in Vergessenheit, in Träume,
- wie die Erde im Nichts versinkt und nach einigen Stunden, im Morgengrauen, wieder daraus auftaucht.

Berlin, Oktober

Die Blätter der Kastanie vor meinem Balkon sind über Nacht gelb geworden. Dieser Wechsel von Grün zu Gelb erfolgte so plötzlich, so kompromißlos und unwiderruflich, daß kein einziges grünes Blatt übriggeblieben ist! Nur helles, brennendes Gelb und das dadurch um so deutlichere, kräftigere Schwarz des Stammes und der Äste.

Ich ging durch den Park, und dort auf einer Bank zwei Jugendliche, so verweint, so unglücklich!

Der Himmel, als ich einmal irgendwohin flog (aber wann und wohin?), war unten dunkelblau, etwas darüber hellblau, dann, noch höher orangefarben, später rosa, und in der höchsten Schicht ziegelfarben, um sich nach einiger Zeit dunkelgrau zu verfärben, schließlich dichter zu werden und am Ende, ganz zum Schluß, zusammenzuballen und in Dunkelheit zu tauchen.

★ ★ ★

Es ist schwierig, in einer Welt so gewaltiger und tiefgreifender Veränderungen zu schreiben. Alles gleitet einem unter den Füßen weg, die Symbole ändern sich, die Zeichen werden umgestellt, die Orientierungspunkte haben keinen festen Platz mehr. Der Blick des Schreibenden irrt über ständig neue, unbekannte Landschaften, seine Stimme geht unter im Tosen der rasenden Lawine der Geschichte.

Ein wunderbares, kluges Buch von Zbigniew Podgórec, »Gespräche mit Jerzy Nowosielski«. Kann man Johann Peter Eckermann, den Autor der beiden Bände »Gespräche mit Goethe« als Vater dieser Art von Texten bezeichnen? Diese Literatur der Fakten macht heute schon eine breite Strömung der modernen Literatur aus.

Was ist der Grund für das Entstehen dieser Strömung von Gesprächen? Die Schnellebigkeit unserer Zeit. Leser und Herausgeber wollen nicht warten, bis sich ein großer Name mit einem reifen, klassisch aufgebauten Werk zu Wort meldet. Sie wollen seine Reflexionen, Meinungen, Geheimnisse seines Denkens kennenlernen – jetzt, auf der Stelle. Es stimmt, daß diese Form der Interviews in Buchlänge großen Namen die Möglichkeit gibt, viele Gedanken beinahe aphoristisch zu formulieren, und auch die Chance, sie immer wieder neu vorzutragen, in anderem Zusammenhang, mit anderer Bedeutung.

Es gibt dabei nur ein Problem – das Niveau, den geistigen Horizont, die Tiefe der Gedanken, das Wissen dessen, der das Interview führt. Denn Autor des Buches, wirklicher Autor, ist der, der die Fragen stellt, die Probleme aufwirft und vertieft, nachstößt. Der Held spielt zwar die Hauptrolle im Buch, wird jedoch zur sekundären, passiven Figur, die erst auf einen äußeren Anstoß reagiert – auf die Fragen.

Debora Vogel, eine polnische Autorin der Zwischenkriegszeit, sagt in einem Buch aus dem Jahre 1936 ein Ende des Erzählens in der Literatur voraus. Ihrer Ansicht nach ist das Prinzip der Fotomontage am modernsten, weil es »reale Elemente zu einer irrealen Einheit« verknüpft. Die Fotomontage, so schreibt die Autorin, »ist das wahre Epos der Modernität«, weil sie »eine Konzeption epischer Simultanität« darstellt, die dieser Modernität am nächsten kommt.

Die Wege der Literatur streben auseinander, in zwei Richtungen – in Richtung der Essayisierung, Enzyklopädisierung, und in Richtung der Fernsehserie. Im ersten Fall stehen der Gedanke, die Reflexion im Vordergrund, im zweiten die Intrige, das Abenteuer.

Der Essay von Rada Iveković »Über die Anwendung der Enzyklopädie« in der Zeitschrift »Literatura na świecie« (1/88): »Es geht darum, daß in einem Text möglichst viele Texte vorkommen.« Die Autorin schreibt über einen neuen Typ von Buch, das Buch als Enzyklopädie, Labyrinth, Wörterbuch. So ein Buch – Enzyklopädie, Labyrinth, Wörterbuch – ist ein offenes, nie abgeschlossenes Werk. Widersprüche im Text sind hier »gern gesehen«, auch eine holistische oder reduktivistische Sehweise ist erlaubt.

Diese Überlegungen von Iveković zur Enzyklopädiehaftigkeit des Textes erscheinen mir sehr treffend. Vielleicht entspricht diese Form am ehesten der auf uns einstürmenden Wirklichkeit, die uns durch die Masse ihrer Informationen niederdrückt. Diese Wirklichkeit ist ihrer Natur nach enzyklopädisch, wofür symbolhaft der Computer steht – eine mechanische, miniaturisierte Enzyklopädie.

Diese Entwicklung wird erstens gefördert durch die Entwicklung und Allgegenwart der Massenmedien (überall gibt es Zeitungen, hört man Radio, flimmern die Fernsehschirme) und zweitens durch unsere zunehmende Mobilität (Reisen, Migrationen, vermehrte zwischenmenschliche Kontakte).

Gibt es eine Verbindung zwischen dem Geist der Epoche und diesem Hang zur Enzyklopädisierung der Aussage, Beschreibung, des Textes? Die große französische Enzyklopädie von Diderot und d'Alembert beginnt Mitte des achtzehnten Jahrhunderts zu erscheinen – in einer Zeit der großen, fundamentalen Transformation der Welt. Auch wir leben in so einer Zeit der Transformation, und die Form der Enzyklopädie befriedigt zwei wichtige Bedürfnisse einer Epoche des Umbruchs – sie besitzt eine ordnende Struktur, die es erlaubt, eine gewisse Ordnung einzuführen, und das Chaos, das typisch ist für Zeiten stürmischer Veränderungen, zu beherrschen, und unternimmt gleichzeitig den Versuch, die neu auftauchenden Phänomene zu definieren oder alte Begriffe und Vorstellungen umzudefinieren.

Jakub Lichański schreibt in seinem Buch »Apophtegmata« (Warschau 1985), die Teilung der Literatur in Fiction und Non-fiction sei ein Werk des neunzehnten Jahrhunderts und überholt: »Das größte Problem, vor das die damalige Literatur uns heute stellt, liegt darin, daß wir nicht wissen, wie wir die damalige Belletristik (im heutigen Sinn dieses Wortes) von der Philosophie, Magie, den konkreten Wissenschaften, der Geschichte, Moral, Theologie, Wahrsagerei oder Medizin abgrenzen sollen … Das literarische Werk sollte damals nicht nur ein ästhetisches Erlebnis sein, sondern auch ein solides Wissen von der Welt vermitteln.«

Am 20. Januar Verleihung des Ksawery-Pruszyński-Preises, zuerkannt von der Leitung des PEN-Clubs. Zu diesem Anlaß muß jeder der Preisträger (ich bin einer von ihnen) etwas sagen.

Ich habe Pruszyński nur einmal gesehen, sage ich, im Jahre 1946. Er kam zu einem Treffen mit uns, den Schülern des Stanisław-Staszic-Gymnasiums. Das Treffen fand im Turnsaal im halb niedergebrannten Gebäude des Juliusz-Słowacki-Gymnasiums an der Wawelskastraße in Warschau statt. Die Scheiben in den Fenstern waren schon eingesetzt, aber es gab noch keine Fußböden, wir hockten auf gestampftem Lehm. Ich erinnere mich nicht im einzelnen, was Pruszyński sagte, aber bis heute blieb mir die Wärme, die er ausstrahlte, im Gedächtnis. Der Eindruck von Güte und Freundlichkeit, von einem Menschen, der anderen zuhören kann – für mich eine unabdingbare Voraussetzung für einen Reporter (ein Reporter braucht die Fähigkeit zur Empathie).

Die beiden Größen der polnischen Reportage: Melchior Wańkowicz (geboren 1892 in Weißrußland) und Ksawery Pruszyński (geboren 1907 in Wolynien). Beide aus den Randgebieten und aus adeliger Familie stammend. Beide auch sehr polnisch. Wańkowicz beschließt die Epoche der traditionellen Reportage, des Reportage-Romans, strotzend von Anekdoten, phantastischen Erzählungen, geschrieben in üppiger, farbiger Sprache, in schwungvollem, ausladendem Stil. Pruszyński eröffnet die Epoche der Reportage, die zwar noch in der Tradition von Radziwiłł, Pasek und Wańkowicz steht – aber auch schon modern ist, sparsamer mit Worten, einfacher im Stil und vor allem – durchtränkt vom Essay, das heißt eine Reportage, die die Welt nicht nur beschreibt, sondern auch versucht, sie zu erklären. Pruszyński zeichnete eine wache

Neugierde für alles Geschehen aus, für die kritischen Punkte der Welt, das Bedürfnis, an den heißen Stellen zu sein, um diese zu beschreiben. Er war dort, wo sich Wichtiges ereignete: in Palästina, Spanien, Danzig, Narvik.

Drei Merkmale seines Schreibens: Empfindsamkeit für das Pulsieren der Welt, Essayisierung des Textes und eine moderne, klare Sprache.

1. Januar 1990

Das Verhältnis zwischen Schreiben und Umgebung. Es hat zwei Ebenen. Erstens – die Beziehung zwischen dem Schreibenden und der Welt der ihn unmittelbar umgebenden Dinge. Das heißt, wie sein Arbeitsraum eingerichtet ist. Welche Bücher es dort gibt, welche Bilder, Pflanzen. Was man aus dem Fenster sieht. Die Straße? Einen Wald? Das Meer? Die zweite Ebene bilden die Menschen um einen herum. Ob dich diese Umgebung emporhebt, inspiriert, zu geistiger Anstrengung zwingt, deine Phantasie anregt oder umgekehrt – dein Denken hemmt, verarmen läßt, zerstört. Aus diesem Grund ist auch die Wahl der Umgebung für das Schreiben so wichtig. (Vasyl Rosanovs Ansicht zu dieser Frage ist eindeutig negativ: »Die Gesellschaft, die Umgebung, bereichert unser Denken nicht, sondern macht es ärmer.«)

Es gibt Schriftsteller, die in ihrer eigenen geschlossenen Welt leben, durch eine psychische Wand getrennt von den Ereignissen, die in dieser Zeit die Welt bewegen. Joyce schreibt am »Ulysses« in Zürich in den Jahren des Ersten Weltkriegs, ohne sich um diesen Krieg zu kümmern. Musil schreibt am dritten Teil des »Mann ohne Eigenschaften« während des Zweiten Weltkriegs, und er registriert die Nachrichten von der Lage an der Front gleichgültig, als handle es sich um »Sportnachrichten« (nach Aussagen eines Zeitzeugen).

Ernest Renan schreibt seine »Dialoge« im Jahre 1871, in Versailles, als die Preußen Frankreich besiegen. Doch dieses Drama hinterläßt keine Spuren in den »Dialogen«. (»Er mied den Trubel, die Politik, das Gewöhnliche«, schreibt G. Glass über Renan.)

Für sie alle ist die Politik ein Feind der Literatur, der diese von der Bühne der Welt verdrängt, sie unterdrückt und zerstört. Sie haben keine Probleme, wenn es gilt, die Wahl zu treffen – in ihren Augen zählt nur die Kunst.

Czesław Miłosz: »Samuel Beckett ist Ausdruck der Überzeugung der Dichter des zwanzigsten Jahrhunderts: Das menschliche Leben leidet an grundsätzlicher Sinnlosigkeit. Außer dem Absurden läßt sich nichts aus ihm herauspressen. Daraus kann folgen, daß alles von Interesse erst in der Mehrzahl beginnt. Proteste, Atomwaffen, Lateinamerika und so weiter. Zeichnet nicht alle Intellektuellen dieses Jahrhunderts die Flucht von der Einzahl in die Mehrzahl aus?« (»Das Jahr des Jägers«, 1991)

Diskurs und Intuition. Eine diskursive Vertiefung bedeutet die Erforschung der Wirklichkeit durch logisches, analytisches Denken. Diskurs ist ein Weg des Verstehens, geduldig und mühevoll, ein waches Eindringen in ein unbekanntes Land, das wir entdecken, ergründen, verstehen wollen, die Intuition hingegen ist ein plötzliches Aufblitzen, eine Blendung, ein einmaliges, momentanes Hinschauen, das sofort das Ganze erfaßt, eine Vision, eine Erschütterung, ein starker emotioneller Kontakt mit dem erkannten, erforschten Objekt.

Es ist wichtig, daß du dir die Fähigkeit des Erlebens bewahrst, daß es Dinge gibt, die dich in Erstaunen versetzen, dich erschüttern können. Es ist wichtig, daß dich nicht die schreckliche Krankheit der Gleichgültigkeit erfaßt.

Ich las wieder einmal »Die Arbeiten des Sisyphus« von Stefan Żeromski. Dieses Buch, das vor hundert Jahren geschrieben wurde, las ich wegen seiner Sprache, wegen der Worte, die uns verlorengehen: »verzagen«, »Hängekluft«, »angestrengte Ehrbegier«, »nichtswürdige Gewalt«, »Aufschüttungen und Abstürze«, »grüne Wiesenstriche«, »Trift«, »in weizenreiche Länder gehen«, »Ausschwemmung« usw.

Fernand Léger schreibt in »Mensch, Maschine, Malerei«, daß »die Werke, in denen das wichtigste das Thema war, vergehen, diejenigen, in denen das wichtigste die Form war – bestehen.«

Die Reporter von Bild und Ton ändern die Art und Weise, wie wir die Welt sehen, von ihr erzählen. Die Kamera- und Tonleute suchen im Ereignis nicht seinen historischen oder politischen Sinn, sondern das Schauspiel, das Hörspiel, das Theater. Unter ihrem Einfluß wird »History« zunehmend ersetzt durch »Story«, ihnen geht es weniger um den Sinn der Ereignisse als um ihre Dramaturgie.

Die Welt besitzt die Struktur einer Drehbühne. Jedes Ereignis, auch das größte (das nächste Ereignis ist die folgende Szene), verschwindet gleich wieder aus unserem Blick und macht einem neuen szenischen Ereignis Platz.

Die Aufmerksamkeit der Menschen, bislang auf dieses eine Ereignis gerichtet, wendet sich anderen, den folgenden zu. Das vorige wird rasch von allen vergessen.

Diese rasende, atemlose Veränderlichkeit, Rotation der historischen Szenen wird verstärkt durch den Herdeninstinkt der großen Medien, mit dem sie auf die Ereignisse in der Welt reagieren: Statt sich zu bemühen, über möglichst viele Ereignisse zu berichten, machen die einzelnen TV-Radio-Printmedien-Netze einander Konkurrenz, schauen sich gegenseitig auf die Finger, wollen nicht zulassen, daß ihr Konkurrent irgendwo ist, wo sie nicht sind. Die Revolution im Iran? Tausende von Journalisten und Fotografen, Hunderte von Fernseh-, Rundfunk- und Filmteams rasen nach Teheran. Die Regierung der Sandinisten stürzt? Alle Medien jagen nach Nicaragua. Von dort zum Persischen Golf, vom Golf nach Moskau, von Moskau nach Südafrika usw.

Bedeutet die rasche, weltweite Entwicklung immer billigerer und kleinerer Videokameras, die man fast schon in die Tasche stecken kann, das Ende des traditionellen Journalismus? Vielleicht noch nicht heute und nicht in all seinen Formen? Aber morgen? Übermorgen? Man kann sich folgendes Szenario vorstellen: Ein bewaffneter Konflikt bricht aus, zum Beispiel in Kolumbien. Ein Staatsstreich. Die Terroristen stürmen. Eine Revolte. Lokale Zeugen des Geschehens (zufällige Zeugen, die aber vor Ort sind) filmen sofort alles, was sie sehen, den ganzen Verlauf der Ereignisse. Sie haben gegenüber allen anderen den Vorteil, daß sie von Anfang an am Schauplatz sind, immer an der Quelle.

Nun bricht einer zum Schauplatz auf, kein Reporter, kein Korrespondent, ein ganz gewöhnlicher Kaufmann, ein geschäftstüchtiger Händler, der die Filmkassetten der lokalen Amateurreporter zusammenkauft und über die nächste angemietete Fernsehstation sendet. Dafür braucht es keine Fernsehteams, keine Berufsjournalisten mehr.

Ruanda – oder das Ende der Pionierzeit des Journalismus. Jane Perlez von der »New York Times« sagt mir auf dem Flug nach Ruanda, sie habe ein Satellitentelefon dabei. Von der Front oder von einem Flüchtlingslager aus wird sie über dieses Telefon mit der Redaktion in New York sprechen, ihnen den Artikel direkt vom Schlachtfeld, vom Schauplatz des Massakers diktieren. Ja, alles ist längst Schauspiel, alles ist Information, nichts hat mehr Bedeutung oder Gewicht! Das einzige, was bei dieser Arbeit zählt: Es muß kurz sein, muß schnell gehen!

Immer stärker spüre ich den Druck der Herausgeber nach Aktualität. Sofortige, eilige, hechelnde Aktualität. Sofort! Sofort! Unverzüglich! Liefer uns gleich ein Buch über das, worüber heute in den Fernsehnachrichten geredet wurde, worüber die Zeitungen schreiben! So lauten ihre Rufe, ihr Drängen, ihre Mahnungen, ihre Appelle.

Dieses Tempo, diese Atemlosigkeit versuchen sie der Literatur aufzuzwingen. Was die wahre Literatur ausmacht, zum Beispiel der Stil, wird dabei völlig außer acht gelassen. Was zählt, sind das hier und jetzt interessierende, brennende Thema und die Schnelligkeit. An das Buch werden dieselben Anforderungen gestellt wie an einen Artikel, den man unterwegs für die Zeitung schreibt. Auf diese Weise verschlingt der Moloch der Aktualität alles, verdaut alles.

In der Folge sinkt das Niveau der Literatur so tief, daß heute jeder Bücher schreiben kann (und tatsächlich schreibt!) – Fußballer, Sängerinnen, Buchhalter, Polizisten.

Das Schreiben hat aufgehört, Kunst zu sein, ist nicht einmal mehr ein Beruf, es ist zu einer allgemein zugänglichen Form der Selbstreklame geworden, ein Weg, Geld zu verdienen oder sich Verehrer zu schaffen. Eine Flut – das ist es, was die Kunst bedroht, eine Flut, eine Überschwemmung, eine Sintflut des Laientums, der Oberflächlichkeit, der Beliebigkeit, die in ihrem chaotischen Wirbel alles verschlingt, was wertvoll ist, was sich über Stümperei und Kitsch erhebt. Eine Diktatur der Masse, des Stapels – ein Problem, gegen das man nur schwer ankämpfen kann.

Ein Zeichen der Zeit, unserer Zeit, in der alles rasch veraltet und sofort auf dem Müllhaufen landet, einer Zeit, in der die Forderung nach Neuheit regiert, der Kult der Neuheit, die Nachfrage nach den ausschließlich frischesten, noch dampfenden, siedendheißen Speisen, direkt aus dem Topf, aus der Pfanne: Nicht nur Waren werden heutzutage mit einem Herstellungsdatum versehen, auch neben dem Namen eines Autors findet man immer öfter sein Geburtsjahr, damit man weiß, aus welcher Zeit er stammt, ob er dritt- oder viertrangig ist, ob es überhaupt lohnt, ihn zu lesen, oder ob man sich besser etwas anderem widmen soll.

Es werden keine Bücher mehr geschrieben. Jeder versucht, einen Bestseller zu schreiben.

Die Fédération Internationale des Journalistes meldet, daß weltweit immer mehr Journalisten in Ausübung ihres Berufes ums Leben kommen:

1989 – 58 Journalisten
1991 – 84
1993 – 75
1994 – 115

Unser Beruf (das heißt der des Kriegsreporters) wird immer gefährlicher. Oft kommen wir an vorderster Front direkt mit dem Tod in Berührung. Man kann leicht ums Leben kommen, denn Front bedeutet Chaos, Anarchie, es gibt keine klaren Trennlinien, viele Straßen sind vermint, überall drohen Hinterhalte, das menschliche Leben ist dort billig.

12. März 1991

Sie ziehen es heute vor, über den Autor zu schreiben, nicht über seine Bücher (ich habe den Eindruck, daß die Leute, die die Werbung, die Porträts und Interviews machen, die Bücher gar nicht lesen). Mehr als die Texte interessiert sie die Person des Autors. Seine Haltung, seine Erlebnisse, seine Gewohnheiten. Wenn man sie nach den Büchern fragt, geraten sie in Verlegenheit, ziehen sich mit Allgemeinplätzen aus der Affäre. Als wäre das, was und wie er schreibt, ohne Bedeutung, ja eine ganz nebensächliche, überflüssige Angelegenheit.

Der Typ der Reportage vom Tonband: Das Buch von Helena Poniatowska »La Noche de Tlatelolco«. Ein paar hundert Seiten Berichte von Zeugen des Massakers am Platz Tlatelolco in der Form knapper dokumentarischer Aussagen. Im ganzen Buch stammen nur zwei Seiten Text von der Autorin.

»Literaturnaja Gazeta« vom 12. 4. 1994. Eine Diskussion über das Buch. Der Schriftsteller Vladislav Ostroschenko: »Die Attraktivität ist eine vielschichtige Erscheinung. Auf der Makroebene ist es vor allem die Individualität des Autors, die interessieren, mitreißen, fesseln kann. Auf der

Mikroebene hingegen interessieren eher Faktoren wie die Sprache, die Stimmung, Gestalten, die Erzählung.« Der Autor Andrej Dmitriev: »Das Buch ist nur eine Partitur, deren Ausführender der Leser ist. Dickens, in der Kindheit und im Alter gelesen, das sind zwei verschieden ›gespielte‹ Dickens: Die Partitur ist dieselbe, die Ausführungen hingegen sind grundverschieden!« Die Literaturkritikerin Alka Latinina: »Ich mag es nicht, wenn man sagt, die Wahrheit liege in der Mitte. In der Mitte liegt das Problem.«

Soll man ein Gerücht beachten? Ja! Ein lateinisches Sprichwort sagt: De nihilo nihil (Aus nichts entsteht nichts). Genau. In jedem Gerücht muß doch etwas stecken. Erstens – warum ist ein Gerücht ausgerechnet darüber (über dieses Ereignis, diese Person) entstanden und nicht über etwas (jemand) anderes? Zweitens – warum gerade jetzt? Drittens – was ist das für ein Gerücht? Was hat es zum Inhalt? Welche Intentionen? Es ist wichtig, das Gerücht, seine Aussage, den Kontext zu analysieren. Und auch – wer es in Umlauf gebracht hat. Wie es aufgenommen wird. Ein Gerücht sagt viel aus über Stimmungen, aber auch über das Denken der Menschen, die Kultur usw.

23. Dezember 1991

Am schwierigsten: sich nicht von der Alltäglichkeit lähmen, von der Banalität und Dummheit betäuben lassen. Man muß seine Neugierde nach kleinen, platten, unwichtigen Dingen unterdrücken. Die Neugierde muß selektiv sein, dem Schreiben dienen.

Das Schreiben ist ein Teil der Welt der Kommunikation. Das Buch ist ein Kommuniqué. Der Prozeß der Kommunikation verläuft linear vom Absender zum Empfänger. Das sind die beiden Enden einer Linie. Wenn ein anspruchsvolles Buch keinen anspruchsvollen Leser findet, bleibt es in der Luft hängen, verfehlt es sein Ziel. Bereitschaft, Aktivität, schöpferische Anstrengung braucht es an beiden Enden dieser Verbindung.

Die Schriftstellerin Eva Hoffman sagt mir, daß man Bücher, dieselben Bücher, in verschiedenen geographischen Breiten ganz unterschiedlich liest. »Wenn ich in den Vereinigten Staaten das Buch von A. über Polen lese«, sagt sie, »erscheint es mir hervorragend, wenn ich es jedoch in Polen lese, sehe ich, wie schlecht es ist!«

Ein Buch kann man auch als Raum betrachten, den wir beim Schreiben mit verschiedenen Szenen, Bildern, Wortstrukturen, Gedanken, Stimmungen usw. füllen. Verschiedenartigkeit und Veränderlichkeit der Formen ist bei einem so verstandenen Buch nicht nur zulässig, sondern sogar erwünscht. Diese Verschiedenartigkeit bereichert, differenziert, dynamisiert den Text. Natürlich droht dabei die Versuchung unkontrollierter Freiheit, wahllosen Herumspringens. Natürlich braucht es dafür gedankliche und ästhetische Disziplin, aber der Übergang von einer Ebene (einer Form) in den größeren, dichteren, über mehrere Ebenen reichenden Raum ist wichtig und fruchtbar.

Die Zensur tötete nicht allein mit dem Stift des Zensors. Sie tötete auch auf heimtückischere, hinterhältigere, bösartigere Weise. So zum Beispiel rechtfertigt sie Trägheit des Denkens, jegliche intellektuelle Untätigkeit (oder erlaubt eine solche Rechtfertigung). Wie viele Menschen gab es, die sich sagten: »Ach, ich werde das gar nicht erst schreiben (malen, ausstellen, komponieren), die Zensur würde es ja doch nicht durchlassen.«

Hans Magnus Enzensberger hat mir einmal gesagt, daß man für sein Talent immer mit einer gewissen Abnormität bezahlt. In jedem begabten Menschen muß irgendwo eine Anomalie stecken, irgendeine – oft tief verborgene – Abweichung von der Norm.

Immer öfter wird ein literarisches Werk (oder Kunstwerk im allgemeinen) zum kollektiven Werk. Denn wir speichern in unserem Gedächtnis eine wachsende Fülle von Informationen, unser Denken nimmt immer mehr Daten auf, sammelt und verarbeitet sie, oft ohne unser bewußtes Dazutun, so daß wir am Ende selbst nicht mehr sagen können, was von uns ist und was wir uns von anderen angeeignet haben. Natürlich denke ich hier nicht an gewöhnliche, freche Plagiate. Es geht um tiefere, indirekte, schwer greifbare subtile Abhängigkeiten, Beziehungen, Einflüsse und Verbindungen.

Es fällt zunehmend schwer, die eigenen Gedanken von dem zu unterscheiden, was man von außen aufgesogen hat. Auf diese Weise nehmen unsere Bilder der Welt ungewollt kubistische Züge an. Unbewußt nehmen wir teil an einem kollektiven Schaffensprozeß.

Bei der Durchsicht des Jahrganges 1984 der Monatszeitschrift »Znak« stieß ich auf den Essay von Kazimierz Dąbrowski: »Meditation und Kontemplation«. Darin stellt er Überlegungen an über den Unterschied zwischen Konzentration und Träumen. Träumen – sagt Dąbrowski – ist ein Zustand der Dekonzentration, eines Denkens an alles und nichts, sein Verlauf ist träge. Die Sammlung hingegen ist ein Zustand, in den wir uns bewußt versetzen, mit dynamischem Verlauf, ein Zustand der Konzentration und Aktivität. Die Sammlung ist monothematisch – und schwer zu erreichen.

Eine Konferenz in Rotterdam. Ich spreche über Rolle und Arbeit des Auslandskorrespondenten in der modernen Welt.

1 – ich wurde im Jahre 1956 Auslandskorrespondent, mit 24 Jahren. Seit damals übe ich diesen Beruf ohne Unterbrechung aus, wobei ich mich hauptsächlich auf Probleme unterentwickelter Länder in Afrika, Asien und Lateinamerika konzentriere;

2 – in diesem Zeitraum hat sich das Milieu der Auslandskorrespondenten stark verändert. Früher einmal dominierten die Reporter der Printmedien. Heute sind sie eine Minderheit;

3 – heute dominieren die Fernsehteams. In diesem neuen Fach gibt es nur wenige Journalisten. Die Mehrheit sind Kameraleute, Tonleute, Beleuchter, Elektriker, mit einem Wort – Leute, die weniger dem Sinn und Wesen der Ereignisse auf den Grund gehen wollen und sich mehr dafür interessieren, wo sie eine Steckdose finden oder ob das Kabel auch lang genug ist;

4 – die Fernsehgesellschaft ist von starkem Konkurrenzbewußtsein geprägt. Wichtiger, als über das zu informieren, was auf der Welt geschieht, ist ihr, daß »einer den anderen überwacht«. In der Folge bewegen sich die Vertreter dieser Medien im Kollektiv, in Massen über den Erdball, alle treffen einander am selben Ort, arbeiten am selben Ort – die übrige Welt liegt im dunkeln;

5 – es gibt immer mehr Fernseh- und Radiostationen und Zeitungen. Daher auch immer mehr Journalisten. In diesem Beruf gab es immer schon viele Amateure, doch heute beherrschen sie den Beruf. Viele von ihnen verstehen nicht, daß Journalist zu sein vor allem bedeutet, ständig an sich zu arbeiten, sich weiterzubilden, Wissen zu erwerben, sich zu bemühen, die Welt zu begreifen;

6 – das Fernsehen liefert uns seine eigene Version der Ereignisse, sogar seine eigene Version der Welt, der Politik, der Geschichte. Das Problem besteht darin, daß diese immer öfter zur einzigen Version der Ereignisse wird (und damit auch der Geschichte, die vor unseren Augen abläuft), die der sogenannte Mann von der Straße, das anonyme Mitglied der Massengesellschaft, kennt. Wir stützen unser Wissen von der Welt nicht so sehr auf eine Kenntnis der Ereignisse und der Prozesse dahinter als auf die Fernsehbilder davon, das heißt auf die interpretierte Version, die wir vorgesetzt bekommen und glauben;

7 – die Politik weiß heute um die Kraft und Bedeutung der Medien. Daß sich diese zu einem zweiten Leitungszentrum entwickeln können, ja einem echten Machtzentrum, über das die Politik die Kontrolle verlieren könnte;

8 – gleichzeitig leben wir in einer immer komplexeren Welt, die sich durch die Massenmedien kaum mehr erklären läßt;

9 – das Niveau der Medien wird nicht allein durch Manager und Journalisten bestimmt, sondern auch durch das Niveau der Konsumenten (der sogenannten Durchschnittskonsumenten), vielleicht sogar in

entscheidendem Ausmaß. Weil es aber nicht zulässig ist, das Niveau der Gesellschaft zu kritisieren, werden die Medien angegriffen, denen man mangelnde Qualität oder einfach oberflächliche Programmgestaltung, Banalität und Kitsch vorwirft.

Aus einem Gespräch mit Frank Berberich, Chefredakteur der deutschen Ausgabe von »Lettre International«, Frühjahr 1995:

»Reisen, Lesen und Reflexion – das sind die drei Quellen, aus denen ich beim Schreiben schöpfe, sie liefern mir den Stoff. Darüber hinaus helfen mir noch sporadische Ausflüge in die Poesie und die Fotografie.

Die erste Quelle ist also die Reise als Entdeckung, als Exploration, als Anstrengung des Wissenschaftlers. Reisen als Suche nach der Wahrheit, nicht nach Entspannung. Ich möchte mich der Wirklichkeit, der ich begegne, annähern. Sie sehen, erkennen, begreifen. Das verlangt ständige Konzentration und gleichzeitig ein ständiges Sich-Öffnen, um möglichst viel aufnehmen, erleben, erinnern zu können.

Die zweite Quelle ist eine umfangreiche und ständige Lektüre. Wenn man seinen Texten kubistische Qualität verleihen will, muß man seinen Blickpunkt um zusätzliche Lichter und Perspektiven erweitern. Daher verwende ich viele Zitate. Es geht mir darum, auch andere Stimmen ertönen, andere Urteile und Meinungen zu Wort kommen zu lassen. Das Studium der Literatur des jeweiligen Gegenstandes ist natürlich in vielerlei Hinsicht nützlich. Nicht zuletzt, weil der Mensch manchmal glaubt, er habe auf einer Reise eine Entdeckung gemacht. Bei der Lektüre stellt sich dann aber heraus, daß schon vor ihm jemand diese Idee hatte! Also versucht man eine andere Richtung einzuschlagen, um sich nicht zu wiederholen, keine Banalitäten hinzuschreiben.

Die dritte Quelle schließlich, die in Verbindung steht mit den beiden vorigen, ist meine Reflexion. Durch das Prisma meiner eigenen Erfahrung als Reisender und Leser versuche ich meinen Blickpunkt zu definieren, die sich aufdrängenden Reflexionen niederzulegen, die gesammelten Eindrücke zu überdenken, die Gedanken zu ordnen.

Ich betrachte mich als Erforscher des Anderen – anderer Kulturen, anderer Denkweisen, anderer Verhaltensweisen. Ich möchte die positiv verstandene Fremdheit kennenlernen, mit der ich in Berührung kommen will, um sie zu begreifen. Es geht darum, wie man die Wirklichkeit neu und adäquat beschreiben kann. Manchmal nennt man solches Schreiben nicht-fiktionales Schreiben. Ich würde es kreatives nicht-fiktionales Schreiben nennen, die persönliche Anwesenheit ist dafür wichtig. Manchmal fragt man mich, wer der Held meiner Bücher sei. Dann sage ich: Dieser Held bin ich, denn die Bücher handeln von einer Person, die herumreist, sich umschaut, liest, nachdenkt und über das alles schreibt.«

Ich benötige die Poesie als Sprachübung; ich kann nicht verzichten auf die Poesie. Sie verlangt tiefe sprachliche Konzentration, und das kommt der Prosa zugute. Die Prosa braucht Rhythmus, und die Poesie ist Rhythmus. Wenn ich zu schreiben beginne, muß ich den Rhythmus finden. Er trägt mich wie ein Fluß. Wenn es mir nicht gelingt, die rhythmische Qualität eines Satzes zu finden, verzichte ich auf ihn. Zuerst muß ein Satz seinen inneren Rhythmus finden, dann ein Fragment des Textes und schließlich das ganze Kapitel.

Gewöhnlich versuche ich in kurzen Sätzen zu schreiben, weil diese Tempo und Bewegung schaffen. Sie sind rasch und verleihen der Prosa Klarheit. Als ich jedoch am »Imperium« schrieb, wurde mir plötzlich klar, daß die Beschreibung in diesem Fall längere Sätze verlangte. Das war eine Folge der Weitläufigkeit des Themas, das sich nicht in kurzen Sätzen erfassen läßt. Der Stil muß dem Gegenstand entsprechen. Die Beschreibung der unendlich weiten russischen Landschaft erforderte lange Sätze.

Neben der gegenseitigen Abhängigkeit von Thema und Stil gibt es auch eine Verbindung zwischen dem Thema und dem Sprachmaterial. Als ich »König der Könige« schrieb, wollte ich die autoritäre Macht definieren. Eine solche Macht hat etwas Anachronistisches, Feudales an sich. Um den Anachronismus des Gegenstandes zum Ausdruck zu bringen, mußte ich den Eindruck von etwas längst Vergangenem, hoffnungslos Veraltetem schaffen. Gleichzeitig ging es darum, den Anachronismus unseres autoritären Systems in Osteuropa aufzuzeigen. Ich las daher die alte polnische Literatur des 16., 17. und 18. Jahrhunderts, um archaische, in Vergessenheit geratene, doch plastische und farbige Worte zu finden, die ich dann beim Schreiben von »König der Könige« verwendete.

Die spanische Sprache zeichnet sich durch barocken Reichtum, rokokohaften Überfluß aus. Ich glaube, daß sich Spuren dieses Stils, dieser Tradition in der Sprache des »Fußballkrieges« finden. Wenn man hingegen über Afrika schreibt, muß man eine Sprache wählen, die die Stimmung der Tropen wiedergibt. Die moderne afrikanische Literatur wird nicht in den heimischen Sprachen verfaßt, sondern französisch oder englisch. Man muß daher auf ältere nationale afrikanische Schriftsteller zurückgreifen. Die traditionelle afrikanische Poesie ist Rhythmus, Einfachheit, Wiederholung. Aus diesen Wiederholungen entsteht ein musikalischer Effekt: Die Instrumente im traditionellen Afrika sind vor allem die Trommeln, sprechende Trommeln. Nur wenige europäische Autoren haben versucht, Atmosphäre und Klima des dichten tropischen Dschungels wiederzugeben. Am ehesten hat das noch Joseph Conrad erreicht. Seine Prosa wurde stark von der Erfahrung der Tropen geprägt. Er bereicherte sie durch Wiederholungen, sprachliche Mysterien, übersinnliche Elemente, die den Menschen umgeben, ohne daß es diesem jedoch gelingt, zum Herzen dieser Finsternis vorzudringen. Die polnische Sprache kennt diese »tropische« Tradition nicht.

Jedes neue Thema aus einer fremden Kultur verlangt eine Änderung des Stils. Alle anderen Formen der Beschreibung würden künstlich wirken. Es muß der Eindruck entstehen, das, was beschrieben wird, komme aus dem Inneren dieses spezifischen Klimas, dieser Kultur und Situation.

Den sibirischen Frost muß man anders beschreiben als die Gluthitze der Wüste. In der Sahara beschränkt sich das aktive Leben auf den Morgen und den Abend. Tagsüber sind die Menschen von der schrecklichen Hitze völlig gelähmt. Sie liegen herum und warten, bis der Tag verstreicht. Diese Langsamkeit muß man beschreiben, diese Gelähmtheit, den Mangel an Bewegung, die tote Landschaft, die absolute Stille der tropischen Hitze, das Schweigen des tropischen Tages. Die Prosa muß die Leere dieser Stunden einfangen. Im sibirischen Frost hingegen kämpft der Mensch gegen den Schnee. Oft fühlt er sich vollkommen verloren zwischen den hohen Schneewächten. Er hat keine Orientierungspunkte und weiß, daß ihm, wenn er länger als zwei Stunden herumirrt, der Tod droht. Es entsteht das Gefühl einer Bedrohung durch die Außenwelt. Die Umwelt ist unser Feind. Es herrscht eisige Kälte, und diese Kälte ist unser Feind. Wir spüren eine ständige Spannung. Angst ergreift uns. Die Natur ist eine aktive, feindliche Kraft, gegen die wir uns in jedem Moment zur Wehr setzen müssen. Die Prosa muß diesen Zustand der Spannung und des aggressiven Drucks, der Gefahr, die von der Natur ausgeht, wiedergeben,

Wenn ich Material für ein Buch sammle oder schreibe, konzentriere ich mich auf das, was die Menschen sagen. Für gewöhnlich treffe ich meine Helden ganz zufällig, aber wichtig ist, wie sie etwas sagen, ihre Welt und ihre Sehweise. Ich selbst bemühe mich, im Hintergrund zu bleiben. Es geht schließlich um ihre Gedanken, ihre Vorstellungen, ihre Reflexionen.

Die Fotografie ist auf eine völlig andere Art des menschlichen Porträts eingestellt. Der Mensch sieht in ihr sein Gesicht, seine Gesten, seine Stimmungen, die Art, wie er sich nach außen gibt. Die Fotografie ist auf das Materielle der Dinge gerichtet, die Kamera ist ein Instrument, um Einblick zu gewinnen, ein Instrument der Konzentration, der Suche nach der Wirklichkeit und dem Leben. Man entdeckt Dinge, die man ohne Objektiv nicht sehen würde. Bei der Freilichtfotografie geht es um Einzelheiten der Architektur, des Lichts, um Schatten, darum, sich einer anderen Dimension der Wirklichkeit zu nähern. Diese präzise Beobachtung der Einzelheiten ist sehr förderlich fürs Schreiben. Je dichter wir uns den Einzelheiten nähern, um so dichter sind wir an der Wirklichkeit dran. Das Objektiv der Kamera wirkt wie ein Selektionsmechanismus, denn man kann im Bild nicht alles zeigen. Man muß einen Ausschnitt der Landschaft wählen, ein Fragment aus der Menge lösen. Das Objektiv muß sich auf gewisse Gesichter konzentrieren, nicht auf die unbestimmte Masse, man schaut konkret und nicht abstrakt. Die Fotografie ist eine hervorragende Schule für die Arbeit am Detail.

Das fotografische Bild verlangt eine Entscheidung, was am Ende gezeigt werden soll. Die Frage nach dem Rahmen der Realität stellt sich auch beim Schreiben. Wenn ich etwas beschreibe, behandle ich es wie eine Fotografie, das Bild eines bestimmten Moments, ein starres Objekt. Es reizt mich, diesem Objekt dann Bewegung zu verleihen. Diese Technik habe ich in »Schah-in-Schah« verwendet.

Ein kubistisches Verfahren bedeutet, den Dingen Vielschichtigkeit zu verleihen, eine Tiefe mit plastischem Effekt. Es geht nicht darum, das Gesicht in seinem realistischen, gewöhnlichen Anblick zu zeigen, sondern seine Formen, seine Linien zu erforschen, und zwar aus verschiedenen Perspektiven, das sich verändernde Licht herauszuarbeiten, das dieses Gesicht ausstrahlt und das es durchdringt. Es geht darum, den Reichtum der Wirklichkeit zu erfassen. Das fotografische Porträt hat nichts Mechanisches an sich, sondern entsteht aus dem Bestreben, das Objekt plastisch darzustellen. Genauso ist es mit dem Schreiben.

Das Schreiben einfacher, klarer Prosa verlangt vom Autor Überzeugung, ein Gefühl der Sicherheit. Ich erlange diese Sicherheit, wenn ich Zeuge bestimmter Ereignisse werde. Wenn ich über etwas schreiben soll, mit dem ich selber nicht in Berührung gekommen bin, fühle ich mich unsicher. Oft hat man mich ersucht, ein Porträt des Präsidenten der Zentralafrikanischen Republik, Bokassa, zu schreiben; ich lehnte stets ab, weil ich ihn nie aus der Nähe gesehen habe.

Vor zwanzig Jahren lebte ich über einen längeren Zeitraum in Westafrika. Ich würde allerdings nicht wagen, aus der Distanz darüber zu schreiben. Ich muß meine Erinnerungen auffrischen, wieder den Sand der Sahara spüren, wieder in den Zug steigen, der nach Bamako fährt, wieder mit dem Boot über den Niger fahren und mich in die Geschichte von Nigeria einlesen. Die Berührung mit der physischen Existenz einer Sache ist für mich unerläßlich.

Bevor ich »Imperium« schrieb, hätte mein Wissen über die Sowjetunion ausgereicht, um am Schreibtisch ein Buch über das zerfallende Reich zu verfassen. Psychologisch wäre ich dazu jedoch nicht imstande gewesen, wenn ich nicht 60 000 Kilometer durch Rußland gereist wäre, und das unter so schlimmen Bedingungen, daß ich ein paarmal drauf und dran war, das ganze Unternehmen aufzugeben. In solchen Momenten sagte ich mir: »Ich bin nicht stark genug, es ist zu kalt, es gibt nichts zu essen, keinen Weg, um dorthin zu gelangen, kein Quartier.« Natürlich hatte ich ein wenig Geld, aber was ist schon Geld in einem entlegenen sibirischen Ort, wo es nichts zu kaufen gibt? Ich zwang mich, diese Reise fortzusetzen, um etwas mehr zu verstehen.

Die Prosa ist eine so durchsichtige Form der Literatur, daß der Leser auf der Stelle erkennt, wo der Autor unsicher war und sein Material nicht ordnen konnte. Die Einfachheit schafft die größte Klarheit, daher ist es auch so schwierig, einfach zu schreiben. Man kann keine Tricks anwenden oder schummeln. Beispielhaft für solches Schreiben ist für mich die Prosa Pascals, Stendhals, Flauberts oder der Bibel mit ihren plastischen, kräftigen Sätzen. Ich verehre die Prosa Tschechows. Einmal wollte er eine Erzählung über ein Erlebnis am Meer schreiben und suchte verzweifelt eine Definition des Meeres. Zufällig las er den Aufsatz einer Schülerin, in dem der erste Satz lautete: »Das Meer ist ungeheuer groß.« Tschechow schreibt, daß »darin alles enthalten war, was sich über das Meer sagen läßt«. Für den gelungenen Anfang eines Buches brauche ich einen einfachen beschreibenden Satz. Die Sätze sollen einfach sein, die Komposition hingegen polyphon. Eine gewisse Schule der Einfachheit war für mich die Arbeit in der Presseagentur. Als Agenturjournalist muß man sich beschränken können. Ich war Afrikakorrespondent der bitter armen Polnischen Presseagentur. Für die Schilderung des Staatsstreichs in Nigeria im Jahre 1964 bekam ich genau 100 Dollar. Ein Telex kostete 50 Cent pro Wort. Ich mußte daher mit 200 Worten auskommen – das ist eine Seite –, um so ein kompliziertes politisches Ereignis zu beschreiben. Ich mußte ungeheuer sparsam umgehen mit jedem Wort.

Das Schreiben für eine Agentur ist rasch und oberflächlich. Es verleitet dazu, die Welt in Extremen zu zeichnen, schwarz – weiß, gut – schlecht, revolutionär – reaktionär. Am wichtigsten ist die Kürze, und das verführt zu Vereinfachungen. Der komplexe Reichtum des Lebens verliert sich in den Idiomen unserer Nachrichten. Was ist eine Tatsache? Für gewöhnlich verstehen wir darunter eine bestimmte politische, wirtschaftliche oder historische Erscheinung. Sind jedoch das Klima, die Gefühle, Affekte oder Stimmungen, die in einer Gesellschaft herrschen, keine Tatsachen? Wo aber finden die ihren Platz in der Welt der Information? Eine wichtige Quelle der Inspiration war für mich die französische geschichtsphilosophische Schule der »Annales«, die neu definierte, was man als historische Tatsache bezeichnen kann. Traditionell wurde die Geschichte als politische Geschichte von Königen, Regierungen, Institutionen, Kriegen angesehen. Die Schule der »Annales« begann die Rolle des Klimas zu erforschen, einer Trockenheitsperiode, der Mentalität. Die Werke von Marc Bloch, eines Freundes von Braudel, oder von Georges Duby waren für mich ungeheuer lehrreich.

In vereinfachter Form stellt sich heute die Literatur für mich folgendermaßen dar: Auf der einen Seite haben wir die schöne Literatur, die sich zunehmend auf die Psyche des Individuums konzentriert. Ausgangspunkt ist eine Person. Deren Innenleben. Ihre Beziehung zu einem zweiten Menschen. Auf der anderen Seite haben wir die Nachrichten, wie sie von den Medien vermittelt werden – knallhart, kurz, einfach. Aber was ist dazwischen? Weitgehend ein freies Feld, das zu bestellen ich versuche. Wenn man das Klima oder die Atmosphäre, den Zustand der Gefühle und die menschlichen Stimmungen beschreiben will, muß man sich der Technik der Belletristik bedienen. Und doch sind es gerade die Informationen, die über das Wichtigste berichten – über das Werden von Geschichte.

Unser Gedächtnis wird immer kürzer. Wir werden Zeugen des Verschwindens des historischen Bewußtseins. Die Geschichte wird ersetzt durch die Collage. Die heranwachsenden Generationen haben keine Ahnung, was vor zwanzig Jahren war. Aus diesem Bruch mit der Vergangenheit ergibt sich die Frage, wie man schreiben soll, damit nicht alles schon am nächsten Tag Makulatur wird. Anfang Dezember 1991, als ich am »Imperium« schrieb, mußte ich nach New York fahren. In den Schaufenstern der Buchhandlungen lagen viele neue Titel, die sich mit der Frage beschäftigten, ob und wie die Politik Gorbatschows den Erhalt der Sowjetunion sichern könne. Diese Bücher erschienen genau zu dem Zeitpunkt auf dem Markt, als die Sowjetunion aufhörte zu existieren. Ihr Erscheinungsdatum war gleichzeitig ihr Verfallsdatum. Wie kann man vermeiden, daß das eigene Schreiben ebenso rasch überholt wird? Meine Antwort ist die Essayisierung der Prosa. In dieser Hinsicht war für mich Thomas Mann sehr wichtig, vor allem seine Romane »Der Zauberberg« und »Doktor Faustus«.

Das Bild wird heute vom Fernsehen monopolisiert. Wenn wir in der Prosa die Beschreibung eines Bildes verwenden wollen, dann kann das nur erfolgreich sein, wenn dieses Bild Ausgangspunkt für eine Reflexion ist. In der Reportage verwende ich nur Bilder, die den Hintergrund für eine Reflexion abgeben. Das Fernsehen vermittelt ständig neue Bilder der Welt, ist jedoch nicht in der Lage, diese um Reflexionen zu bereichern. In dieser Verbindung von Bild und Reflexion sehe ich die Lösung.

Neue Erfindungen faszinieren mich noch immer. Ich bin ein neugieriger Mensch. Jedesmal wenn ich etwas Neues entdecke, versuche ich zu ergründen, was dahintersteckt und wie das funktioniert. Im Augenblick, da man Zeuge eines Ereignisses wird, denkt man: »Das ist ungeheuer wichtig!« Und notiert jedes Detail. Drei Monate später wird einem klar, daß das meiste davon gar nicht so wichtig war. Nur die Qualität der Beobachtung und vor allem der Reflexion hat Bestand. Man muß auswählen und entscheiden, was wirklich wichtig ist und was nicht. Es geht darum, möglichst wenig zu schreiben, präzis zu selektieren, auszuscheiden, wegzuschneiden, zu reduzieren, wegzuwerfen, nur eine Beobachtung von hundert aufzuheben. Für diesen Prozeß habe ich keine Regeln – Intuition und Wissen sind die einzigen Kriterien.

Ich lese eine Menge. Ich studiere die Geschichte. Große Historiker, wie Gibbon, Mommsen, Ranke, Michelet, Burckhardt oder Toynbee, sind wichtig für mich. Dazu kommt meine Passion, die Philosophie. Sehr nahe ist mir der Existentialismus. Gleichzeitig sind für mich völlig gegensätzliche Autoren von Bedeutung. Einerseits die romantische Tradition Hemingways und Saint-Exupérys, Tschechows und Conrads. Auf der anderen Seite Autoren wie Thomas Mann oder Marcel Proust, die sich der Grenze nähern, wo man nur schwer zwischen Philosophie und schöner Literatur unterscheiden kann. »Cool Memories« oder »America« von Jean Baudrillard haben eigentlich gar keine Fabel mehr, bestehen nur mehr aus Reflexionen. Die Leistungen von Autoren wie Bruce Chatwin, V. S. Naipaul oder Paul Theroux sind unbestritten, aber sie hatten kaum Einfluß auf mich.

Die Identifikation ist eine unverzichtbare Bedingung für meine Arbeit. Ich muß unter den Menschen leben, mit ihnen essen und hungern. Ich möchte zu einem Teil der Welt werden, die ich beschreibe, muß eintauchen in sie und jede andere Wirklichkeit vergessen. Wenn ich in Afrika bin, schreibe ich keine Briefe und telefoniere nicht mit zu Hause. Die andere Welt verschwindet für mich. Sonst würde ich mich als Outsider fühlen. Ich brauche zumindest die momentane Illusion, daß die Welt, in der ich in diesem Augenblick lebe, die einzige ist. Manchmal geht das über die Illusion hinaus. Manchmal war ich sicher, meine letzte Welt zu erleben, daß von hier nur mehr ein Weg in den Himmel führt.

Über das Sterben an der Front kann ich nicht schreiben, während ich in einem komfortablen Hotel sitze, weitab von der Front. Woher soll ich wissen, wie es sich lebt innerhalb des Belagerungsringes, unter welchen Bedingungen gekämpft wird, mit welchen Waffen, was die Soldaten tragen, was sie essen, was sie fühlen? Man muß die Würde anderer Menschen verstehen, sie akzeptieren und ihr Schicksal teilen. Es genügt nicht, nur sein Leben zu riskieren. Am wichtigsten ist die Achtung für die Menschen, über die man schreibt.

In meiner Bereitschaft für das Risiko ist vielleicht etwas von jugendlicher Großtuerei. Als ich, verkleidet als Pilot, in einer russischen Maschine nach Gorny Karabach flog, war ich eigentlich sicher, daß die Soldaten mich entdecken würden. Im Grunde war es unmöglich, diese Aktion erfolgreich zu Ende zu bringen. Wenn sie mich geschnappt hätten, wäre ich wegen »versuchter Flugzeugentführung« vor Gericht gestellt worden, und für dieses Verbrechen sieht das russische Gesetzbuch die Todesstrafe vor. Natürlich wäre ich nicht zum Tode verurteilt worden, aber ich wäre im Gefängnis gelandet. Als jedoch alles glücklich abgelaufen war, empfand ich Befriedigung: »Ich habe es wieder einmal geschafft!« Das ist ein Spiel. Das Bedürfnis nach extremen Spannungen sitzt tief in meinem Inneren. Ohne Herausforderung werde ich träge und bin ich nicht fähig zu schreiben.

Im Jahre 1955, nach dem Studium der Geschichte, wollte ich den Kontakt zur Geschichte weiter aufrechterhalten, allerdings weniger akademisch. Ich wollte erfahren, wie Geschichte gemacht wird, was die Geschichte ausmacht, die passiert. Damals, in den fünfziger Jahren, setzte das Erwachen der Dritten Welt ein. Das war ein aufregendes historisches Phänomen. Das zwanzigste Jahrhundert war nicht nur wegen der Erfahrung mit dem Totalitarismus einmalig, sondern auch wegen des Erwachens der Dritten Welt. Wenn wir die politische Weltkarte von der ersten Hälfte unseres Jahrhunderts neben die Karte der zweiten Hälfte legen, sehen wir zwei grundverschiedene Welten. Auf der ersten Karte ist die Welt hierarchisch gegliedert. Sie wurde dominiert von ein paar unabhängigen Staaten, der Rest hatte den Status von Kolonien, Halbkolonien und Dominien. Alles wurde beherrscht von Westeuropa und den Vereinigten Staaten. Heute sehen wir eine ganz andere Welt vor uns. Wir haben fast 200 unabhängige Staaten, eine Karte ohne Kolonien, Halbkolonien oder Halbprotektorate. Ich spreche hier nicht über den materiellen oder faktischen Zustand, aber formal und rechtlich ist unsere heutige Welt unabhängig. Ich hatte das Glück, dieses Phänomen als Journalist, Reisender und Historiker beobachten zu können.

Die Geburt der Dritten Welt verlief in rasantem Tempo. Allein im Jahr 1962 entstanden in Afrika 17 unabhängige Staaten. Die Unabhängigkeitsbewegung war eng verbunden mit einer zweiten Massenbewegung: der Migration der Menschen vom Land in die Stadt. Die Menschen erwarteten von der Unabhängigkeit eine unmittelbare Verbesserung ihres Lebensstandards und glaubten, diese nur in den Städten erlangen zu können. Und in gewissem Sinn ist das ja auch wirklich der Fall.

Wer heute durch Afrika reist, kann mit eigenen Augen die Unterschiede sehen. Wenn in einem Dorf die Nacht hereinbricht, wird es total finster; die Menschen haben kein Geld für Beleuchtung. Es gibt kein Holz, weil alle Wälder längst abgeholzt sind. Sogar das Kochen bereitet Probleme. In einer Kleinstadt hingegen sieht man schon ein paar Lampen, es gibt hier und da Elektrizität. Das bedeutet eine bessere Lebensqualität. So ist das überall in Afrika. Im Dorf gibt es keine befestigten Wege. Im Sommer ist das ja noch zu ertragen, doch in der Regenzeit wird es schlimm. Die Menschen sind ständig bis auf die Haut durchnäßt und waten durch Schlamm. Sie leiden massenhaft an Rheumatismus und anderen Krankheiten. Sogar in tropischen Gebieten, wo es in der Regenzeit warm ist, sind sie diesen Unbilden und Krankheiten ausgeliefert. In den Städten hingegen sind die Straßen gepflastert, und es gibt Gehsteige. Das sind kleine Unterschiede, die ein Europäer meist gar nicht wahrnimmt. Doch für die Menschen der elenden entlegenen Regionen bedeutet allein schon das städtische Leben eine Verbesserung. In der Stadt ist es auch leichter, Arbeit und etwas zu essen zu finden, oder andere Hilfe, um zu überleben.

Es ist erstaunlich, daß gerade in den schönsten Gegenden die schrecklichsten Verbrechen geschehen. Ruanda zum Beispiel ist zauberhaft, und gerade dort kommt es zu Massakern. Die Natur ist idyllisch, doch das Handeln der Menschen steht in diametralem Gegensatz zu dieser Schönheit. Wenn man selber dort lebt, hat man keine Zeit, über die Natur nachzudenken, man ist ganz ausgefüllt mit dem Überlebenskampf. Man vergißt die Natur, konzentriert sich nur auf die anderen Menschen, weil von diesen Gefahr droht. Die Afrikaner sind oft noch verbunden mit traditionellen Naturreligionen, sie verehren Steine, beten zur Sonne, opfern Pflanzen, Tiere und Bäume. Ihre Natur ist voller Götter, guter und böser. Doch diese Verbindung zur Natur löst sich zunehmend auf. Die Afrikaner, die in die Städte ziehen, müssen mit einer unbekannten Umgebung zurechtkommen, weit entfernt von der Natur. Einerseits wurzeln sie noch in der dörflichen Vergangenheit, andererseits müssen sie sich dem städtischen Leben anpassen. Aus diesem Konflikt ergeben sich Spannungen und psychische Krisen.

Das Entstehen der Dritten Welt schuf die Voraussetzungen für einen künftigen Fortschritt. Ich war und bin fasziniert von den Menschen in der Dritten Welt, die im Kampf ihre eigenen Staaten und Nationen schufen. Das ist das Thema meines Lebens. Vielleicht hat das damit zu tun, daß ich aus einem armen Teil Europas stamme. Als ich sieben Jahre alt war, brach der Krieg aus. Oft litt ich Armut und Hunger. Die Situation war hoffnungslos, es gab nichts. Als ich zehn Jahre alt war und der Winter hereinbrach, besaß ich keine Schuhe. Die Eltern konnten mir keine kaufen, sie hatten kein Geld. Ich lief verzweifelt umher, bis mir ein Nachbar, der illegal Seife herstellte, ein lockendes Angebot machte: »Ich geb dir Kredit, versuch die Seife zu verkaufen.« Ein Stück Seife sollte mir einen Złoty Gewinn bringen, ein Paar Schuhe hingegen – 400 Złoty; und das waren keineswegs Lederschuhe, sondern Holzschuhe, andere gab es gar nicht. Ich mußte 400 Stück Seife verkaufen, doch die Menschen waren arm und konnten sich keine Seife leisten. Ich war hungrig, weinte und erzählte jedem meine Geschichte; ich kämpfte, aber es dauerte unendlich lang, bis ich die 400 Złoty beisammen hatte. Ich gehöre zu den Menschen, die keine Kinderstube haben.

Als James Joyce zwölf Jahre alt war, schrieb er bereits bemerkenswerte Briefe; ich lief in diesem Alter noch auf der Weide hinter den Kühen her und hatte kein einziges Buch gelesen. Vielleicht komme ich deshalb so leicht mit Menschen zurecht, die nichts zu essen haben und immer davon träumen, etwas ihr eigen zu nennen, und schon glücklich sind, wenn sie überhaupt etwas besitzen.

In unserer Welt im allgemeinen, ganz besonders aber in den unterentwickelten Gesellschaften, wird alles von der Politik diktiert. Diese durchdringt und beeinflußt alle elementaren Gebiete des Lebens, entscheidet das Schicksal jedes einzelnen. Die Politik ist ein mächtiger Faktor und durch die Medien allgegenwärtig. Neunzig Prozent aller Nachrichten beschäftigen sich mit den Akteuren des politischen Theaters, den Helden der politischen Klasse: Präsidenten, Minister, Abgeordnete, Generäle, Führer, Aktivisten, Populisten. Über die globale Situation kann man heute weder schreiben noch reflektieren, wenn man nicht die große Bedeutung der Politik begriffen hat. Für gewöhnlich sehen wir die Staatsmacht als politische Erscheinung – als Macht der Regierung, der Bürokratie, der Militärs. Wir wissen natürlich, daß wir alle in das Spiel der Macht eingebunden sind, machen uns jedoch zu wenig bewußt, wie wichtig diese Macht für die menschliche Existenz ist.

Wenn wir die letzten zwanzig Jahre überblicken, sehen wir, daß die blutigsten Kriege oft um die Kontrolle der Massenmedien geführt wurden. Bei der rumänischen Revolution 1989, in Litauen, in Tadschikistan, beim Putsch in Moskau wurde stets um das Fernsehgebäude gekämpft, ein Zeichen dafür, daß sich die Macht von den traditionellen politischen Zentren zu den Fernsehzentralen verlagert hat.

Emotionale Faktoren sind sicher ausschlaggebend für den Ausbruch eines Aufstandes oder einer Revolution; das Gefühl der Menschen, sie seien schon zu lange ausgebeutet und erniedrigt worden. Das ist der Tropfen, der das Faß zum Überlaufen bringt. Alles beginnt in dem Augenblick, da das Wort »genug!« fällt. Die Gesellschaften sind grenzenlos geduldig, stabil und bereit abzuwarten. Sie tendieren dazu, den Status quo zu bewahren. Erst nachdem sie lange alles Leiden geschluckt haben, kommt dieser entscheidende, emotionsgeladene Moment, in dem die Menschen sagen: »Es ist genug!«

Das wichtigste positive Gefühl, das eine Revolution begleitet, ist die Hoffnung. Leider handelt es sich dabei immer um eine reichlich naive Hoffnung auf Verbesserung. Der Augenblick der Revolution ist gekommen, wenn die Menschen sagen: »Wir können keinen Tag, keine Stunde länger warten. Schluß damit!« Mit einem Mal soll sich die Situation auf magische Weise verändern, plötzlich, hier und sofort, um 180 Grad. Man erwartet erste und totale Resultate. Natürlich kommt es nie zu einer solchen sofortigen Verbesserung. Und so endet jede revolutionäre Phase mit einem Verlust von Illusionen. Wir beobachten immer eine Periode lang währender Geduld, dann einen revolutionären Ausbruch, verbunden mit ungeduldigen, unrealistischen, naiven und emotionsgeladenen Erwartungen, die nicht erfüllt werden können. Und schließlich folgt die Enttäuschung.

Wenn die Menschen sich zusammenrotten, spüren sie

ihre Kraft. Es gibt keine rationale Erklärung dafür, warum sich eine Million Menschen zu diesem oder jenem Zeitpunkt auf einem Platz versammeln, obwohl keiner sie gerufen hat. Ein Tag wie jeder andere, und eine Million Menschen strömten auf einem Platz zusammen. Warum?

Es geht darum, sich das Geheimnis, ja die Metaphysik des entscheidenden Moments bewußt zu machen, in dem die Revolution losbricht. In einer von Krisen geschüttelten Gesellschaft herrschen alle Voraussetzungen für einen Umsturz. Die meisten Gesellschaften in der heutigen Welt befinden sich ständig in Krisen. Theoretisch gäbe es alle Voraussetzungen für einen revolutionären Ausbruch, und doch kommt es zu keiner Revolution. Revolutionen sind die Ausnahme. Was braucht es, damit eine Revolution ausbricht – das ist die Frage, auf die es keine Antwort gibt. Die gesellschaftliche Krise kann sich über Jahre und Jahrzehnte hinziehen, bis es dann plötzlich, an diesem Tag im Januar, diesem Montag, beginnt. Warum nicht am Dienstag? Warum nicht einen Monat früher?

In der allgemeinen Logik der gesellschaftlichen Entwicklung habe ich mich für jene Momente interessiert, die man nicht als rational oder zwingend erklären kann. Plötzlich stoßen wir auf ein verblüffendes Phänomen. Post factum suchen wir eine Erklärung dafür: Die wirtschaftliche Situation war schlecht, das System korrumpiert usw. Aber es gibt viele korrupte Systeme, in denen keine Revolution ausbricht. Wir müssen die Irrationalität des historischen Moments respektieren. Ähnlich verhält es sich mit den Kriegen. Manchmal löst ein geringfügiger Vorfall einen Krieg aus. Und dann gibt es wieder zahlreiche einschneidende Ereignisse, die trotzdem nicht zum Krieg führen. In dieser Alchemie ist der wirkliche Beginn das Geheimnis.

Der große polnische Dichter und Philosoph des 19. Jahrhunderts, Cyprian Kamil Norwid, sagte, das Volk, die Massen seien nicht fähig, abstrakt zu denken. Sie denken in Kategorien von Namen, Personen, Gestalten, nur das erlaubt es ihnen, sich zu organisieren. Wenn eine solche Person auftaucht, wirkt sie wie ein Katalysator für die Erwartungen und Energien der ganzen Nation. Revolutionen oder andere große gesellschaftliche Bewegungen sind undenkbar ohne Führer. In Indien brauchte es Gandhi, in Ghana Nkrumah.

Die Mehrheit der einfachen Soldaten der Befreiungsarmeen, denen ich in Afrika oder in Lateinamerika begegnete, hatten kein ausgeprägtes politisches Bewußtsein. Viele von ihnen kannten nicht einmal die politischen Ziele ihres Kampfes. In Angola wußten sie nur, daß sie für Agostinho Neto oder Jonas Savimbi kämpften. Wenn Savimbi über Nacht von der Bildfläche verschwunden wäre, hätte sich die ganze Partisanenbewegung aufgelöst. Natürlich sind die Wurzeln dieser Führerrolle in den Stammesstrukturen zu suchen, aber diese Erklärung reicht nicht aus. Es gibt eine funktionelle Notwendigkeit, sich um Führergestalten zu scharen.

Nehmen wir das Beispiel Äthiopiens. Die äthiopische Armee hatte eine halbe Million Menschen unter Waffen und war die stärkste in Afrika. Als sich jedoch die Nachricht verbreitete, ihr Führer Mengistu sei aus dem Land geflohen, gingen die Soldaten einfach nach Hause. Die Armee zerfiel, ohne einen einzigen Schuß abgefeuert zu haben, eine halbe Million an einem einzigen Tag! Das zeigt, wie wichtig ein Führer als Sammelpunkt für alle Energien, Erwartungen, Träume, Hoffnungen und Willensanstrengungen ist.

Jede Kultur hat ihre eigene Wertskala, und nicht immer nimmt die Wirtschaft darin die oberste Stelle ein. Die mächtigen Kulturen Chinas oder Indiens büßen – trotz der Konfrontation mit der modernen Technik – nicht ihre eigene Identität ein. Sie akzeptieren technologische Hilfsmittel wie Computer, bewahren jedoch ihre Eigenheit. Ein gutes Beispiel ist Japan. Auf der einen Seite begegnet uns Japan als Produzent der weltweit modernsten Technologie, andererseits bleibt es jedoch in seiner Kultur, seinen Sitten, der Mentalität und Familienstruktur durchaus traditionell. Alte Kulturen sind stark und tief verwurzelt. Die Menschen bleiben ihren Traditionen treu und sind stolz auf sie, weil sie ihnen ein Gefühl von Würde geben. Das ganze zwanzigste Jahrhundert ist ein Beweis dafür, wie lebendig und dauerhaft starke, große traditionelle Kulturen und ganze Zivilisationen wie China, Indien oder Mexiko sind. Sie lassen sich nicht zerstören. Wie viele Anstrengungen haben doch die Sowjets unternommen, um die alten Kulturen Rußlands, Armeniens, Tschetscheniens oder Georgiens zu vernichten, wieviel Blut dabei vergossen! Und trotzdem existieren diese Kulturen weiter, und die Menschen sind nach wie vor bereit, für sie zu sterben.

Aber es gibt eine direkte Bedrohung für diese traditionellen Kulturen: Sie haben auf dem Land überlebt, heute jedoch beobachten wir weltweit ein langsames Absterben des dörflichen Lebens. Die bäuerliche Klasse schrumpft von Jahr zu Jahr – trotz des allgemeinen Anwachsens der Weltbevölkerung. Der technische Fortschritt in der Landwirtschaft ist so groß, daß es in hundert Jahren wahrscheinlich gar keine Bauern mehr geben wird. Überleben werden die großen Farmen; die kleinen Wirtschaften mit ihrem Pflug, der Handarbeit und der geringen Produktion werden sich als überflüssig erweisen.

Das iranische Phänomen darf nicht verallgemeinert werden. Im schiitischen Islam bedeutet es das größte Glück, für die Sache sein Leben zu lassen, im Heiligen Krieg den Märtyrertod zu erleiden. Im iranisch-irakischen Krieg feuerte die irakische Artillerie auf einen Berg. Die iranischen Soldaten stürmten diesen Berg des Todes, rissen ihre Hemden auf und boten die nackte Brust dem Himmel dar. Dazu riefen sie: »Gebt uns mehr!«, und starben.

Während der iranischen Revolution besuchte ich die Revolutionskomitees Chomeinis. Die Wände ihrer Räume waren vollgeklebt mit den Paßbildern junger Menschen, die im Kampf gefallen waren. Man zeigte mir diese Bilder und sagte: »Das sind unsere Helden.« Je mehr solcher Bilder ein Komitee besaß, um so stolzer waren die Menschen. Diese Komitees gaben Kommuniqués heraus, die an die Familien der Gefallenen geschickt wurden. Darin hieß es ungefähr folgend: »Wir gratulieren Frau Sarah Mahmud und ihrem Mann Ibrahim Mahmud, weil heute ihre beiden Söhne im Heiligen Krieg gefallen sind.« Nirgendwo sonst habe ich eine solche Hinwendung alles Denkens und aller Gefühle auf den Tod erlebt. An der Universität in Teheran sah ich gefallene Mudschaheddin, die, gehüllt in weiße Laken, durch eine fanatische Menge getragen wurden. Die Menschen drängten hin, um die Toten zu berühren. Wenn ihnen das gelang, waren sie glücklich.

Der Islam ist nicht nur eine Religion, sondern auch eine Kultur, die sich ausbreiten wird, wenn sie auch noch einige Zeit dafür braucht. Die moslemische Zivilisation ist ungeheuer dynamisch. Heute stützt sich ihre Macht auf Staaten wie die Türkei, Pakistan, Iran. Die islamische Welt ist reich an Naturschätzen. Die meisten Menschen im

Westen sind sich dieser ungeheuren Kräfte gar nicht bewußt. Der Islam ist eine rigoros disziplinierte Religion. In »Schah-in-Schah« habe ich eine betende Menge beschrieben: eine Million Menschen, die gleichzeitig dieselbe Bewegung ausführen, und das ohne jeden Befehl. Das ist unglaublich, aber charakteristisch für den Islam. Der Iran wird sicher nicht zurückgreifen auf das westliche Modell der Entwicklung. Das Modell des Schahs war falsch, denn es bedeutete eine totale Erniedrigung der Menschen. Wenn man Mineralwasser aus Paris in ein Land importiert, dessen herrliches Wasser den Durst der größten Dichter der Welt gelöscht hat, darunter des Poeten Fardoussi, dann ist das absurd. Wenn man in ein Land, wo es schmackhaftes persisches Brot gibt, amerikanisches und deutsches Brot einführt, dann ergibt das keinen Sinn. Hätte ich damals im Iran gelebt, ich hätte auch gegen den Schah revoltiert.

Die iranische Revolution war ein faszinierendes, großes historisches Ereignis. Sie zeigte, wie schwierig es ist, einen Vielvölkerstaat zu demokratisieren. Der Iran war ein Imperium, eine autoritäre Macht. Und in diesem Staat erhoben sich demokratische Kräfte gegen die Staatsmacht. Sie begannen das Zentrum zu attackieren und bedienten sich dabei demokratischer Losungen. Im Iran leben zahlreiche Minderheiten: Kurden, Armenier und viele andere. Diese Minderheiten machten sich die demokratischen Losungen zu eigen und formulierten sie um zu Forderungen nach Unabhängigkeit. Die Demokratisierung bedeutete für sie das Recht, sich abzuspalten. Die iranische Revolution begann als demokratische Bewegung, Bachtiar, Bani-Sadr waren Demokraten, Rechtsanwälte. Die erste Regierung nach der Revolution setzte sich aus Leuten zusammen, die in Harvard und an der Sorbonne studiert hatten. Doch nach dem Sieg der Revolution sagten die Führer der Minderheiten: »Demokratie heißt für uns: weitergehen. Ihr habt uns beherrscht und ausgebeutet. Wahre Demokratie bedeutet für uns Unabhängigkeit.« Als diese Forderung laut wurde, kam es im Zentrum zu einer Umgruppierung der Kräfte. Im Machtzentrum der herrschenden Nation – der Parsen – rief man: »Nein! Wir müssen unseren Staat retten.« An diesem Punkt vollzog die Revolution eine radikale Kehrtwendung. Die Kräfte der Diktatur übernahmen die Macht. Chomeini verkörperte das Stadium der iranischen Revolution, in dem sich die herrschende Nation des drohenden Zerfalls des Staates bewußt wird. Sie reagierte mit Repression, die demokratischen Losungen wurden ersetzt durch die Losung der »nationalen Integration«. Und sie griff zu Massakern an Minderheiten, um die Einheit des Staates zu erhalten. Daher ist jede demokratische Revolution in einem Vielvölkerstaat zum Scheitern verurteilt, denn eine Voraussetzung der Demokratie muß dort die Liquidierung des Staates sein, der sich auf die Unterdrückung der Minderheiten stützt.

Ein Zyniker eignet sich nicht für den Beruf des Kriegs- oder Auslandskorrespondenten. Dieser Beruf, diese Mission setzt ein gewisses Verständnis für die menschliche Armut voraus, erfordert viel Sympathie für die Menschen. Man muß sich als Mitglied einer großen Familie fühlen, zu der auch alle einfachen Menschen unseres Erdballs zählen, die keinerlei Besitz ihr eigen nennen. Man muß sich mit uralten Problemen wie Armut und Elend auseinandersetzen – so ist die Welt nun einmal. Menschliche Wärme ist unerläßlich für diese Arbeit. Zynismus und Nihilismus, Werteverfall und die Geringschätzung anderer haben dazu beigetragen, daß die Welt immer schwerer zu ertragen ist.

Der Typ des Kriegskorrespondenten: Für gewöhnlich ist er bescheiden, freundlich, bereit zur Zusammenarbeit, locker im Umgang. Es ist eine ganz spezifische Gruppe von Journalisten. Sie leben unter den schwierigsten Bedingungen, nicht nur, weil sie immer Gefahr laufen, verwundet oder getötet zu werden. Menschen, die sich an solche Orte begeben, brauchen mehr als nur berufliche Motivation. Dieser Beruf braucht Menschen, die zu Opfern bereit sind. Oft gibt es kein Wasser, Probleme mit dem Transport, man muß Kälte, Erniedrigungen, Schläge, Haft ertragen können. Ich habe unter ihnen nie Abenteurer getroffen. Sie versuchen einfach, möglichst richtig zu handeln, ihre Pflicht zu erfüllen.

Natürlich machen mir die Ignoranz und das mangelnde Interesse für die Situation in der Dritten Welt Sorgen. Es erfüllt mich mit Trauer, daß die Kluft zwischen der Konsumgesellschaft und den armen Gesellschaften nicht überwunden werden kann.

Ich bin überzeugt von der völligen Verschiedenheit der Kulturen. Wenn heute ein Entwicklungshelfer in ein afrikanisches Dorf fährt, dann für gewöhnlich, weil er selber das will, und nicht, weil die Menschen dort besonders interessiert daran wären. Vielleicht ist ihre Kultur minimalistisch und sie ziehen es vor, nichts zu tun. Es hat etwas von Gewalt an sich, wenn man sie zwingt, an den Wert einer fremden Kultur zu glauben. Die Vertreter der entwickelten Länder sind oft verblüfft, wenn andere Menschen ihre Lebensweise ablehnen. Aber es gibt Kulturen, in denen die Arbeit weniger zählt als das Gebet. Auf diese Weise werden sie zwar keine Autos oder Computer herstellen, aber das wollen sie ja auch gar nicht. Und das enttäuscht mich auch nicht, weil ich die Wertskala anderer Menschen akzeptiere, die etwa meinen, die Familie sei das höchste Gut und Wurzel ihrer Zufriedenheit. Eine solche Zufriedenheit hat viel Würde und ist ein positiver Wert. Wenn diese einfachen Menschen durch Afrika ziehen, haben sie oft nur ein kleines Bündel dabei. Sie haben kein ausgeprägtes Bedürfnis, mehr zu besitzen, und begnügen sich mit einem Minimum. Wenn man mit ihnen spricht, lachen sie, sind gastfreundlich und hilfsbereit. Man hat den Eindruck, sie seien glücklich. Sie finden ihre Erfüllung in anderen Dingen. Es wäre das beste, wir würden das akzeptieren. Man muß nicht alles verändern.

Meine Neugierde treibt mich immer wieder in die Welt hinaus. Es gibt keinen Ort auf der Welt, wo ich sagen möchte: »Hier will ich für immer bleiben.« Es gibt da jedoch eine kleine Verlockung: nach Afrika zu fahren, in die Sahara. Ich liebe die Wüste. Sie hat etwas Metaphysisches, Transzendentes an sich. In der Wüste reduziert sich der ganze Kosmos auf ein paar Elemente. Sie ist die vollständige Reduktion des Weltalls: Sand, Sonne, in der Nacht die Sterne, Stille, die Hitze des Tages. Man hat ein Hemd, Sandalen, etwas Einfaches zu essen, ein bißchen Trinkwasser, alles ganz bescheiden. Es gibt nichts zwischen dir und Gott, zwischen dir und dem Weltall. Wann immer ich durch Afrika reiste und Zeit hatte, suchte ich die einzigartige Erfahrung der Wüste. Dreimal habe ich die Sahara mit Wüstenbewohnern durchquert, einmal mit einer Gruppe von Nomaden, auf die ich ganz zufällig gestoßen war. Wir konnten uns nicht miteinander verständigen, blieben aber zusammen. Wir wechselten keine Worte, teilten jedoch die Erfahrung von Freundschaft und Brüderlichkeit. Mit einem Mal entstand das starke Gefühl, daß deine Brüder und Schwestern überall sind, daß du dir ihrer Existenz nur nicht bewußt bist – ein wunderbares Gefühl.

Alle sind wir auf irgendeine Art Nomaden und werden es immer mehr. In früheren Zeiten zogen die Menschen herum auf der Suche nach Nahrung, um zu überleben. Mit den großen Migrationsbewegungen wird das Nomadentum neuerlich zu einer Lebensform. Irgendwie kehren wir wieder zurück zu den Anfängen.

Früher faszinierte mich die Front – ausschließlich die Front, an der Front zu sein, darüber zu schreiben. Jetzt interessiert mich immer mehr eine andere Seite des Konfliktes, nämlich die Normalität in der Ausnahmesituation, das hartnäckige, fast instinktive, gleichzeitig jedoch energische, erfindungsreiche und zielgerichtete Streben des Menschen nach Normalität in einer nicht normalen Situation. Zum Beispiel der Alltag in einer belagerten Stadt oder direkt hinter der Front, hinter dem Stacheldraht eines Lagers, in der Verbannung.

Diese Normalität erlaubt es manchmal, die Nichtnormalität zu überwinden. Die Sehnsucht nach der Normalität siegt immer. Das Recht der Normalität setzt sich gegen alle Widrigkeiten durch, gegen Feuer und Schutt.

Im allgemeinen kann ich mich besser an Gestalten und Gesichter erinnern als an das, was sie sagten. Diese Gesichter haften schweigend, stumm in meinem Gedächtnis. Die Vergangenheit schweigt. Wir sind es, die ihr eine Stimme verleihen.

* * *

Im BBC ein Interview mit Jorge Luis Borges. Als dieses Interview geführt wird, ist Borges 83 Jahre alt.

»Ich warte auf den Tod«, sagt der Schriftsteller. »Aber wann kommt er? Heute abend? Heute abend – nicht, denn morgen habe ich viel zu tun!«

In Hildesheim hatte ich einen gemeinsamen Autorenabend mit einem Holländer, Professor Jan Hoet aus Gent. Hoet ist eine bekannte Persönlichkeit, Organisator der Ausstellung moderner Kunst »Documenta«. Diese Ausstellung ist ungemein prestigeträchtig, und die Künstler tun alles, damit ihre Arbeiten dort gezeigt werden.

So eine Ausstellung, sagt Hoet bei seinem Auftritt, muß eine Präsentation in Bewegung sein, ein Ballett von Gestalten und Farben, weil sie das moderne Leben darstellen soll, seine unablässigen Veränderungen, die Tatsache, daß es ein dahinströmender Fluß ist, eine Maschine in Bewegung. Und ebendiese Bewegung, die Veränderlichkeit der Formen und Farben sind das erste Merkmal der Ausstellung.

Ihr zweites Merkmal ist, daß dort (auch das spiegelt die Situation der modernen Kunst wider) kein Zentrum dominiert. Keiner will in einem Zentrum eingesperrt sein, sich jemandem unterordnen, von jemandem abhängig sein. Heutzutage fliehen alle das Zentrum. Und wenn es Zentren gibt, dann verschiedene, unabhängige. Euer Zentrum muß nicht unbedingt meines sein. Das erinnert an die Struktur des Gehirns, das auch mehrere Zentren besitzt.

Daraus resultiert das dritte Merkmal der Ausstellung. Diese hat gezeigt, daß heute jeder seine eigene Autonomie sucht, daß er seine Kunst auf das selber Gesehene und Erlebte beschränkt. Die eigene Person, die eigene Persön-

lichkeit, privates Sehen – das sind die Wurzeln, der Roh-
stoff der modernen Kunst.

Dann – die »Documenta« lenkte die Aufmerksamkeit
auf die Tatsache, daß wir alle ständig studieren, dauernd
lernen, sie von uns, wir von ihnen usw.

Weiter – daß die moderne Kunst sich nur für das interessiert, was auf die Katastrophe zusteuert, für die Katastrophe selber, die Vorahnung des Letzten Gerichts, die Unter-
gangsstimmung.

Und schließlich, sagte Professor Hoet, lehnt die moderne Kunst jede Etikettierung, Segregierung, Einteilung in
Arten, Formen, Stile ab – sie liebt vielmehr verwischte
Grenzen, Klitterungen, Zusammenflicken, Zusammenkle-
ben, Collagen; sie liebt die Verschiedenartigkeit, die Vielzahl, die Grimassen und Wunderdinge, und daß das alles
formlos ist und zwischen allem.

23. April 1993

Eine Ausstellung von Salvador Dalí in der Zitadelle
Spandau in Berlin (Plastiken und Zeichnungen).

Die Welt Dalís – verformt, eklektisch, provokativ –
wurde von der Jugend längst akzeptiert, die massenweise
in die Ausstellung strömt und die Exponate aufmerksam
betrachtet, ohne jedes Gefühl des Absonderlichen, der
Sensation, des Schockiertseins. Dalí ist heute ein Teil ihrer
Vorstellung, ihrer Sehweise und ihres Verständnisses der
Welt. Es ruft keinen Skandal, keine Proteste mehr hervor,
daß seine Pferdeplastik statt eines Fußes ein Rad hat und
statt Schwingen (denn es handelt sich um Pegasus) einen
vergoldeten Autokotflügel. Die Welt ist heute einfach voll
von solchen Ungewöhnlichkeiten und Absurditäten.

Sommer 1993

In Frankfurt in der Ausstellung von Antonio Tàpies. Eine herrliche, intensive, starke, fast möchte man sagen malerische Malerei, mit der Tàpies uns in seine Welt der Farben, seine Spannungen, Konfrontationen, Relationen einführt. Als ich diese Bilder, ihre materielle Struktur, die Kompliziertheit und Verschiedenartigkeit der Oberflächenstruktur, die Anordnung und Mischung der Farben betrachtete, dachte ich – wie so oft bei solchen Anlässen –, wie anstrengend, schwierig und erschöpfend die Malerei doch ist. Im Atelier des Künstlers sehen wir am deutlichsten den Schaffensprozeß als physische Anstrengung, als mühselige Arbeit, wir sehen, wie Dinge entstehen, die Maß und Gewicht besitzen, greifbare Konkretheit. (Für den Schriftsteller entsprechen dem die flüchtigen Aufzeichnungen, Notizen, Entwürfe, das beschriebene Papier.)

Bei Tàpies fällt auch seine ständige, unruhige Suche nach neuen Lösungen, Plänen, Kompositionen auf. Nichts ist hier endgültig festgelegt, nichts ein für allemal erreicht. Tàpies verblüfft uns immer wieder (hier mit einer violetten Linie, die plötzlich das Blau des Himmels zerschneidet, dort mit dem grellen Rot eines Kreuzes auf einem sanften Pastellhintergrund), jedes seiner Bilder ist der Vorschlag, anders in das Innere der Welt der blauen Träume zu schauen, wie er das selber nennt.

Die Menschen in der Ausstellung, die die Bilder betrachten. Wie sie einander betrachten. Einander aus den Augenwinkeln mustern. Die Beziehung zwischen ihnen und den Bildern. Wie einzelne Gesichter zur Ausstellung passen, oder, im Gegenteil, mit ihr kontrastieren, mit dem Klima des Saales, dem Klima der ausgestellten Malerei, wie sie zusammen eine Komposition ergeben, einen räumlichen Entwurf, oder umgekehrt – uns ablenken, das Bild zerstören.

25. August 1989

In London ist Feliks Topolski gestorben. Er war 82 Jahre alt. Ich habe einmal mit ihm gesprochen, im Jahre 1987, in seinem Atelier, in das mich unser großer Dichter Adam Czerniawski führte. Das Atelier bestand aus zwei Teilen. Der Hauptraum – eine riesige Halle unter einer der Brücken über die Themse, ein Magazin für die Bilder und Zeichnungen des Künstlers. Die Fülle der dort lagernden Materialien war überwältigend, Hunderte, Tausende von Skizzen von Gestalten, Gesichtern, Gruppen, gezeichnet in einer ununterbrochenen Linie, als wäre der Pinsel nie vom Papier oder der Leinwand abgesetzt worden. Topolski malte sein ganzes Leben lang einen einzigen, ununterbrochenen Marsch von Menschen, die über den Erdball schreiten, über die Straßen der Städte in Europa, Amerika und Afrika. Er malte einen Aufmarsch, der keinen Anfang und kein Ende hat. Was Topolski schuf, war eine malerische Reportage, ein künstlerischer Bericht eines Schauspiels, dessen Titel hätte lauten können: »Im Gehen«. Nur manchmal hielt Topolski einen der Schreitenden an, wie ein Fotograf jemanden bittet, ihm kurz für eine Aufnahme zu posieren – und zeichnete dann eine Großaufnahme, ein Porträt, konzentrierte sich auf die Details.

In diesem Arbeitsraum, zwischen den Stößen (ich möchte fast sagen – Stockwerken) von Zeichnungen, Aufzeichnungen, grafischen Notizen, stand in einer Ecke ein Sofa, und auf diesem lag, halb hingestreckt, Topolski. Eine zarte Gestalt mit flinken, nervösen Bewegungen. Ein netter, freundlicher, zuvorkommender Herr. Überarbeitet. Diese Überarbeitung wurde unterstrichen durch seine Kleidung – alte Jeans, ein abgetragener grüner Pullover, farbbeschmierte Hände. Das typische Aussehen eines Künstlers, der ganze Tage im Atelier verbringt. Seine Arbeitskleidung sagte – schau her, ich bin fast achtzig, und trotzdem arbeite ich ohne Unterlaß.

In unserem Gespräch ging es darum, daß Topolski mit mir ein Album machen wollte, für das ich als Arbeitstitel vorschlug: »Aus der Welt«. Er sollte die Zeichnungen liefern, ich den Text. Es war ein verlockendes Angebot, aber ich dachte sofort: Das würde mich mindestens zwei bis drei Jahre kosten, und diese zwei bis drei Jahre hatte ich nicht.

Das war wahrscheinlich ein Donnerstag, also der Tag, an dem der Meister seine Gäste empfing. An diesem Tag konnte jeder ins Atelier kommen und dort tun und lassen, was er wollte. In einer Ecke stand eine Kiste Rotwein – wer Lust hatte, konnte trinken, wer mit Topolski reden wollte, konnte sich zu ihm setzen, es herrschte eine gelöste, freie Atmosphäre, wir gingen wohl weg, ohne uns zu verabschieden.

Francis Carco erinnert in seinem Buch »Der Freund der Maler« an den großen französischen Fauvisten André Derain (1880–1954): »Er malte die gewöhnlichsten Dinge, beliebige (zum Beispiel ein Bild aus dem Jahre 1935 mit dem Titel ›Ein Glas Tee‹), die niemandes Aufmerksamkeit erregten: Die Kunst besteht gerade darin, daß etwas aus nichts gemacht wird.« Ähnlich kommentiert Carco die Malerei Picassos: »Picasso lehnte die gewöhnliche Abbildung der Wirklichkeit ab, er wollte von dieser nur die poetischen Zeichen der Dinge bewahren.« Und er zieht den

Schluß: »Die Wirklichkeit ist immer nur ein Ausgangspunkt, nie ein Punkt, an dem man ankommt.«

28. Oktober 1992

In einer Ausstellung mit Bildern von Stefan Gierowski. Eine wunderbare Malerei – einfach, diszipliniert, erzielt sie ihre Wirkung mit einem einzigen Motiv, einem Farbklecks. Ganz gesammelt, konzentriertes Sehen anstrebend, voll Spannung, einen reinen, starken Ton von sich gebend. Hier gibt es nicht Schlampiges, nichts Nachlässiges, keine Hysterie. Es herrscht vielmehr eine Ordnung, die sich ihres Wertes bewußt ist, die Suche nach einer einzigen Formel, einem einzigen malerischen Wort.

Wichtig ist für mich die Tatsache, daß das Bild aus dem Zyklus »Zehn Gebote« mit dem Titel »Ich bin der Herr, dein Gott...« aus einer weißen Fläche besteht. Mir scheint, daß die letzten Dinge: Gott, der Tod, die Unendlichkeit, die Ewigkeit, nur Weiß auszudrücken vermag.

Gierowski strebt konsequent nach einem Gleichgewicht, einer Symmetrie. Zum Beispiel das Bild »CCCL, 1976«: Auf einem hellen, kaum durchscheinenden Hintergrund sind mit dichten Pinseltupfen rote, grüne, gelbe, braune, orange und himmelblaue Punkte verteilt. Die ideale farbliche Ausgeglichenheit des Bildes sticht ins Auge. Nirgends gewinnt eine Farbe die Überhand, dominiert. Der Maler räumt allen den gleichen Platz, die gleiche Chance ein.

In einem Interview spricht sich der Schweizer Schriftsteller Adolf Muschg für ein Schreiben aus, das sich seiner gesellschaftlichen Rolle, seines Engagements bewußt ist. Der Begriff des Engagements in der Literatur und Kunst

hatte im Osten und im Westen eine völlig unterschiedliche Bedeutung, was immer wieder zu endlosen Mißver-
ständnissen führt. Im Westen bedeutete Engagement eine
kritische Haltung gegenüber der eigenen Gesellschaft, vor
allem gegenüber der herrschenden Klasse und ihrer
Methoden der Machtausübung (ihrer Verlogenheit, Manipulation, Korruption usw.). Im Osten hingegen war es die
Nomenklatura, die die Künstler aufrief, sich zu engagie-
ren, wobei sie darunter die aktive, unkritische Unterstüt-
zung der herrschenden Diktatur verstand. Die westlichen
Regierungen hatten nicht viel übrig für engagierte
Schriftsteller, die im Osten − liebten sie über alles.

In »Le Figaro« vom 4.11.1991 eine Rezension des 25.
Bandes der Briefe von George Sand. Der Redakteur der
Gesamtausgabe − Georges Lubin − widmete sein ganzes
Leben der Sammlung und Herausgabe der Briefe dieser
Autorin. Die Liste der Adressaten umfaßt 2075 Namen,
und die Gesamtausgabe wird über zwanzigtausend Briefe
umfassen. Und wenn Lubin auf Tausende von neuen Brie-
fen stößt, wird er auch die herausgeben.

Als ich meinem dänischen Verleger Claus Clausman von
der unglaublichen Zahl dieser Briefe erzähle, ist der gar
nicht erstaunt. Er sagt, zu Zeiten Andersens sei in Kopen-
hagen, damals eine Kleinstadt, die Post achtmal am Tag
ausgetragen worden. In Ermangelung von Telefon und Fax
war der Brief das wichtigste Mittel der Verständigung, des
Gesprächs, der Diskussion. Am Morgen schickte Herr
Andersen einen Brief, zu Mittag brachte der Bote die Antwort, am Nachmittag konnte der Autor des »Mädchens
mit den Schwefelhölzern« eine Antwort auf den soeben
erhaltenen Brief schreiben usw. − die Stöße der Korres-
pondenz wuchsen und wuchsen.

Am 8. April 1892 schreibt Anton Tschechow aus seinem Dorf Melichowo an einen Freund in Petersburg, Alexsej Suworin:

»Bei uns weilt jetzt der Maler Lewitan. Gestern abend waren wir gemeinsam auf der Jagd. Er schoß auf eine Schnepfe, die mit zerschossenem Flügel in eine Pfütze fiel. Ich hob den Vogel auf: ein langer Schnabel, große schwarze Augen und ein schönes Federkleid. Er schaute verwundert drein. Was sollen wir mit ihm machen? Lewitan wand sich, schloß die Augen und flehte mit zaghafter Stimme: ›Mein Lieber, schlag ihm mit dem Kolben den Kopf ein...‹. Ich antwortete: ›Das kann ich nicht.‹ Lewitan warf nervös die Arme, schüttelte den Kopf und flehte. Die Schnepfe schaute derweil verwundert drein. Ich war gezwungen, dem Flehen Lewitans nachzukommen und den Vogel zu töten. Nun gibt es auf Erden eine schöne Kreatur weniger, und zwei Narren kehrten nach Hause zurück und setzten sich zum Abendessen.«

Im Fernsehen sah ich »Schuld und Sühne« von Dostojewski in der Inszenierung von Andrzej Wajda. vor zwei Wochen habe ich dieselbe Aufführung im Krakauer Stary Teatr gesehen.

Die Fernsehfassung schien mir besser, eindringlicher, packender, stärker. Warum? Weil man im Fernsehen vor allem die Gesichter sieht – ihre Großaufnahme, ihren Ausdruck, ihre Stimmung. Das macht die Wirkung stärker. Die große Bühne lenkt ja doch ab – ohne es zu wollen, sehen wir Dutzende zweit- und drittrangiger Details, Gegenstände, Linien, Farben. Im Fernsehen hingegen ist unsere Aufmerksamkeit auf das Wesentliche konzentriert – das Porträt und die aus dem Porträt zu uns sprechende menschliche Persönlichkeit.

31. Januar 1994

In Berlin drehte ich das Radio an und stellte es, in der Absicht, einen Sender mit guter Musik einzugeben, auf automatischen Suchlauf: Es meldeten sich hintereinander über ein Dutzend Stationen aus der ganzen Welt. Ich war den ganzen Abend damit beschäftigt, eine nach der anderen zu hören. Und es tut mir nicht leid um die vergeudete Zeit, denn ich machte eine Entdeckung: Alle Stationen spielten dasselbe – dieselbe Musik, denselben Beat, Pop, Heavy Metal, Rap, HipHop usw., abwechselnd. Wenn es Worte zu dieser Musik gab, waren die meist englisch.

Ein neues Hörerlebnis, ein neuer Geschmack, eine neue Aufnahmefähigkeit, gerichtet auf einen Laut, einen Ton, einen Rhythmus.

Diese Ausschließlichkeit, dieses Monopol ist am auffallendsten. Eine Überfülle technischer Mittel, der Elektronik, aller möglichen Lichtleiter, Satelliten, Compact Discs und Laser, und gleichzeitig eine fortschreitende Verarmung des Inhalts, Monotonie, betäubende Langeweile.

In jedem Land gibt es viele, Hunderte, sogar Tausende von begabten Menschen, die malen, schreiben und Musik machen. Alle gleichen sie einander irgendwie, sind ungefähr gleich gut, ganz *passabel*.

In unserer Zeit hat der Künstler die Aufgabe, etwas Interessantes, Lebendiges und vor allem Aktuelles zu schaffen. Dieses Werk soll für einige Zeit die Aufmerksamkeit der Konsumenten erregen, lobende Rezensionen einheimsen (vielleicht sogar Preise), um dann zu verschwinden (eher spurlos und meistens für immer), weil schon andere Werke, Entwürfe, Konzepte darauf warten, an die Reihe zu kommen.

Angesichts des Gedränges, das heutzutage auf dem

Markt herrscht, wird die Promotion immer wichtiger: Galerien, Verlage, Reklame, Konzertsäle, Festivals und Wettbewerbe, alle Arten von Akquisiteuren der Kultur. Es genügt nicht mehr, etwas zu schaffen. Jetzt muß man mit diesem Werk auch den Konsumenten erreichen, den Seher, den Leser. Früher haben diese die Werke und ihre Schöpfer gesucht. Heute muß der Autor seine Kunden suchen. Unsere Zeit verlangt vom Künstler doppelte Anstrengung. Er muß zugleich Schaffender sein und Akquisiteur.

»Je tiefer die Kunst in der Stagnation versinkt« – schreibt E. M Cioran – »um so rascher vermehren sich die Künstler. Diese Anomalie ist keine Anomalie mehr, wenn man sich bewußt macht, daß die Kunst, im Verschwinden begriffen, zugleich unmöglich ist und leicht.«

Zwei verschiedene Menschentypen, an zwei entgegengesetzten Polen der Menschheit. Der *homo informaticus*, ein Produkt der elektronischen Revolution. Eine neue Gestalt in der Geschichte, eine Erfindung der zweiten Hälfte des zwanzigsten Jahrhunderts. Er lebt in der Welt der Computer, der Infohighways, von Internet, Datenbanken, Multimedia, Videokonferenzen, Servern und Decodern.

Gleichzeitig begegne ich auf meinen Reisen durch die Länder der Dritten Welt meist einem Typ, der genau das Gegenteil des *homo informaticus* darstellt – *the poor man*, der arme Schlucker, eine zahlreiche (und immer zahlreichere) Kategorie, mühelos zu erkennen und zu definieren. Der Arme hat nicht nur noch nie einen Computer angefaßt, er besitzt nicht einmal elektrisches Licht, ja er kann sich nicht einmal eine Taschenlampe leisten. Er wird arm geboren, lebt und stirbt in Armut. Alle elektronischen Errungenschaften sind für ihn völlig unerreichbar, sind ihm oft nicht einmal bekannt. Sein Arbeitswerkzeug ist das gleiche wie vor tausend Jahren. Und doch sind auch die Menschen mit den hölzernen Hauen unsere Schwestern und Brüder, genau wie jene, die gerade ein eiliges Fax ans andere Ende der Welt schicken. Doch es gibt zwischen ihnen keinen Kontakt, keine gemeinsame Sprache. Mehr noch – die Unterschiede, die Fremdheit scheinen sich zu vertiefen. Man müßte daher wohl jenen recht geben, die meinen, die Evolution des Menschen sei noch nicht abgeschlossen, sie dauere weiter fort und bringe zwei diametral verschiedene Typen, vielleicht sogar zwei verschiedene menschliche Gattungen hervor.

Gabrielle Pfeiffer, eine New Yorker Fernsehproduzentin, sagt mir, der Zeitrahmen der Generationen werde immer breiter und die Kluft zwischen ihnen zugleich immer tiefer. »Mit meinen dreißig Jahren«, sagt Gabrielle, »fühle ich mich wohler in der Gegenwart von Fünfzigjährigen als unter Menschen, die erst zwanzig sind.«
Es ist eine neue Generation entstanden, die Gabrielle »Pilot Generation« nennt (von *pilot*, der Fernbedienung des Fernsehers): »Auf dem Bildschirm darf keine Einstellung länger als ein bis zwei Sekunden dauern. Alles, was länger dauert als dieser Augenblick, dieses Blitzbild, ist langweilig. Und was langweilig ist, das dringt gar nicht an sie heran oder wird von ihnen abgelehnt.«

Mit J. zwei Stunden Arbeit am Computer. Die Welt des Computers: ein unermeßlicher Wald, durch den Hunderte von Straßen, Wegen, Pfaden führen. Das Problem besteht darin, daß meine Führer mir sofort den ganzen Reichtum, das Dickicht dieses Waldes zeigen wollen, seine zahllosen Geheimnisse und Rätsel. Daher fühle ich mich von Anfang an verloren. Ich ersuche sie, langsamer in diesen elektronischen Urwald vorzudringen, Schritt für Schritt, ganz von vorn zu beginnen. Doch genau das erscheint meinen Führern langweilig, farblos, uninteressant, weil sie sich, im Gegensatz zu mir, an diesem Reichtum, dieser Verschiedenartigkeit, der Unendlichkeit des Computerkosmos berauschen.

★ ★ ★

In diesem Teil der Welt ist die Geschichte in der Mitte unseres Jahrhunderts irgendwie in die Irre gegangen, und als sie erkannte, daß sie schon zu lange in die Irre lief, begann sie zum Ausgangspunkt zurückzukehren, zu jenem Ort, wo sie die falsche Richtung eingeschlagen hatte. In diesem Fall ist der Fortschritt der Geschichte nicht eine Vorwärtsbewegung, sondern eine Bewegung zurück – darin liegt das Paradox und die Einschränkung.

In der Politik ist heutzutage alles auf die Mitte ausgerichtet, auf den Zentrismus, den Pragmatismus. Es gibt Extremismen, doch diese haben keine starke gesellschaftliche Basis. Diesen Mangel machen sie durch Aggressivität und Lautstärke wett, durch eine Brutalisierung der Sprache.

Überall wimmelt es von versteckten Ressentiments, Vorwürfen, Verdächtigungen, Abneigung, Haß. Die Weißen mögen die Schwarzen nicht, die Bewohner des Pandschab hassen die Bewohner von Gujarat, die Zulus die Xhosa, die Fanatiker verachten die Liberalen, die Protestanten die Moslems, die Braunen die Grünen, die Ekuadorianer die Peruaner usw. Diese Liste läßt sich immer weiter fortsetzen, ohne Ende. Manchmal brechen diese subkutanen Strömungen, diese unsichtbaren Spannungen, dieser Druck und diese Reibungen offen aus. Dann gibt es Zerstörung, Massaker, Krieg. Doch diese Sprengladung hat schon längst im verborgenen existiert – manchmal unbemerkt, oft auch wissentlich übersehen. Der Ausbruch enthüllt die Existenz untergründigen Hasses in den Menschen. Manchmal sind diese selber erstaunt oder sogar erschrocken darüber.

Heute gibt es weder Linke noch Rechte, es gibt nur Menschen mit offener, liberaler, aufnahmebereiter, zukunftsorientierter Mentalität, und Menschen mit verschlossener, sektiererischer, engstirniger, vergangenheitsbezogener Mentalität.

Wir sind befangen in Stammesdenken. Trotz des weltweit herrschenden Kosmopolitismus, Pluralismus, Globalismus, Universalismus erweisen sich die Stammesstrukturen nach wie vor als lebendig, ja immer lebendiger. Und weil die höchsten, extremsten, spektakulärsten Geburtenzuwächse in den Ländern der Dritten Welt verzeichnet werden, wo die Stammesstrukturen besonders verbreitet und lebendig sind, bedeutet das, daß die Menschheit, indem sie sich vermehrt, auch den Stammes- und Clancharakter der Gesellschaften verbreitet und festigt.

Die Ethnie wurde zum modischen und oft mißbrauchten Schlüssel für die Dekodierung moderner Konflikte.

Die am häufigsten auf die Vergangenheit, die Geschichte angewandte Operation ist die Reduktion. Das Bild wird gesäubert von allen Zwischentönen und Schattierungen, vom ganzen Reichtum der Farben bleiben nur Weiß und Schwarz übrig – scharf, kompromißlos, kontrapunktisch. Es herrscht ein Klima des Kampfes. Die Menschen sind entweder Heroen oder Verräter. Überall ist das Rasseln der Waffen zu hören, das Dröhnen marschierender Stiefel, der keuchende Atem der Kämpfer.

Eine heroische Haltung ist immer eine Seltenheit, eine Ausnahme. Weil aber diejenigen, die aus der Vergangenheit, aus den sogenannten Seiten der Geschichte herausragen, Heroen sind, entsteht der Eindruck, die Menschheit bestünde in ihrer überwiegenden Mehrheit aus Helden.

Dabei sind wir meist ganz gewöhnlich, alltäglich und schwach, nur darauf aus zu überleben; graugefiederte Vögel mit kurzen Flügeln.

Ähnlich in der Architektur. Überdauert haben die Festungen, Kathedralen, Paläste, doch das waren Ausnahmen – die Allgemeinheit wohnte in bedeutungslosen Häusern, in Lehmhütten, in Keuschen, von denen nichts übriggeblieben ist.

Die Alltäglichkeit und Gewöhnlichkeit versinken rasch im Vergessen, verschwinden. Bestand hat nur, was eine Ausnahme darstellt. Nur das kann überdauern.

Wenn man einen Historiker fragt, was das Ziel seiner Forschungen und Untersuchungen ist, antwortet er in den meisten Fällen: die Fakten. Er sucht Fakten, erforscht Fakten, sammelt und vergleicht sie. Daten, Namen, Orte, Verwandtschaften, Beziehungen, Maße und Gewichte, Dokumente, den Ablauf der Ereignisse. Mich interessieren die Fakten und nur die Fakten – sagt der Historiker.

Der Mensch hingegen, der die Geschichte miterlebt und am eigenen Leib erfahren hat, wird bezweifeln, ob sich der Forschungsgegenstand unseres Historikers wirklich ausschließlich auf die sogenannten nackten Tatsachen reduzieren läßt. Denn er weiß, daß eine Tatsache, herausgerissen aus dem breiten Kontext der Unwägbarkeiten, herausgeschält aus dem ganzen Theatrum, in das sie eingebettet war, ohne das Klima und die Stimmung, die sie begleiteten, nicht viel aussagt und wenig bedeutet, oft sogar einen falschen Sinn und eine irreführende Aussage bekommt.

Denn dieser Mensch, der gelernt hat aus der Geschichte, die ihn gnadenlosen Proben unterworfen und zu den grausamsten und radikalsten Entscheidungen gezwungen hat, weiß sehr genau, wie wichtig, vielleicht wichtiger als alles andere, der Kontext ist, aus dem die gegebene Tatsache hervorging und zur Realität wurde, und er weiß auch, daß es am schwierigsten ist, anderen diesen Kontext zu vermitteln – und für sie, ihn zu verstehen.

Die Geschichte wirft immer öfter und mit immer brutalerer Rücksichtslosigkeit alles auf den Müllhaufen.

Politik: Die Richtung ihrer Bewegung ist immer dieselbe – nach oben, zum Gipfel, und dann – der Fall, oft: der Zusammenbruch. Es sei denn, der Politiker springt rechtzeitig zur Seite oder zieht sich zurück. Doch dieses Streben nach oben ist ansteckend, narkotisierend, es blendet so sehr, daß keiner an den weiteren Verlauf denkt, an den Sturz, an das traurige Ende.

In der Politik gewinnt oft der die Oberhand, der um jeden Preis, ohne ethische Skrupel und ohne Pardon siegen will. In der Politik braucht es Entschlossenheit, Druck, Aggressivität. Alle sehen, wer die Macht erringen will, sie fühlen das. Sie unterliegen der Hypnose, beobachten die Rivalen und geben dem ihre Stimme, der am schwungvollsten kämpft, mit dem stärksten Siegeswillen. Sie wollen sich dem Stärkeren ausliefern, sich dadurch selber stärker fühlen.

5. Dezember 1941. Der 54jährige Henryk Elzenberg (der Zweite Weltkrieg strebt seinem Höhepunkt zu) notiert in seinem Tagebuch zwei wichtige Beobachtungen:
Erstens, daß »die historischen Ereignisse einfach stumpfe Instrumente sind, die man über den Kopf geschlagen

bekommt. Hier gibt es nichts zu grübeln; man sagt ›nein‹ und wartet auf das Ende«;

Zweitens, wenn er die verbrecherische Szenerie des Krieges betrachte, verstärke sich in ihm »das Gefühl, die Geschichte verlaufe absolut zweigleisig – eine Geschichte des Verbrechens und eine des Geistes, die nebeneinander herlaufen, ohne einander im geringsten zu beeinflussen, geschaffen von Gattungen, die einander ontologisch fremder sind als in der Zoologie Eidechsen und Ammoniten.«

Ammonit – Molluske, Kopffüßer. Er lebte in einer Muschel, wie eine Schnecke. Er ist vor 75 Millionen Jahren ausgestorben.

Die Diktatur stützt sich nicht nur auf die Angst, sondern auch auf den Vorteil. Und auf die Gewohnheit. Und das Fehlen von Vergleichsmöglichkeiten (die Menschen wissen nicht, daß es irgendwo anders, besser ist).

In Revolutionen siegen diejenigen, die später gekommen sind. Oft sind das Menschen aus den hinteren Reihen oder solche, die im tiefen Dickicht der Provinz überdauert haben. Die Revolution frißt nämlich alle, die direkt an der Barrikade standen, auf beiden Seiten. Diese Barrikade trennt und verbindet zugleich. Das Paradoxe dieser Situation, die, wie ein untergehendes Schiff, alle in die Tiefe reißt.

23. August 1989
Abends traf ich A. B. Er glaubt nicht, daß die »Solidarność« eine Regierung bilden könnte, die eine Chance hätte zu überdauern. Er sagt: Das ist naiv!

Dabei wurden alle Revolutionen, Umstürze, Veränderungen von Menschen gemacht, die ein gewisses Maß an Naivität auszeichnete. Die ist unverzichtbar, denn das Bild des bestehenden Systems, seine Kraft, seine rücksichtslose, erdrückende Macht des Beharrens und Vernichtens erscheinen so furchtbar, daß sie abschreckend und lähmend wirken auf alle, die »vernünftig« sind und »sich keinen Illusionen hingeben«.

Wenn wir die Prozesse der Auflösung von Gesellschaften beobachten, sehen wir, daß sie immer an bestimmten Grenzen haltmachen, nie aufs Ganze gehen, bis zum zerstörerischen Ende. Sie gelangen nicht zum Äußersten. Sie erreichen eher einen Zustand der Ausweglosigkeit, des Tretens auf der Stelle. Das kollektive Gedächtnis, der Selbsterhaltungstrieb und die Kultur sind die Faktoren, die es nicht zur völligen Vernichtung kommen lassen.

Koestlers »Sonnenfinsternis«. Das Buch ist dort sehr tief, wo der Autor das kommunistische Denken der dreißiger Jahre analysiert. Doch das Bild der Realia, zum Beispiel von der Lubjanka oder Butyrka, ist unwirklich, sehr westlich, viel zu zivilisiert. Daß man mit seinen Peinigern dort, in der Butyrka, so tiefsinnige philosophische Diskussionen führen konnte? Thema des Buches sind Gründe und Motive, nicht die Angst. In der Butyrka aber stand die Angst im Vordergrund. Nur, wie soll man die beschreiben? Wie soll man die Quälerei beschreiben? Die Hilflosigkeit?

Der Artikel von Anna Micińska über Aleksander Wat (in der Wochenzeitschrift »Solidarność« 11/88), über seinen Weg zum Kommunismus und weg von diesem:

Das Drama der ehemaligen Kommunisten. Daß sie immer noch im Kosmos der kommunistischen Sache gefangen sind. Obsessiv, unbelehrbar. Ihr ganzes Denken, ihr Handeln wird zuerst vom Kampf für den Kommunismus bestimmt, angetrieben, motiviert, dann – vom Kampf gegen ihn.

Auch seine Umgebung zwingt den Kommunisten, immer wieder die Frage des Kommunismus durchzukauen (warum er beigetreten ist, warum er ausgetreten ist usw.). Die Umgebung übt vor allem auf jene Druck aus, die reden und schreiben können. Dabei haben gerade die oft nur wenig zu sagen, weil sie unter bevorzugten Verhältnissen lebten und nicht in Berührung kamen mit den Verbrechen des Systems. Das System war ja anonym und stützte sich auf anonyme Menschen, auf die graue, gesichtslose Masse der Bürokraten, Polizisten, Kontrolleure, Wächter, Spitzel. Das Dämonische dieses Systems entsprang gerade seiner Durchschnittlichkeit, Undurchsichtigkeit, Oberflächlichkeit, seiner Schäbigkeit und Dumpfheit.

Sinowjew hat recht, wenn er sagt, der grundlegende Unterschied liege darin, ob man drinnen sei oder draußen. Das heißt, es ist ein Unterschied zwischen denen, die das durchlebt, und denen, die das nicht erfahren haben. Die zweiten können kein Urteil über die ersten fällen.

In der »New York Review of Books« (13. 5. 1993) ein Essay des Historikers Gordon A. Craig über den eben in New York erschienenen Briefwechsel zwischen Hannah Arendt und Karl Jaspers. Craig erinnert an einige Details aus dem Leben Arendts: Sie war einst die Freundin von Heidegger (eines Befürworters des Nazismus), dann die

Frau von Heinrich Blücher (eines Kommunisten) und fast ein halbes Jahrhundert lang die intellektuelle Freundin von Jaspers (eines Antinazi und Antikommunisten). Wie sich das alles in ihrem Leben verwickelte, verwob, überlappte!

Craig erwähnt, daß Arendt und Jaspers die Welt mit einer gehörigen Portion Pessimismus betrachteten. Es war Jaspers, der das Phänomen der »Banalität des Bösen« entdeckte (er schrieb über die »völlige Banalität«, die »prosaische Trivialität« als Kennzeichen, die besonders charakteristisch sind für den Totalitarismus). Diese Ansicht hat Arendt später in ihrem Buch über den Eichmann-Prozeß weiter entwickelt. Beide wandten sich gegen eine Mythologisierung der Widerstandsbewegungen in den totalitären Staaten. Jaspers meinte in seinem Essay »Das Problem der Schuld« (1946), daß alle (wenn auch in verschiedenem Ausmaß) verantwortlich sind für Entstehen und Herrschaft des Gewaltsystems.

Craig verweist darauf, daß es Arendt war, die in ihrem Werk »Elemente und Ursprünge totaler Herrschaft« (1950) die These formulierte und entwickelte, wonach der Totalitarismus des zwanzigsten Jahrhunderts erst durch den Imperialismus des neunzehnten Jahrhunderts mit seiner Philosophie der Expansion, seinen rassistischen und biologischen Rechtfertigungen möglich wurde.

Sofia, Juni 1989

Abendessen in der Wohnung der großen bulgarischen Dichterin Blaga Dimitrowa. Das warme, gute Gesicht Blagas, umrahmt von schlicht geschnittenen grauen Haaren, ihre große, leicht gebeugte Gestalt, die ruhige, gedämpfte Stimme. In der vornehmen, gemütlichen Wohnung, die an das Innere einer alten Geige erinnert, im kleinen Salon, wo man den Duft und die Stimmung von etwas längst Vergangenem, und doch real Anwesendem zu spüren glaubt, sitzen ein paar Schriftsteller um den Tisch – das semi-konspirativ wirkende Komitee zur Verteidigung von Perestroika und Glasnost, das von Schiwkow bekämpft wird, weil dieser der Meinung ist, er habe die Perestroika längst durchgeführt, das Land brauche keinen Umbau mehr.

Während wir einmal über Sofia, dann wieder über Warschau oder Moskau sprechen, kommt mir folgender Gedanke: Mit diesen Bulgaren, die ich doch zum ersten Mal treffe, kann ich mich mit einigen wenigen Worten verständigen, ähnlich wie mit Ungarn oder Tschechen. Unsere Erfahrungen lassen uns die Welt auf dieselbe Art empfinden und begreifen. Der Kommunismus hat sogar das unabhängige und oppositionelle Denken geformt (oder eher: deformiert), hat einheitliche, identische Mechanismen einer Wahrnehmung der Realität und der Reaktion darauf herausgebildet. Und das alles unabhängig von Nationalität, Rasse und Wohnort des *homo sovieticus*, denn wir alle haben eine gemeinsame Sprache von Zeichen, Gesten, Blicken, Stimmen usw. Eine Sprache, die tot und unverständlich ist für jeden aus dem Westen, Amerikaner oder Kanadier, dem wir sie übersetzen und erklären wollen.

Stanisław Brzozowski: »Sich erinnern bedeutet, einen erlebten Inhalt mit Ereignissen und Eindrücken des neuen, gegenwärtigen Lebens in Verbindung zu bringen. Unsere Erinnerungen wachsen und verändern sich mit uns. Das Gedächtnis konserviert nur scheinbar, in Wahrheit formt es ständig um: Ein Ereignis oder eine Person, die Gegenstand der Erinnerung darstellen, sind nur der Kern, sozusagen die feste Achse einer sich fortwährend ändernden Kristallisation. Das Leben entreißt ihnen Atome von Emotionen und Gedanken, die es durch andere ersetzt. Unsere Vergangenheit ist immer nur unsere Gegenwart.« (»Die Flammen«)

Vico, Herder, Gibbon, Burckhardt, Toynbee, Gumilew. Denker, die die Höhen einer historischen Synthese anstrebten. Toynbee schreibt statt einer Geschichte der Nationen, die ihm zu eng und emotionsgeladen erscheint, eine Geschichte der Zivilisation, also der umfassenden, komplexen Strukturen. Gumilew: Die nichteuropäischen Gesellschaften zeichnen sich durch ungemein komplexe Strukturen aus. Und gerade diese Komplexität ermöglicht es ihnen zu überleben, weil sie ihnen Elastizität verleiht. Sie werden plastisch, unzerstörbar, besser den extrem ungünstigen Bedingungen angepaßt.

Die Krise der Geschichte – ihren Platz nehmen immer öfter Gegenwart und Archäologie ein. Das liegt daran, daß die Geschichte (als Wissenschaft, als Disziplin) allzu leicht manipulierbar scheint und daher ihre Glaubwürdigkeit einbüßt. Statt einer wissenschaftlichen Annäherung an die Vergangenheit finden wir ein emotionelles Gebäude beliebiger Bilder derselben. Es gibt historisches Wissen und die emotionelle Erinnerung. Obwohl beide oft mit demselben Begriff – Geschichte – bezeichnet werden, muß man sie klar und sachlich auseinanderhalten.

Die Humanisten – eine immer schwächer werdende Klasse. Sie haben immer weniger zu sagen, bedeuten immer weniger. Die Vertreter der konkreten Wissenschaften verdrängen sie sogar aus Gebieten, die stets eine

Domäne der Humanisten waren. Zum Beispiel aus der Archäologie und der Geschichtswissenschaft. Wer ist heute am wichtigsten für die Archäologie? Der Molekularbiologe! Aus kleinsten Teilen von Eiweiß und Nukleinsäuren liest der Molekularbiologe mit Hilfe seiner Computer unsere Urgeschichte, unterteilt sie in Abschnitte und Epochen, schreibt die ersten Seiten im Lehrbuch der Geschichte der Menschheit.

Die Welt: So viel ist schon gesagt worden über sie. Hat sich das humanistische Denken erschöpft? Bleiben nur mehr die technologischen Erfindungen übrig?

In unserem Denken über einen Fremden, einen Anderen, kommt die ethnische, ja, sogar die religiöse Kategorie vor der soziologischen. Wir sagen zuerst: Schwarze, Araber, Italiener, und dann erst: Bauern, Ingenieure, Beamte usw.

Joseph de Maistre verbrachte 15 Jahre als Gesandter des sardischen Hofes in Petersburg.

Die Philosophen sprachen vom »Menschen« als solchem wie von einer rhetorischen, abstrakten Figur, doch de Maistre lehnte, ähnlich wie Burke, die Existenz eines solchen Wesens ab. »Die Konstitution des Jahres 1795« – schrieb er – »wurde für den Menschen erdacht. Doch einen solchen gibt es nicht auf dieser Welt. Ich habe in meinem Leben Franzosen, Italiener, Russen und andere gesehen. Ich weiß auch, dank Montesquieu, daß man Perser sein kann. Aber einen Menschen habe ich noch nie getroffen, wenn ein solcher existiert, ist er mir unbekannt.«

Mögliche Haltungen in der Begegnung mit einer anderen, »niedrigeren« Kultur:

- die schulmeisterliche Haltung (belehrend, die anderen werden wie Kinder behandelt),
- die aristokratische Haltung (Unterstreichen der eigenen Überlegenheit, ein kühles, abschätziges Verhältnis gegenüber dem anderen),
- die ironisch-spöttische Haltung (der andere wird als Objekt der Satire, als Hanswurst, Dummkopf gesehen),
- die dominierend aggressive Haltung (gekennzeichnet von Aggressivität, Bösartigkeit, Wut),
- die resignierte Haltung (der andere wird so akzeptiert, wie er ist, jedoch in der Überzeugung, daß er weniger wert ist),
- die freundliche Haltung (etwas paternalistisch, aber herzlich),
- die partnerschaftliche Haltung (der andere wird als Ebenbürtiger angenommen).

Ein neuer Typ der Revolution, wie sie Ende des zwanzigsten Jahrhunderts entstand. Das ist die verhandelte Revolution. Bei diesen Umwälzungen verliert die herrschende Klasse zwar die Macht, behält aber noch für einige Zeit wichtige Positionen in Verwaltung und Wirtschaft. Der Prozeß der Veränderung von einem System zum nächsten hat nicht die Form eines Ausbruchs, eines Kataklysmus, von Zerstörung und Schock, sondern erstreckt sich über einen längeren Zeitraum, wird ausgedehnt, erfolgt als etappenweise Transformation. Die verhandelte Revolution ist ein Prozeß voller Widersprüche und Inkonsequenzen. Voller Konflikte, Spannungen und Diskussionen, Verwischungen und heimlicher Annäherungen. Voller Korruption und Manipulation. Voll verbaler Aggression.

Doch es gibt keine Barrikaden, Brände und Exekutionen. Es gibt keinen Schrecken und kein Stöhnen. Es gibt keinen Terror.

Definitionen des Vaterlandes:
Genet: »Mein Vaterland, das sind zwei, drei Bekannte.«
Camus: »Ja, ich habe ein Vaterland: die französische Sprache.«
Der Tuareg: »Mein Vaterland ist dort, wo Regen fällt.«

Kultur, Denken und Religionen des Ostens sind erfüllt von der Idee des Messianismus, also der Idee der Expansion, der Herrschaft und Ausschließlichkeit. Quelle dieses Glaubens sind unter anderem die riesigen Weiten – von der endlosen Weite geht eine große Verlockung aus: beherrschen, um sich etwas zu unterjochen. Angesichts des Fehlens einer entwickelten Kommunikation tritt die absolute Zentralmacht als natürliche Form von Herrschaft und Unterjochung auf, und die Unterjochung ist dabei um so wichtiger, als wir es mit multikulturellen, mehrsprachigen Gesellschaften zu tun haben, geprägt von starkem, unbeugsamem Unabhängigkeitswillen, und, im Falle der Nomadenvölker, auch rastloser Beweglichkeit, Mobilität.

In der Idee des Messianismus vermischen sich mindestens zwei uns hier interessierende Begriffe: Erstens verlangt der Messianismus einen täglichen irdischen Verzicht im Namen einer höheren, eben messianistischen Ratio. Wir leben in Armut, unter der Knute, doch das muß so sein, damit wir unser höchstes Ziel erreichen können. Wir gehen in Lumpen, aber dafür sind wir die Auserwählten des Schicksals. Es hat nichts zu sagen, daß wir heute im Elend hausen: Morgen werden wir dafür entlohnt werden. Zweitens beinhaltet der Messianismus auch die Hoffnung

auf ein Überwinden von Unterdrückung, Armut und Leiden durch einen einmaligen Akt göttlicher Gnade. Gott
braucht nur zu nicken, und das Leben ändert sich, sofort
und radikal. Es braucht keine tägliche, mühebeladene
Arbeit, keine Anstrengung von Denken und Willen, keine
hervorragende Organisation – eine Berührung durch
Gottes Finger genügt. Der Kontakt mit Gott, die Tatsache,
daß wir von ihm auserwählt sind, befreit uns vom Joch der
Arbeit – diese wird ersetzt durch das Wunder. Das ist ein
naiver und illusorischer Glaube, doch das Denken der
Menschen ist meist naiv und illusorisch.

Berlin, 4. August 1994
Seit dem Morgen ist die Stadt von Sonne durchflutet.
Sie ist überall, beherrscht alles. Die Menschen sind
erschöpft vom heißen Sommer, müde, gereizt, aggressiv.
Dabei hat es erst 30 Grad. Und wenn die Temperatur auf
40 Grad klettert? Auf 50 oder noch höher? Wann immer
ich so extreme Temperaturen (Hitze, Kälte) erlebe, denke
ich an die enge Beziehung zwischen Klima und Moral.
Bei 60 Grad würden wir alle schamlos nackt herumlaufen.
In Los Angeles kommt es bei der ärgsten Hitze vor, daß
Menschen, wütend, weil ihnen einer mit dem Wagen in
die Quere kommt, auf ihn schießen. Ein Mord, begangen
in von der Sonne ausgelöster Furie. Wenn wir in größter
Hitze keinen Schutz finden, fühlen wir uns gepeinigt,
bedroht. 20, 30 Grad genügen, um alle Menschlichkeit in
uns zu betäuben. Nehmen wir einmal an, irgendwo in der
Galaxie hätte vor Millionen Jahren die Erwärmung eines
Sterns eingesetzt, und die Hitze dieses Sterns erreichte uns
plötzlich. Die Atmosphäre, die die Erde umgibt, würde
sich erwärmen – in einem in der kosmischen Skala unbe-

deutenden Ausmaß – um 40, 50 Grad Celsius: Die gesamte Menschheit hörte auf zu existieren.

Ist das wirklich völlig undenkbar? Paul Gray schreibt (»Time«, 1. 8. 1994), die Splitter des Kometen, die vor kurzem auf der Oberfläche des Jupiter einschlugen, hätten dort eine Energie ausgelöst, millionenfach größer als jene der Bombe von Hiroshima. Diese Bombardierung des Jupiter erinnert uns daran, schreibt Gray, daß das Weltall *an incredibly violent place* ist. Wieviel von dieser Gewalt, die im Kosmos herrscht, dringt zu uns, und wieweit beeinflußt sie unser Verhalten?

★ ★ ★

Je älter du wirst, um so weniger Nachsicht üben die Menschen mit dir. Am besten hat es ein Kind, dem wird alles gestattet. Auch die Jugend genießt große Freiheit. Die Jugend ist ein Wert an sich, sie ist Anmut, Frische, Energie. Die Jahre der Reife – die Welt wartet noch, räumt dir noch Chancen ein. Doch wenn einmal das Alter da ist, dann bist du entweder jemand, allgemein anerkannt und geachtet, oder man wird dich geringschätzen und herumschubsen. Du mußt dich dauernd rechtfertigen, daß du lebst, noch da bist.

Bei den Somalis, den Dinkas im Sudan, den Tuareg in der Sahara verleihen fortgeschrittene Jahre, Alter, Greisentum dem Menschen Rang, Vorrecht, Autorität und Überlegenheit. Es genügt, daß einer kommt, der älter ist, und schon erweisen die anderen ihm Respekt und Achtung. Alles in einer solchen Gesellschaft ist stabil – vor allem die Werte sind stabil und dauerhaft. Woran die Vorfahren geglaubt haben, daran glauben auch wir: Das sind unsere Wurzeln, das ist unser Gemeinschaftsgefühl, das Zeichen unserer Zugehörigkeit zum Stamm (und das bedeutet dort: Zugehörigkeit zur menschlichen Rasse).

Anders in den frustrierten, neurotischen Gesellschaften. Hier ist der Alte ein Schandfleck, ein Nichtstuer, ein wertloser Esser – schlimmer noch, er ist schuld an allem Übel, ist Ursache jeglichen Mißerfolgs und Versagens, mit einem Wort, er verdient unsere Ablehnung, Verachtung, sogar unseren Haß.

Die Generation ist mehr als eine biologische Gemeinschaft, Identität des Alters. Sie bedeutet auch Ähnlichkeit des Empfindens, ähnliche Vorstellungen. Daher verlangt der Kontakt zwischen Menschen verschiedener Generationen einen Verzicht auf sich selber – eine natürliche Umstellung, Einstellung auf jemanden, der auf Grund der Unterschiede im Alter, des Empfindens und auch der Lebensziele anders ist und oft fremd.

Eine Welt ohne Autoritäten. Ein Ereignis, das mich mit Trauer erfüllte, ja sprachlos machte. Wir haben das Jahr 1986. New York, die Konferenz des PEN-Club. Der Bürgermeister von New York, Koch, gibt in seinem Amtssitz für uns Teilnehmer der Konferenz einen Empfang. Sein Amtssitz ist in in einem kleinen, alten Palais untergebracht, einem der wenigen Gebäude aus dem achtzehnten Jahrhundert in dieser Stadt. Drinnen ist es eng, überfüllt, stikkig, ein Gewirr von Stimmen, angeheizt durch Alkohol. Es wird Weißwein gereicht, ausschließlich Weißwein, überall stehen Kisten davon herum. Im Getümmel ziehen an mir die geröteten Gesichter von Mailer, Vonnegut, Gaddis vorüber, irgendwo über den Köpfen das schwermütige Gesicht von Danilo Kiš (ich wußte damals nicht, daß er schon todkrank war), das Gesicht von Günter Grass, das kein Lächeln kennt, das wachsame Gesicht Doctorows, als lauschte er auf irgendein Raunen. Plötzlich stoße ich (oder besser, werde gestoßen) gegen eine an der Wand sitzende, ins Eck gedrückte, kleine, defensiv gebeugte Gestalt. Ein alter Mann, der die Hände wie in einer Geste der Selbstverteidigung ausstreckt. Ich bleibe stehen und fasse ihn, damit er nicht zu Boden fällt. Es ist Claude Simon, der große französische Schriftsteller und Nobelpreisträger. Er sitzt still da und schaut mit müdem, unruhigem Blick um sich. Ich beuge mich über ihn, um ihm ein paar warme, freundliche Worte zu sagen. Ich sage, den Lärm um uns herum überschreiend, wie wunderbar seine Prosa ist, tief und malerisch, mit welcher Bewunderung ich seine »Straße in Flandern« gelesen habe und daß ich mich freue, ihn persönlich kennenzulernen und ihm das alles sagen zu können, als plötzlich ein massiger Mann gegen mich taumelt, alt, grauhaarig und schwer, er taumelt gegen mich, und ich kann diesem Gewicht nicht standhalten und falle auf Simon, und alle drei stürzen wir zu Boden, doch in diesem Getümmel, in diesem Chaos bemerkt das keiner, achtet keiner auf uns.

Jules Renard: »Heutzutage kann man nicht mehr reden, weil man nicht zuhören kann. Gut reden zu können bedeutet noch gar nichts. Man muß schnell reden, um der Antwort zuvorzukommen. Doch das schafft man nie. Du kannst reden, ohne zu wissen, was und wie, immer werden sie dich unterbrechen.«
Diese Worte schrieb Renard im Jahre 1893.
1893!
Und was ist erst heute, hundert Jahre später!

In Marc Blochs »Apologie der Geschichte«: »Die aufeinanderfolgenden technischen Revolutionen haben die psychische Distanz zwischen den Generationen ungeheuer vergrößert.« Diese Bemerkung notierte Bloch im Jahre 1941. Um wieviel treffender und wahrer erscheint sie heute, nach so vielen Jahren. Um wieviel größer, deutlicher, tiefer ist diese Distanz jetzt. Der Begriff der Generation umfaßt immer weniger Jahre, die Generationen lösen einander immer rascher ab, für die Jugend bedeuten schon fünf Jahre einen riesigen Unterschied.

23. Mai 1992
Aus Zürich rief Krysia Prawdzic an. Sie hat eine Ope-

ration hinter sich, die gelungen ist. Sie hat nette Enkelkinder und reist viel durch die Welt. Sie ist ein guter Geist, der den Künstlern hilft, ihren Weg zu machen – ohne Leute wie sie könnte die Kultur nicht existieren. Dieselbe junge Stimme wie vor Jahren, dieselbe charmante, chaotische Art. Vor kurzem war sie in Israel, wo sie viele alte Bekannte traf. Leider auch solche, die sie enttäuschten. Über die prägte sie einen hebräischen Satz: *Misdalknim awal lo midbagrim* (Sie werden älter, aber nicht reifer).

Doch dieses Problem haben viele Menschen. Ein Kind ist oft stärker als ein Erwachsener, die Kindheit ist die einzige Zeit, die das ganze Leben in uns fortdauert. Die Kindheit mit ihren Phantastereien und Launen, ihrem Egoismus lebt sogar noch in den Seelen der Alten fort! Wenn ich über meine Diktatoren schreibe, lese ich Lehrbücher über Kinderpsychologie. Dort werden sie genau beschrieben!

A. B. erzählt mir, wie Models ausgewählt werden. Daß die Impresarios nicht darauf schauen, ob ein Mädchen schön ist, sondern ob sie ein plastisches Gesicht hat. Ein plastisches Gesicht ist eines, dem man durch Schminken einen ganz anderen Ausdruck verleihen, aus dem man sogar ein ganz anderes Gesicht machen kann. Mädchen mit plastischen Gesichtern sind am gefragtesten.

Je mehr Jahre ein Mensch zählt, um so mehr Schichten der Vergangenheit trägt er in sich.

Wie häufig, wie allgemein verbreitet ist der Verlust des Glaubens an Bedeutung und Sinn der Werte! Alle Spekulationen über die Gründe einer großen Karriere resultieren in der Frage: Wer hat ihn unterstützt? Wer hat ihm das ermöglicht? Wie hat er das nur eingefädelt? Keinem kommt in den Sinn, daß das, was er erreicht und geschaffen hat, Anerkennung finden könnte, weil es wertvoll ist. Was ist heute schon wertvoll, fragen sie dann. Die Werte wurden ersetzt durch Beziehungen, Geschäfte, Gerissenheit.

Das Leben des Menschen hängt an einem einzigen Fehler. Ein Fehler genügt, um das ganze Leben zu verpatzen. Ein Fehler reicht, um einem bis ans Ende der Tage ein Kreuz aufzuladen. Einen Fehler begehen heißt Selbstmord begehen, nur daß sich dieser über eine längere Zeitspanne erstreckt.

Wie viele Lebensläufe kann jeder von uns durchleben? Mehrere, sogar entgegengesetzte. A. B. fragt mich, ob ich an die Reinkarnation nach dem Tod glaube. Ich sage, ich wisse nicht, was nach dem Tod komme. Ich glaube jedoch an die Reinkarnation des Menschen zu Lebzeiten. Daß der Mensch im Verlauf seines Lebens ein paarmal geboren werden kann. Als ein ganz anderer, dem vorigen nicht im geringsten ähnlich.

Aus einem Brief an Krystyna Tarasiewicz, Autorin des Buches »Gericht über die Henker« (über die Schergen des Vernichtungslagers Majdanek, die nach dem Krieg in Deutschland verurteilt wurden und dann in der Bundesrepublik als vorbildliche Bürger lebten):
»Dieses Buch erinnert einmal mehr daran, daß in einem Menschen viele Wesen stecken können. Es kann ein Kind in ihm stecken (und zwar sein ganzes Leben lang, bis zu seinem Tod). Er kann die grausamste Bestie sein, ein durchschnittlicher Bürger, ein Heiliger usw. Wichtig ist,

daß diese inneren, für das Auge unsichtbaren Wesen seine äußere, leibliche Gestalt, die wir sehen und der wir täglich begegnen, beherrschen und lenken.

Ein weites Feld für Irrtümer, Fehler, Illusionen, Enttäuschungen und Überraschungen, Tragödien.

Der Mensch kann also eine ganze Drehbühne verschiedener Erscheinungen und Wesensformen sein, die nacheinander auf seiner psychischen Szene in den Vordergrund treten, die Leitung übernehmen und Befehle erteilen.

Diese Gedanken gehen einem bei der Lektüre Ihres Buches durch den Kopf. Gestern hat er noch gemordet, Menschen in den Nacken geschossen, sie zu Tode gepeitscht, und heute ist er ein braver Beamter, liebender Großvater, ruhiger Pensionist, freundlicher Nachbar.«

Im Fernsehstudio treffe ich den Drehbuchautor Niżyński. Wir reden über frühere Zeiten, über Jurek Falkowski, Olek Drożdżyński, Janek Himilsbach, farbige, originelle Gestalten, die mit ihrem Benehmen, ihrer Sprache, sogar ihrem Aussehen gleich die Aufmerksamkeit auf sich zogen. Wenn die Jungen heute über diese Zeit lesen, erhalten sie ein düsteres, schwarzes Bild. Denunziationen, Verhöre, Folterungen, Lager. Es fehlt die Literatur, die diese Jahre in ihrer ganzen Vielschichtigkeit, Verschiedenartigkeit, in ihren Widersprüchen und Absurditäten, ihrer Tragikomik und ihrem Surrealismus darstellt. Es gehen die Unwägbarkeiten, Nuancen, Schattierungen und Abstufungen, Zwischentöne und Lichtbrechungen verloren. Es geht die Tatsache verloren, daß das damals ein Lachen unter Tränen war, und daß dieses Nebeneinander von Lachen und Weinen vielleicht den Schlüssel zum Verständnis jener Zeit darstellt.

Von den vielen verwerflichen und abstoßenden Eigenschaften, an denen es dem Nationalismus nicht fehlt, sind zwei besonders schwer zu ertragen:

Erstens – der Mangel an Bescheidenheit. Der Nationalist ist ein überheblicher Wichtigtuer, der sich in krankhaftem Stolz aufbläht. Ihm fehlt jeder Funken Demut, er kann nicht zugeben, daß ein anderer (das heißt mit einer anderen Nationalität) vielleicht besser, wertvoller ist. Sagt einem Nationalisten, er solle sich Asche aufs Haupt streuen, und er wird euch wüst beschimpfen. Jede Geste der Demut stellt in seinen Augen einen Angriff gegen »seine Nation« dar, Demut zeigen heißt für ihn soviel wie nachgeben, und es ist eine der wichtigsten Eigenschaften des Nationalisten, daß er grundsätzlich nie nachgibt.

Die zweite Eigenschaft ist sein geistiger Provinzialismus, seine museal erstarrte Mentalität, bar jeglicher Neugierde für die Welt und geprägt von einer tiefen Abneigung, auch nur ein Stückchen dieser Welt kennenzulernen oder zu verstehen. Die ganze Welt des Nationalisten ist seine Provinz, sein Winkel, sein Hinterhof. Ein hermetisch abgeriegeltes Gebiet, umschlossen von einer Mauer, hinter der es für ihn nichts mehr gibt (nichts und niemand – außer Feinde).

Mehr über den Nationalismus:

- in der modernen Welt sind die Tendenzen der Desintegration stärker als die der Integration;
- gemeinsam mit der Desintegration ist die Tendenz zu beobachten, sich in der eigenen Ethnosphäre abzukapseln, in gesonderte ethnische Nischen zurückzuziehen;
- dieser Prozeß der weltweiten Balkanisierung entwickelt sich in einer Atmosphäre wachsenden Mißtrau-

ens, der Intoleranz und Feindseligkeit, des Wunsches, andere zu beherrschen.

Das Gehör ist nicht nur ein Begriff aus dem Gebiet der Musik. Man kann zum Beispiel ein Gehör besitzen für die Art eines Menschen, zu argumentieren, für seinen Diskurs. Fanatiker sind Menschen, denen jedes Gehör abgeht. Ein offener Geist ist Merkmal eines Menschen mit einem ungemein empfindlichen Hörvermögen. Ein Sektierer ist jemand, der nur Töne einer ganz schmalen, präzis festgelegten und unveränderlichen Geräuschskala empfängt.

Bekanntlich gibt es ein paar Typen von Dummköpfen. Zum Beispiel passive oder aggressive Dummköpfe. Der passive Dummkopf bleibt untätig, schweigt meist, und wenn er spricht, dann langsam, mühevoll, als wäre ihm seine eigene Sprache fremd, kaum bekannt. Dieser Typus des Dummkopfes muß nicht lästig sein, uns nicht auf die Nerven fallen.

Anders verhält es sich mit der aggressiven Dummheit. Wenn man dazu verurteilt ist, die ganze Zeit mit einem aggressiven Dummkopf zu verbringen, ist das die reine Hölle. Dieser leidet an einem Redefluß, plappert ohne Pause. Apodiktisch, ex cathedra. Alles ist ihm klar, offensichtlich. Die geistige Eigenheit des Dummkopfes ist die Unfähigkeit, die Welt zu durchschauen, hinter die Ereignisse zu blicken. Für den Dummkopf ist alles eindimensional, besitzt eine glatte Oberfläche, von der sein Blick widerstandslos abgleitet. Diese Eindimensionalität macht die Welt des Dummkopfes monoton und eintönig, und daher leiden dumme Menschen auch oft an Langeweile.

Eine andere Variante des Dummkopfes ist der gerissene Dummkopf, der überall das Wirken geheimnisvoller

Kräfte, Hebel, Federn, Verschwörungen vermutet. Anstelle von Klugheit – Gerissenheit, aber zwischen diesen beiden Eigenschaften besteht ein wesentlicher Unterschied. Der Kluge versucht die Welt zu begreifen, der Gerissene will sie manipulieren. In der Politik gibt es jede Menge gerissener Menschen, Kluge sind dort nur selten anzutreffen.

Molière sagt in »Die gelehrten Frauen«: »Ein gebildeter Dummkopf ist ein größerer Dummkopf als ein ungebildeter Dummkopf.«

Der Dummkopf hat zu jedem Thema von vornherein eine festgelegte Meinung. Er macht den Eindruck, als wäre er damit bereits zur Welt gekommen, hätte sie mit der Muttermilch eingesogen. Diese Beobachtung ist ein Argument für die Hypothese, daß Dummheit nicht einem Mangel an Bildung entspringt oder von der Umwelt verschuldet wird, sondern daß sie ein genetischer Code ist, mit dem der Mensch geboren wird. Vielleicht ist das Gehirn des Dummkopfes anders konstruiert, hat eine besondere Gestalt und spezifische chemische Zusammensetzung. Die Informationen, die durch dieses Hirn kreisen, sind rar, verzerrt und verbogen. In diesem Fall könnte man die Dummheit als Gebrechen oder angeborene und – eher – unheilbare Krankheit ansehen.

Es ist auffallend, daß die Ansichten des Dummkopfes stark emotional gefärbt sind, daß er sie nicht nur apodiktisch vorträgt, sondern auch sehr erregt. Wir haben den Eindruck, er sei bereit, für sie sein Leben zu lassen.

Wenn ich C. D. beobachte:

Auf etwas, was sie nicht versteht, reagiert sie entweder mit giftigem Spott oder mit Wut. Wenn sie in einem Zimmer viele Bücher sieht, ruft sie voll Ironie aus:

»Wozu soll man das alles lesen?!«

»Vielleicht solltest du auch etwas lesen?«

»Ich? Ich bin doch nicht blöd!«

Klassische Musik kann sie nicht ausstehen. Wenn sie im Radio die ersten Töne von Bach oder Mozart hört, eilt sie gleich hin, um den Sender zu wechseln. Sie schreit: »Nein, nur das nicht!«

»Wer versteht schon so eine Musik?« fragt sie. »Die Mehrheit der Leute versteht sie nicht.«

Das ist ihr Argument: die Mehrheit. Die Dummköpfe wissen, daß sie in der Mehrheit sind, das Übergewicht haben, daß sie regieren.

Popper, seine tiefgründige Bemerkung zum Thema der Unwissenheit. Die Unwissenheit – so schreibt er irgendwo – ist nicht einfach ein Mangel an Wissen, sondern eine Haltung, eine Haltung der Verweigerung, sie ist die Ablehnung, Wissen anzunehmen.

Die Dummheit läßt nicht zu, daß man sie in Unruhe versetzt. Aufgebracht geht sie zum Angriff über: Denjenigen, der mit ihr sein Wissen teilen möchte, verbrennt sie auf dem Scheiterhaufen, wirft sie ins Verlies, sperrt sie ins Irrenhaus.

Bekannt ist die Redensart: Er ist nicht so dumm, wie er aussieht. Ist die Dummheit im Gesicht erkennbar? In welchem Ausmaß kann sie die Züge, das Aussehen prägen? Damit haben sich Schopenhauer, Koniński und viele andere beschäftigt. Koniński meinte, man könne einen Nazi an seinem Gesicht erkennen. Und einen Dummkopf? Könnte man vielleicht sagen, das ist ein Gesicht, das von keinem inneren Licht erhellt wird?

Das Problem der Dummheit hat die Menschen seit frühesten Zeiten fasziniert. Es gibt eine reiche Literatur zu diesem Thema.

Horaz in einem seiner Briefe: »Sapere aude!« (Wage es, weise zu sein!)

Schiller in der »Jungfrau von Orleans«: »Mit der Dummheit kämpfen Götter selbst vergebens.«

Stanisław Przybyszewska: »Dekobra führt uns, wie kein anderer, einen unsterblichen Riesen vor – die menschliche Dummheit in ihrer ganzen Lebenskraft, in all ihren Erscheinungen. Die Dummheit ist nicht nur unsterblich: Sie ist allumfassend, über 90 Prozent der Menschen sind für immer ihre Gefangenen. Und sie ist unveränderlich in ihrer Gestalt: Nimm den erstbesten schlechten Roman, der als ultramodern gilt: Genau derselbe Unsinn, über dasselbe Thema, im selben Tonfall wie schon vor hundert Jahren.« (»Briefe, 1928«)

Gogol: »Wer heute dümmer ist als der nächste, das ist ein unlösbares Problem.«

Es gibt zwei Typen von Kollektiven, menschlichen Gruppen. Solche, in denen ihre Mitglieder günstig und positiv aufeinander einwirken; durch ihre Zugehörigkeit zu einer solchen Gruppe werden die Menschen besser – für sich selber und für andere. Doch umgekehrt gibt es auch Kollektive, Gruppen, in denen die Menschen eine schlechte Wirkung aufeinander haben, in denen die Präsenz der anderen in uns die schlimmsten Reaktionen und Stimmungen weckt. Wie die Menschen sich ihre Gesellschaft wählen, ist nicht nur wichtig für das Handeln des ganzen Kollektivs, sondern auch für das individuelle Selbstwertgefühl jedes einzelnen.

Julien Green: »In mir ist jemand, das sehe ich ganz genau, den ich nicht kenne.«

Sartre sagt in seinem Stück »Bei geschlossenen Türen«: »Die Hölle – das sind die anderen.« Aber ebensogut kann man sagen: »Die Hölle – das bin ich.« Die Hölle ist in mir, manchmal schlafend, manchmal aktiv, aber sie ist – unser inneres, immanentes Wesen.

Eine Methode, die Hölle einzuschläfern: jeden Gedanken zu unterdrücken und zu verwerfen, der nur eine Spur Aggression, ein Körnchen Böses enthält. Diesen Gedanken nicht fortzuführen, ihn nicht Besitz ergreifen zu lassen von uns, sondern sich gleich zurückzuziehen, das Thema der Reflexion zu ändern, diese in eine Richtung zu lenken, die Welt und Menschen in günstigem Licht erscheinen läßt.

A. B. sagte mir einmal:
»Ich hasse sie dafür, daß sie mich den Haß gelehrt haben. Ich fühle mich deshalb als schlechterer Mensch, fühle mich unglücklich.«

Nach Spielbergs Film »Schindlers Liste«. Es ist gut, daß dieser Film gedreht wurde. Es ist gut, daß man an die Vergangenheit erinnert. Das sage ich in Widerspruch zu Maximalisten wie Lanzmann, die darauf beharren, daß man den Holocaust nicht darstellen kann. Aber es ist doch Aufgabe des Künstlers, etwas zu probieren, eine Annäherung zu versuchen. Jedes Werk ist nur eine Annäherung, vor allem heute, in einer Zeit der Informationsflut, ist ein Werk undenkbar, das zu irgendeinem großen Thema alles sagen könnte. Ein Spezialist und Kenner dieser Thematik wird immer frustriert, enttäuscht sein: Denn er weiß schließlich mehr.

In Spielbergs Film finden sich zwei wesentliche Deformationen, die sich daraus erklären, daß der Autor die Welt, die er zeigt, nicht selber erlebt hat. Die Welt des Krieges in unserem Teil Europas war vor allem eine Welt allgemeiner Armut und Not. Wir gingen abgerissen herum, besaßen kein Schuhwerk, keine Kleidung. Wir waren schmutzig, krank, dauernd hungrig. Wir waren eine Masse armer Teufel. Natürlich ist es heute unmöglich, eine solche Menge zu zeigen, und in diesem Sinn hat Lanzmann recht: Der Holocaust läßt sich auf der Leinwand nicht darstellen.

Die zweite Deformation: Im Film gibt es ein paar Szenen mit Dialogen zwischen den Schergen und ihren Opfern. Dialoge, Diskussionen, Austausch von Meinungen. Natürlich braucht jedes Stück Dialoge. Aber die totalitäre Wirklichkeit ist anders. Ihr Wesen war gerade das Fehlen jeglichen Dialogs – es gab keine Kommunikation. Auf der einen Seite war da die dröhnende, beängstigende Maschine der Zerstörung, die die Menschen und die Kultur dem Erdboden gleichmachte, und auf der anderen Seite, darunter und von ihr unterdrückt, vegetierte die anonyme, formlose, zur Vernichtung verurteilte Masse. Und zwischen diesen beiden Welten gab es keine Gleichheit (ein Dialog jedoch setzt Gleichheit voraus), keine Sprache. Eben dieses Schweigen (»Das Schweigen des Meeres« von Vercors) ist eine Bedingung für die Feindseligkeit, eine Vorstufe zur nächsten Etappe dieser Feindseligkeit – dem Mord.

Hat also Lanzmann vielleicht doch recht?

In seiner Antwort auf jemanden, der sich darüber empörte, daß im Getto Hochzeiten stattfanden, die Menschen Namenstage feierten usw., erinnert Israel Shahak in der »New York Review of Books« an folgendes Gesetz: In extremen Situationen werden die meisten Menschen stets die Normalität anstreben.

Die Generationen, die in totalitären Systemen aufwuchsen, zeichnet ein besonderes Verhältnis zur Kritik aus. Kritik unter den Bedingungen der Demokratie ist eine Form der Meinung, eine Ansicht, ein Versuch, auf die Haltung anderer, auf die Gestaltung der Wirklichkeit einzuwirken. Im Totalitarismus trägt die Kritik in ihrem Mantel das Stilett, den Strick des Henkers, die Kugel, kann sie zum Todesurteil werden. Daher reagieren die Menschen, die die Praktiken dieses Systems kennen, auf jede Kritik instinktiv mit Furcht, sie laufen ängstlich vor ihr davon, mit dem Gefühl, sie seien in eine ausweglose Falle geraten.

A. B.:
Existiert Gott in meiner privaten, individuellen Welt? Erfüllt er diese Welt, regiert er sie? Ein Beweis dafür, daß er existiert – nicht jener überweltliche, transzendentale Gott, sondern der individualisierte, private Gott –, wird mein Verhalten sein, meine Art zu leben, mein Verhalten anderen gegenüber, wie ich über sie denke.

Der Glaube ist nichts in sich selbst Existierendes, Selbstverständliches, das einen untrennbaren Teil der menschlichen Natur ausmacht. Der Glaube ist ein Privileg, eine Auszeichnung, eine Gnade, mit der der gläubige Mensch beschenkt, ausgezeichnet, gesalbt wird. Ohne diesen Lichtstrahl, dessen Quelle außerhalb des Menschen liegt, bleibt das Innere des Menschen dunkel, undurchdringlich, taub. Diese Notwendigkeit der Gnade muß immer unterstrichen werden, weil die naive Überzeugung herrscht, es genüge, an der Liturgie teilzunehmen, einfach zu erklären, daß man glaubt, damit es zur Vereinigung des Menschen mit Gott kommt. Dabei gibt es ohne Gnade keinen Glauben als tiefstes Erleben, keine Gemeinschaft mit dem Höchsten. Es kann nur eine Geste, ein Ritual, eine hohl tönende Orgelstimme geben.

Die psychologischen Auswirkungen der Krise sind fatal. Die Krise überwältigt uns, erfüllt uns mit Pessimismus, lähmt unseren Willen, erlaubt uns, träg zu sein, nichts zu tun, nichts zu denken. Die Krise saugt uns aus, stürzt uns in Apathie, in einen rationalisierten Minimalismus.

Der Provinzialismus als Lebensform und Daseinsweise ist nicht länger straflos. Was provinziell ist, verurteilt heute zur Isolation, zur Erstarrung, zum Zurückbleiben, zu einer materiell und kulturell niedrigeren und ärmeren Variante des Lebens.

Die Großstadt zerstört die Schönheit des Dorfes, die Anmut der Erde, verunstaltet die Landschaft. Jerzy Stempowski:

»Seit Mitte des neunzehnten Jahrhunderts haben die Bauern vom Boden immer nur Geld gefordert und sich mit einer Landschaft umgeben, die so langweilig ist, daß sie selber vor ihr flohen.« (»Zeszyty literackie«, 37/92)

In der Nacht gab es ein Gewitter. Am Morgen tauschten wir unsere Eindrücke aus. Wie es geschüttet hat! Und gedonnert hat es! Eigentlich hat es ja mehr geblitzt als gedonnert usw., und ähnliche Banalitäten. Ich dachte daran, daß wir die Natur nicht nur mit der Technik und einem Zuviel an Chemie zerstören, sondern auch – vielleicht weniger sichtbar – dadurch, daß wir sie immer mehr aus unserem Vokabular, aus unserer Sprache tilgen. So war ich gestern im schönen Park von Nieborów. Aber wie soll ich meine Eindrücke beschreiben? Mir fehlen die Worte, die Namen. Dieser Baum – wie heißt er? Und diese Büsche dort? Und das Grünzeug, das im Wasser schwimmt? Und der Vogel, der so langgezogen trillert? Und dieses vielfüßige Wesen, das lautlos über das Blatt gleitet? Das alles muß doch irgendeinen Namen haben! Aber welchen? Wie heißt es?

Viele müßige, vergeudete Tage. Viele Tage, die keine Spur im Gedächtnis hinterlassen. Stunden, ganze Tage, die im schwarzen Loch der Zeit verschwunden sind. Auf die Uhr schauen – es ist schon zehn vorbei, schon drei, schon sieben. Der unermüdliche gleichmäßige Trott der Sekunden und Minuten, wie eine endlose Kolonne von Ameisen, die aus dem Nirgends auftaucht und nach einer Weile für immer aus den Augen verschwindet. Das Erschrekken, daß einem etwas aus der Hand gleitet, daß wir es nicht festhalten können. Und das Gefühl, daß wir selber weniger werden, das Gefühl, daß wir immer weniger Raum einnehmen, immer weniger sichtbar sind.

Die Amerikaner sind angeblich frei, doch sie sind immer noch auf der Suche nach der Freiheit. Sie suchen Zuflucht in Kommunen, in religiösen Sekten, schließen sich zu verschiedenen Geheimbünden zusammen. Erst dort, so stellen sie sich vor, sind sie dann frei. Die Freiheit ist also etwas, was wir subjektiv als Freiheit empfinden müssen.

Der iranische Philosoph Ramin Jahanbegloo fragt in Oxford Isaiah Berlin:

»Könnten Sie den Unterschied zwischen der positiven und der negativen Freiheit erklären?«

»Die negative Freiheit ist jene, in der man meint, der Tiger und das Lamm besäßen das gleiche Recht auf Freiheit und man könne nichts daran ändern, daß der Tiger das Lamm frißt. Die negative Freiheit muß eingeschränkt werden, wenn es eine positive Freiheit geben soll. Zwischen diesen beiden muß ein Gleichgewicht herrschen, für das es jedoch keine präzisen Regeln gibt.«

Die absolute Freiheit ist gefährlich. Eine Freiheit ohne moralische Prinzipien, ohne Ethos von Arbeit und Pflichtgefühl, ohne Toleranz, Achtung für das Gesetz und auch ohne natürliches Entgegenkommen für den anderen kann eine starke zerstörerische Kraft sein.

Einem Armen wird heutzutage überall unfreundlich, negativ begegnet. In einer Welt, geprägt von Wettlauf, Kampf, Konkurrenz, ist der Arme derjenige, der verloren hat, abgestürzt, zurückgefallen ist.

Der Arme sollte uns aus den Augen gehen.

Im übrigen blickt auch der Arme selbst voll Verachtung auf seinen Leidensgenossen. Er sieht in ihm nämlich eine Karikatur, eine schlechtere Ausgabe seiner selbst, die eigene Niederlage.

Die Neuheit verdrängt heute die Qualität. Es wird nicht gefragt: Ist das gut? sondern: Ist das neu?

Meinungsverschiedenheiten, die manchmal in offene, sogar blutige Konflikte münden, müssen keineswegs Ausdruck unterschiedlicher, gegensätzlicher Interessen sein. Sie können auch ganz andere Ursachen haben, zum Beispiel:

- Emotionen, die bei einem Streit entstehen und mit Fortdauer des Streits immer stärker werden, bis sie einen *point of no return* erreichen;
- oder auch mangelnde sprachliche Präzision, unterschiedliche Definition und Verständnis derselben Begriffe und Termini (»wenn zwei das gleiche sagen, ist das keineswegs dasselbe«);
- oder schließlich eine Verwirrung der eigenen Ansichten, die Unfähigkeit, diese klar und deutlich auszudrücken, sogar für sich selber. Nicht verbrecherisch geplante Absichten, sondern eine gewöhnliche, alltägliche Verwirrung, ein Kuddelmuddel, eine Konfusion in unseren Köpfen können Ursache für die größten Katastrophen und sogar Verbrechen sein.

Der amerikanische Psychiater und Autor des hervorragenden Buches »Awakenins«, Oliver Sacks, meint, die Tendenz, Sündenböcke zu suchen und dann mit diesen abzurechnen, sei Teil der menschlichen Natur. Auf diese Weise suche sich jede Gruppe vor Desintegration zu bewahren. Die Gesellschaft reinigt sich, indem sie die Ängste und Konflikte auf ein mystisches Bild (das des Sündenbockes) projiziert.

Das Wichtigste unseres Allerpersönlichsten verstecken wir. Unsere erste Reaktion wird immer sein, es zu verbergen. Und selbst wenn wir einmal etwas aus uns herausholen, dann nur mit Mühe, oft unter Schmerzen. Meist nehmen wir dieses Geheimnis mit ins Grab. Daher liegen in der Friedhofserde nicht nur die Toten begraben, sondern auch ihre größten, tiefsten und oft auch schrecklichsten Geheimnisse. Die Wahrheit über einen Menschen, die wir erkennen, ist bloß die Spitze eines Eisbergs. Die wichtigsten, eigentlichen Wahrheiten bleiben uns unzugänglich.

Einsamkeit und Vereinsamung. Ein wichtiger, grundlegender Unterschied zwischen diesen beiden Zuständen (Situationen).

Die Einsamkeit kann ein gewünschter Zustand sein, der die Konzentration, die Selbsterkenntnis, den Einblick in das eigene Innere fördert. Anders die Vereinsamung. Wir empfinden sie als Belastung, sogar als Schmerz, Erniedrigung und Ablehnung. Die Einsamkeit wählen wir, streben wir an, suchen wir, die Vereinsamung hingegen ist ein erzwungener Zustand (auch wenn sie selbst verschuldet ist), der uns belastet, verbittert, frustriert und zerstört.

A. B.:
»Ich bin nie einsam, wenn ich allein bin. Die wirkliche Einsamkeit spüre ich erst unter Menschen. Einsamkeit ist die Unmöglichkeit, zu anderen zu gelangen, sich mit ihnen zu vereinen.«

Das Leben eines jeden von uns stützt sich auf die Anwesenheit anderer. Denn nur ein Leben im Zusammenleben gibt uns das Gefühl seines Sinnes. Die anderen sind lebende, bewegliche Spiegel, die uns erkennen lassen, daß wir existieren. Indem sie existieren, verleihen sie unserer Präsenz in der Welt Dynamik und bestätigen sie. Ohne sie würden wir uns in einer Leere bewegen, in der unser Dasein unwirklich schien, für uns selber in Frage zu stellen.

6. April 1992

Gesellschaften fällt es leichter, sich gegen einen gewaltsamen, plötzlichen Tod zu organisieren, als gegen den Tod, der langsam, unmerklich daherkommt. Das ist vielleicht eine Frage der Phantasie, aber auch der Tatsache, daß der plötzliche Tod, oft begleitet von strömendem Blut, in Widerspruch steht zur natürlichen Ordnung, daß wir ihm also leichter entgegenwirken, ihn kontrollieren können.

Was nicht zu definieren ist, ist vielleicht am wichtigsten.

Der amerikanische Psychologe Edward Thorndike (1874–1949) formulierte eines der elementaren Gesetze des Lernens: Der Erfolg festigt eine bestimmte Form des Verhaltens. Dasselbe findet sich bei B. F. Skinner: Der Erfolg fördert die Tendenz, ein bestimmtes Verhalten zu wiederholen.

Wenn wir Gewißheit erlangen, diese Gewißheit jedoch ohne Gott ist, können wir fähig sein zum Verbrechen.

Als Wahrheit betrachten wir für gewöhnlich das, von dessen Wahrhaftigkeit wir überzeugt sind, und nicht das, was der Wirklichkeit am nächsten kommt.

Warum erscheint uns der Optimist oft als oberflächlich, der Pessimist hingegen als tiefer? Betrachten wir es vielleicht als unumstößliche Tatsache, daß im Wesen des Lebens selbst, in seiner Natur, seinem tiefsten Inneren ausschließlich das immanente, strukturelle, unabwendbare Böse, die Negation und Niederlage steckt? Wenn dem so wäre, dann könnte das Leben doch gar nicht existieren, denn auch das Leben selbst ist Schöpfung, also ein in sich positives, optimistisches Phänomen.

★ ★ ★

Wir, die wir um 1930 in der tiefen, armen polnischen Provinz geboren wurden, im Dorf oder in Kleinstädten, in bäuerlichen Familien oder Familien der kleinadeligen Intelligenz, zeichneten uns in den Jahren unmittelbar nach dem Krieg vor allem durch einen peinlich niedrigen Wissensstand, den völligen Mangel an Belesenheit, an Kenntnissen aus der Literatur, der Geschichte und der Welt, durch eine fehlende Kinderstube aus (meine jämmerliche Lektüre jener Jahre waren die 1913 erstmals erschienene »Geschichte einer gelben Stiefelette« von Antonina Domańska oder die »Erinnerungen einer blauen Uniform« von Wiktor Gomulicki aus dem Jahre 1906). Vorher (in den Jahren der Okkupation) durften wir entweder nichts lesen, oder es gab nichts zu lesen.

In unserer Klasse (das war im Staszic-Gymnasium) besaßen wir ein einziges, zerfleddertes Exemplar irgendeines Geschichtsbuchs aus der Vorkriegszeit. Der Unterricht bestand darin, daß Professor Markowski zu Beginn der Stunde einen Mitschüler, einen gewissen Kubiak, beauftragte, einen Abschnitt aus dem Buch vorzulesen, dann wurde abgefragt. Wir sollten mit eigenen Worten nacherzählen, was gerade gelesen worden war. Der erste, der zu Beginn des Schuljahres zur Tafel gerufen wurde, war Ciecierski, den wir »die Spinne« nannten, weil er rothaarig, dünn und struppig war. Der Vater Ciecierskis spielte Trompete in einem Orchester und kam erst spät abends nach Hause, weshalb unser Mitschüler ständig unausgeschlafen war. Markowski ertappte ihn dabei, daß er in der Stunde einnickte. Ciecierski konnte nicht wiederholen, was Kubiak gelesen hatte, und bekam eine Zwei. Als in der nächsten Stunde wieder abgefragt wurde, sagte Markowski: »So, jetzt ist Gelegenheit, seine Note zu verbessern«, und blickte in sein Heft. Dort stand eine einzige Zwei, beim Namen

Ciecierski. »Nun also, Ciecierski, bitte«, sagte Markowski. Verschlafen stand Ciecierski in der Bank auf und blieb unentschlossen stehen, ohne ein Wort herauszubringen. Markowski wartete eine Weile und sagte dann mit betrübter Stimme: »Tja, das gibt leider die nächste Zwei.« Ciecierski setzte sich, es läutete und die Pause begann. Dieses Ritual setzte sich das ganze Jahr hindurch fort. Ciecierski hatte ein paar Dutzend Zweien, wir hingegen hatten überhaupt keine Noten. Später, an der Universität, wurde es natürlich besser, aber auch nicht immer. Ich erinnere mich, daß wir für die Anfänge der Geschichte der Neuzeit ein einziges Lehrbuch hatten – auf Russisch. Ein einziges Exemplar, und wir waren zweihundert Studenten!

Ja, wir waren weiterhin Opfer des großen Krieges, obwohl sein grausamer Lärm längst verstummt war und über den Gräbern Gras wuchs. Denn die Einschränkung des Begriffes »Kriegsopfer« auf Gefallene und Verwundete gibt kein wirkliches Bild von den Verlusten, die unsere Gesellschaft erlitten hat. Wieviel Zerstörung gab es doch auf dem Gebiet der Kultur, was für Verwüstung in unserem Bewußtsein, wie verarmt und jämmerlich war unser intellektuelles Leben! Und das für eine Reihe von Generationen, auf viele Jahre hinaus.

Warschau im Jahre 1990 erinnert mich an Teheran im Jahre 1979, gleich nach der Revolution. Auch dort wurden die Hauptstraßen überschwemmt von Massen von Händlern. Auch dort wurde mit allem gehandelt (vor allem mit Tand). Und auch dort wurde es, so wie hier, laut, bunt, und alles war aus Plastik.

Ciechocinek, 12. Mai 1990

Die Theorie von Dr. Z.: Das Polentum überlebte dank der Rückständigkeit unseres Volkes. Die Rückständigkeit erwies sich als undurchdringliche Materie, als Hindernis, das fremde, entnationalisierende Einflüsse nicht zu überwinden vermochten. Das heißt nichts anderes, als daß das Polentum ein konservatives Konzept darstellt. Unsere größte Schwäche: Wir waren nie imstande, eine moderne Variante des Polentums zu entwickeln. Wir verausgabten unsere Energie in Pilgerzügen, im Gezänk um die Vergangenheit, im Kampf gegen das rückständigste System der Welt – den Sowjetismus.

»Bastardentum« von Melchior Wańkowicz. Ein wunderbarer, nach wie vor aktueller Essay. Nach Ansicht von Wańkowicz empfindet der Pole wenig Sympathie für den anderen Polen (»Die Polen fühlen sich nicht wohl miteinander«), ihre gegenseitigen Beziehungen werden geprägt von »uneigennützigem Neid«: »Warum verzieht der Schuster, während er mit dem Hammer auf die Sohle schlägt, verächtlich das Gesicht, fast als wäre er persönlich beleidigt und geschädigt worden, wenn er hört, daß der Kanonikus zum Prälaten ernannt wurde, obwohl dieser Schuster nie die Absicht hatte, selber Prälat zu werden? Worauf ist der uneigennützige Neid dieses Schusters zurückzuführen?« Wenn ein Pole einen Erfolg erringt, werden seine Landsleute »gleich wütend diesem Erfolg nachjagen, als bedeute der eine persönliche Beleidigung für sie«.

Wenn man jedoch das Schicksal jener verfolgt, die über alles und jedes geifern, findet man eine gewisse Gerechtigkeit, denn diese Geiferer haben nie einen bedeutenden Platz in der Kultur erreicht, und ihre Namen sind rasch in

Vergessenheit geraten. Wer also andere mit seinem Neid verfolgt, verurteilt sich selbst. Ein Lästermaul erregt nämlich unwillkürlich Ablehnung. Die Menschen rücken von einem solchen Menschen ab, halten sich lieber fern von ihm.

Die polnische Sprache war im 19. Jahrhundert ständigen Verfolgungen ausgesetzt. In den preußischen und russischen Teilungsgebieten war es jahrelang verboten, Polnisch zu unterrichten und sogar, in der Öffentlichkeit polnisch zu sprechen. Trotz dieser Unterdrückung hat unsere Sprache überlebt, aber sie fand nicht die entsprechenden Bedingungen, um sich zu entwickeln. In Polen selber wurde sie bewahrt als Sprache des Volkes, der Bauern − der ganze lexikalische Reichtum, der den damaligen Fortschritt in den humanistischen und technischen Wissenschaften begleitete, blieb ihr verschlossen. Dazu kommt, daß die bedeutendsten Werke unserer Literatur (die Werke von Mickiewicz, Słowacki, Norwid, Krasiński) in der Emigration entstanden, also abgeschnitten vom lebenden Boden der Sprache des Volkes. Das erklärt die Schwierigkeiten, mit denen unsere Schriftsteller im zwanzigsten Jahrhundert zu kämpfen hatten, vor allem philosophierende Autoren (Brzozowski, Irzykowski, Stanisław Ignacy Witkiewicz, Zdziechowski), denn die polnische Sprache, verwurzelt in der völkisch-romantischen Tradition, eignete sich gut für Beschreibungen der Natur und von »Seelenzuständen«, aber sie war ungemein arm, wenn es um einen philosophischen Diskurs, um wissenschaftliche Analysen und Definitionen ging.

In den dreißiger Jahren erschien in Polen das Werk von Stanisław Ignacy Witkiewicz: »Begriffe und Lehrsätze, impliziert durch den Begriff des Seins«. Das Buch wurde herausgegeben in einer Auflage von 650 Exemplaren. Von denen wurden verkauft: 12.

Das zur Illustration unserer aphilosophischen Tradition, dominiert vom Romantismus, von Gefühlen und Emotionen, von Sentimentalismus, intellektueller Leichtigkeit, Oberflächlichkeit.

Der russische Streit zwischen Slawophilen und Westlern findet in zwei entgegengesetzten Haltungen in Polen seine Entsprechung. Wie in Rußland geht es um das Verhältnis zu Europa. Die einen sind pro-, die anderen antieuropäisch. Im polnischen Fall entspringt die antieuropäische Haltung einem Minderwertigkeitskomplex. Wir sind in unserer Entwicklung zurückgeblieben, daher werden wir dort Bürger zweiter Kategorie sein. Haben wir das nötig? Hier, zu Hause, hinter der Grenze, sind wir Herren der Situation. Ein Edelmann auf seinem Boden ist gleich dem Wojewoden! Was soll's, fragen Sie, können wir denn nicht leben ohne Europa? Das ist nicht nur versteckte Angst, sondern auch der Widerwille, die Anstrengung auf sich zu nehmen, die es braucht, um mit Westeuropa gleichzuziehen, der Widerwille gegen die unerläßlichen mentalen und kulturellen Veränderungen (denn es braucht ja nicht nur wirtschaftliche), ohne die man heute keinen Zugang zur großen Welt finden kann.

Symptomatisch ist unsere Diskussion, ob wir uns Europa anschließen sollen oder nicht. Daß wir über diese Frage überhaupt nachdenken, bedeutet, daß wir unsere Zugehörigkeit zu Europa nicht als Selbstverständlichkeit betrachten, sondern bloß als Möglichkeit (vorsichtig sagen wir: Europa beitreten, wir sagen nicht: ein Teil des Westens werden. Ein Holländer oder Däne hingegen sagt nicht: wir in Europa, sondern: wir im Westen).

Zwei Bücher – der 1984 in Minsk herausgegebene Bildband »Minsk auf alten Postkarten« und das 1992 in Warschau erschienene Buch von Agata Tuszyńska, »Die Russen in Warschau«.

Aus den dort abgebildeten Fotografien von Minsk und Warschau entsteht ein Bild dieser beiden Städte zur Zeit der Jahrhundertwende.

Was für Ähnlichkeiten!

Dieselbe Architektur, dasselbe Bild der Straßen, Fahrzeuge, Kleidung. Russische Aufschriften, russische Polizisten. Überall die identische, weite, monotone Provinz des russischen Imperiums.

Ich denke an einen Brief von Lenin, den er 1912 aus Krakau schrieb: »In diesem Sommer« – schrieb Lenin – »hat es mich von Paris sehr weit verschlagen – bis nach Krakau. Fast Rußland! Auch die Juden erinnern an die russischen, und bis zur russischen Grenze ist es 8 Werst..., die Weiber gehen barfuß, in bunten Röcken – genau wie in Rußland.«

Viel früher schreibt der Marquis de Custine: »Sibirien beginnt gleich hinter der Weichsel.«

Polen und Rußland. Die Polen neigen dazu, den Westen zu kritisieren, weil dieser zu nachsichtig sei gegenüber Rußland, ja zu naiv. Das liegt jedoch daran, daß Polen und der Westen eine ganz unterschiedliche Sicht von Rußland haben, weil unsere Geschichte und unsere Interessen verschieden sind.

Die Geschichte: Keine größere Nation der Welt hat so viel gelitten unter dem Zarismus und später den Sowjets wie die Polen. Von der Mitte des 18. Jahrhunderts durch das ganze 19. Jahrhundert und dann noch im 20. Jahrhundert wurden Hunderttausende, insgesamt Millionen von Polen nach Sibirien getrieben, in Lager deportiert, unterdrückt, eingesperrt, oft ermordet. Eine Vernichtung solchen Ausmaßes, von solcher Dauer und Systematik hat kein anderes Volk erlitten. Daher die verständlichen polnischen Vorurteile und Ängste. Doch in dieser traurigen Ausnahmesituation steckt auch eine Gefahr: Indem wir immer und überall auf unser Märtyrertum hinweisen, können wir in unserem Verhältnis zu Rußland in Isolation geraten. Wir finden kein Verständnis, die anderen werden uns als Hindernis für die vom Westen gewünschte (weil für ihn bequeme und wirtschaftlich vorteilhafte) Normalisierung der Beziehungen zu Moskau betrachten.

Der Standpunkt des Westens wird von seinen Interessen bestimmt. Also den Interessen der Amerikaner:

- Amerika, ein großes Land, wünscht sich große Partner: China, Rußland, die Europäische Union. Ein Land wie Polen ist kein Partner für eine Großmacht;
- die Amerikaner sehen in Rußland vor allem eine nukleare Großmacht, daher betrachten sie es als Kraft, von der eine große potentielle Bedrohung ausgeht, und mit der sie sich daher einigen wollen; die Amerikaner (und die Menschen im Westen allgemein) haben mehr Angst vor Rußland als die Polen. Die Polen nehmen Rußland gegenüber eine unverschämt herausfordernde Haltung ein, die den Westen aufbringt. Der Westen möchte friedlich am reich gedeckten Tisch sitzen, will in Ruhe speisen, ungestört verdauen, und im Namen dieser durchaus natürlichen Wünsche ist er bereit, Moskau gegenüber nachzugeben;
- die Amerikaner sehen in starken Regierungen in Moskau eine Garantie für die Stabilität in einem gro-

ßen Teil der Welt, in dem ihrer Ansicht nach wilde, unberechenbare Völker hausen, die sie selbst nicht im Zaum halten können;

– Washington betrachtet das orthodoxe Rußland als Bollwerk gegen die Expansion des Islam gegen Innerasien, die ganze nördliche Halbkugel der Erde, eine Expansion, die die Vereinigten Staaten fürchten, weil der Islam weitgehend antiamerikanisch ist.

Außerdem behandelt der Westen Rußland als potentiellen gigantischen Absatzmarkt, den einzigen Markt dieser Größe, der dem Westen heute noch zu befriedigen bleibt.

Schließlich spielt hier auch die enorme Faszination eine Rolle, die immer noch von der Kultur Rußlands ausgeht (Dostojewski, Rachmaninow, die Ikonen, die orthodoxen Kirchen, die Avantgarde zu Beginn des 20. Jahrhunderts usw.), der ungeheure Reichtum dieser Kultur, die den Westen anzieht, ist eine wichtige Brücke zwischen diesen beiden Welten.

Welcher Ausweg steht also Polen offen? Nur einer – es muß zu einem starken Land werden, jedoch nicht so sehr militärisch stark, weil das heute nicht mehr so viel zählt, als zivilisatorisch-wirtschaftlich, technologisch, kulturell. Polen muß ein modernes, offenes, dynamisches Land werden.

Deutschland und Polen, das ist vor allem der Unterschied der wirtschaftlichen Potentiale, der produzierten Mengen, der verbauten Flächen. Die entwickelten Länder erschrecken uns durch die Größe ihrer Leistungen, die große Zahl der Häuser, Straßen, Autobahnen, Eisenbahnlinien, die Länge der regulierten Flüsse, der Brücken, die sich über diese spannen, der Autobahnen, der vielen tausend Kilometer Rohrleitungen, Kanalisationen, Kanäle,

Verbindungen mit der übrigen Welt. Das ist eine Masse, die schon in sich selbst eine Qualität darstellt. Und überall wird dort ständig weiter gebaut, überall entsteht immer mehr von allem, Maschinen und Gehirne setzen in ihrer Arbeit nie aus.

Ein polnischer Widerspruch: Unser Denken ist ungemein kleinkariert, provinziell (»Mag die Welt sich doch bekriegen, hat das Polendorf nur Frieden, hat das Dorf in Polen Ruh« – Wyspiański, »Die Hochzeit«), unsere geopolitische Lage hingegen ist europäisch, kontinental, verlangt globales, großzügiges Denken. Daher versetzt uns diese Welt auch so oft in Erstaunen – wir sind verblüfft, nicht vorbereitet. Um uns selbst zu beruhigen, setzen wir die Stärke unserer Nachbarn, die Größe Europas und der Welt herab. Wir begnügen uns gern mit der Idylle, blasen uns stolz auf.

Sommer 1990

In Warschau, in einer Schlange:

»Was für ein Ausweg bleibt uns Polen? Der Kommunismus ist weg, und für den Kapitalismus taugen wir nicht.«

★ ★ ★

Der spanische Schriftsteller Jorge Semprun sagt anläßlich eines Symposiums über Mitteleuropa: Um Mitteleuropa zu zerstören, mußte man seine Wurzeln abhacken – das Christentum und das Judentum. Das Judentum hat Hitler vernichtet, das Christentum hat Stalin auszuradieren versucht. Der Totalitarismus, das heißt die radikale, falsche Religion der irdischen Satane, suchte die ewige Religion Gottes zu zerstören.

In einem Palais auf dem höchsten Punkt einer gebirgigen Halbinsel (hier befand sich einmal die Sommerresidenz des spanischen Königs, heute ist hier die Sommeruniversität, benannt nach Mendes Pelayo) diskutieren wir über die Situation in Europa. Ein modisches Thema, schon tausendmal abgehandelt, so daß es kaum mehr etwas Neues zu sagen gibt. Unsere Schlußfolgerungen:

– Europa, das ist nicht nur Geographie, sondern das sind auch – und vielleicht vor allem – Werte. Daß sie sich auf der Karte Europas findet, gibt noch keiner Gesellschaft das Recht, sich europäisch zu nennen;
– das Europäertum ist eine aktive, offene, kreative Haltung. Die Pflicht, europäische Werte wie Demokratie, Freiheit, Kritik und Toleranz (Europäertum bedeutet die Fähigkeit zu Selbstkritik und Veränderung) zu schützen;
– eines der Kriterien des Europäertums ist das Verhältnis zu Minderheiten (und damit das Verhältnis zum Anderen, zum Fremden). Europäertum bedeutet Anerkennung von Gleichheit und Gleichwertigkeit aller Kulturen, die Fähigkeit, mit ihnen zusammenzuleben und von ihren Werten zu profitieren;
– osteuropäisches Denken. Seine Schwächen: Es ist zu emotional, zu aggressiv nationalistisch und wurzelt

auch zu tief in der Vergangenheit (beharrlich kreist es um Friedhöfe und Denkmäler).

Am Abend im Flugzeug von Frankfurt nach Amsterdam: unten die ganze Zeit die von Lichtern erhellte Erde. Dieses Bild bestätigt die Ansicht des deutschen Essayisten Frank Berberich, der mir einmal sagte, Europa, das sei die Mondsichel, die sich von London über Amsterdam, Brüssel, Paris, Frankfurt und Zürich bis nach Mailand erstrekke. Alles, was außerhalb liege, sei nähere oder entferntere Peripherie.

In Stockholm ein Gespräch mit Ingerman Stahl, Professor an der Universität Lund. Er spricht skeptisch über die Chancen der Marktwirtschaft in Osteuropa. Er verweist darauf, daß die Ökonomen dieser Länder die ganze Diskussion über die Marktwirtschaft ausschließlich auf technische Fragen reduzieren, auf Fragen der Preise usw., dabei entgehe ihrer Aufmerksamkeit, daß der freie Markt nur in einer ethischen Gesellschaft funktionieren kann, denn eine wichtige Grundlage für das Funktionieren eines solchen Marktes sei das Prinzip des gegenseitigen Vertrauens. Der freie Markt benötige ein entsprechendes ethisches Klima, denn es sei unverzichtbar, daß man zumindest korrekte Steuererklärungen abgebe, Waren zum vereinbarten Termin liefere und die Qualität seiner Produkte als Ehrensache betrachte. Sind die Gesellschaften in den Ländern Osteuropas darauf vorbereitet?

Seine Ausführungen brachten mich auf zwei Gedanken. Erstens, wenn man den sogenannten realen Sozialismus kritisiert, nennt man meist als einzige Schicht, die dem Fortschritt hinderlich war, die Nomenklatura. Aber es gibt da noch eine andere gesellschaftlich schädliche Schicht: die

Schicht der Nichtstuer, der verschiedenen Typen von Müßiggängern, von Menschen, die nur scheinbar irgendeiner Beschäftigung nachgehen. Für sie ist jede Reform des Systems in Richtung erhöhter Rationalität ein Alptraum, eine Katastrophe. Sie sind Menschen ohne größere Ambitionen, deren einziges Ziel es ist, irgendwie (dieses »irgendwie« ist sehr wichtig) zu überleben, zu überdauern, oder – wie sie das in ihrem Jargon nennen – »die Zeit herunterzureißen«. Der zweite Gedanke – Taktik der Händler ist es immer, Abkürzungen zu suchen, möglichst rasch Geld zu scheffeln. Das resultiert aus einem Gefühl der Unsicherheit, dem Fehlen solider und dauerhafter Spielregeln, der Unmöglichkeit, die Zukunft zu prognostizieren usw.

Osteuropa: Weil die kommunistische Propaganda erklärte, im Westen gebe es Slums und Arbeitslosigkeit, die Leute müßten dort unter Brücken schlafen usw., malten sich die Menschen, aus Trotz und Opposition, ein Bild vom Westen als Paradies auf Erden, als superreichem Land wie aus der Fernsehserie »Dallas«, und weil sie im Geist des Populismus, egalitärer Demagogie und des Prinzips von Uranilovskij (»wir haben alle dieselben Mägen«) erzogen worden waren, glaubten sie, die Menschen im Westen würden uns, da sie so viel haben, etwas davon abgeben, wenn wir nur erst den Kommunismus abschütteln! Die Menschen wollten nicht glauben, daß im Westen Rezession herrscht, daß die Arbeitslosigkeit real ist, daß die Wirtschaft von Stagnation gelähmt wird, daß Überproduktion auf dem Markt lastet. Die Menschen waren überzeugt von der absoluten Fehlerlosigkeit des Systems; selbst wenn also dort Rezession herrscht, ist sie nicht weiter von Bedeutung! Dieses Bild wurde gleich nach 1989 zerstört und zerfiel in Staub. Der Kommunismus stürzte, doch es flossen keine grünen Ströme von Dollars nach Osteuropa, und die Bewohner des Westens errichteten an den Grenzen zwischen den beiden Europas keine blumengeschmückten Tore mit der Inschrift: »Willkommen!«

Das hatte natürlich Ernüchterung, Enttäuschung und Frustration zur Folge.

Doch dieselbe Stimmung machte sich auch unter den Menschen im Westen breit. Auch der Westen hat seine Propaganda, und diese verkündete, der Kommunismus sei ein völlig künstliches Gebilde, das den Menschen von außen aufgezwungen und nur mit Hilfe eines Systems totalitären Terrors erhalten wurde, es genüge, diese mit roten fünfzackigen Sternen bestreute Kruste abzureißen und zu zerstören, und Freiheit, Demokratie, freier Markt, der Geist der Toleranz usw. würden automatisch Einzug halten.

Doch nichts dergleichen erfolgte. Statt freiem Markt – Spekulation; in der Politik – Kumpanei und Korruption; im täglichen Leben – was schmutzig war, ist schmutzig geblieben, was fremdenfeindlich war, ist weiter fremdenfeindlich. Mit einem Wort, langsam beginnt dem Westen zu dämmern, daß der Kommunismus in der Mentalität, im Verhalten, in der Haltung der Menschen, die unter seiner Kuratel geboren und erzogen wurden, tiefe Wurzeln geschlagen hat. Daß der Kommunismus in ihrem Inneren sitzt, und daß sogar diejenigen, die ihn bekämpfen, das mit kommunistischen Methoden tun.

Der Kommunismus scheint irgendwie zwei Schichten zu besitzen: eine ideologisch-staatliche und eine gesellschaftlich-anthropologische. Die erste Schicht (in ihrer sowjetischen Form) hat aufgehört zu existieren, und das für immer. Aber viele Elemente der zweiten Schicht gibt es nach wie vor. Man müßte untersuchen, welche Elemente des sogenannten realen Sozialismus genau der Haltung und Mentalität, den Interessen und Erwartungen des Menschen der Massengesellschaft, des anonymen *man of the street* entgegenkamen.

Einer der Gründe, warum sich der Dunst des Kommunismus so hartnäckig im Denken des *homo sovieticus* festsetzen konnte, ist darin zu suchen, daß die sowjetische, das heißt bäuerliche, primitive, verkitschte Ausgabe des Marxismus dem Niveau dieses *homo sovieticus* entsprach. Jeder von ihnen konnte sich mühelos als Philosoph fühlen – er mußte nur wissen, daß es vier Merkmale des dialektischen Materialismus und drei Merkmale des historischen Materialismus gibt, worüber das entsprechende Kapitel im »Kurzen Lehrgang der Geschichte der KPdSU (B)« Auskunft erteilt. Er konnte sich als Historiker fühlen – er mußte nur denselben »Kurzen Lehrgang« lesen. Er konnte sich als Sprachwissenschaftler fühlen – dazu mußte er nur die Broschüre Stalins »Der Marxismus und die Fragen der Sprachwissenschaft« studieren.

Die postkommunistische Wirklichkeit hingegen stellt um vieles komplexere, höhere Anforderungen. Die Welt ist viel schwieriger zu erklären. In ihr gibt es bedeutend mehr Denkschulen, Theorien, Richtungen, Ansichten. Mehr gegensätzliche Meinungen, Konzeptionen, Interpretationen. In dieser Welt ist es nicht leicht, sich als allwissender Philosoph, Historiker, Sprachwissenschaftler zu fühlen.

13. August
Die Situation des Kommunismus in der Phase der Dekadenz und des Zerfalls. Man kann beobachten, wie

uralte Formen des Daseins aus dem neunzehnten Jahrhundert wieder aufleben: der Straßenhandel mit Waren aller Art; das fremde Kapital, das in schmutzigen, unbeleuchteten, schäbigen Stadtvierteln moderne Hotels errichtet; Massen, die zur Saisonarbeit fahren usw.

Rußland und Europa. Was den europäischen Raum kennzeichnet, ist die Nähe, die Präsenz des Anderen, die Unmittelbarkeit des Kontaktes, die es gestattet, Meinungen und Gedanken auszutauschen, gemeinsam die Natur zu erobern und zu gestalten. Rußland dagegen ist das Diktat der großen Entfernungen, ist Weite und Einsamkeit, das Gefühl, von einem endlosen Himmel erdrückt zu werden und in unermeßlich weiten Landschaften gefangen zu sein.

Francesco Petrarca: »Rom fällt nicht durch Feindeshand; keinem menschlichen Wesen wird diese Auszeichnung zuteil werden, kein Volk sich dessen rühmen können. Es ist die Zeit, die Rom besiegt, im wüsten Feld von Ruinen wird es alt und zerfällt langsam, Stück für Stück.«
Ich bedauere, daß ich, als ich »Imperium« schrieb, diese Sätze, die der Autor der »Sonette an Laura« im Jahre 1341 verfaßt hat, noch nicht kannte und daher auch nicht zitieren konnte. Sie liefern eine ungemein treffende Beschreibung dessen, was 650 Jahre später mit dem »Dritten Rom«, dem Moskauer Imperium, geschah!

Es gibt zwei russische Wirklichkeiten: eine mystische, philosophische, geistige, erhabene, neben der gleichzeitig eine Welt der Gemeinheit, Niederträchtigkeit und Brutalität wuchert. Welche Verbindungen gibt es zwischen diesen beiden? Wo gibt es da Verknüpfungen, Fugen, Brükken? Denn nur diese beiden Realitäten zusammengenommen machen Rußland aus, das eins ist, unteilbar.

In Frankfurt sprach ich bei der Buchmesse 1994 mit einem Russen aus Charkow, Boris Michajlow (geboren 1938 in Charkow). Michajlow hat seine Fotografien mitgebracht, er will einen Bildband herausgeben und bittet mich, dazu die Einleitung zu schreiben. Der Titel des Bandes: »Am Boden« (obwohl es vielleicht besser wäre, den Titel des Stückes von Gorki zu wiederholen: »Nachtasyl«).

Die ganze Ausrüstung Michajlows ist eine alte, schlechte Kamera, »Gorizont«, die noch in den sechziger Jahren in Moskau hergestellt wurde.

Er sagt, er fotografiere meist, was um sein Haus herum geschehe. Er gehe nicht weit.

Die Welt Michajlows ist düster, traurig, hoffnungslos. Sie ist krumm, schäbig, kaputt, häßlich, abstoßend. Wenn in dieser Welt etwas auseinanderfällt, wird es nie mehr zusammengefügt; wenn etwas niederbricht, richtet es sich nie mehr auf.

Es ist eine Welt der Endzeit – krätzig, eitrig, ausweglos, ohne Licht. Auf keiner der Fotografien Michajlows scheint die Sonne. Niemand lächelt. Nicht einmal die Gesichter sind richtig zu erkennen.

Bei uns – sagt Michajlow – sterben die Menschen und die Städte gemeinsam. Die einen sterben vor den Augen der anderen, die völlig gleichgültig bleiben. Diese Gleichgültigkeit ist das schlimmste.

Das ganze System ist nicht für die Menschen. Es vernichtet alles – die Natur, die Seele, alles. Vor allem die Armen. Die Reichen können sich noch zur Wehr setzen.

Das hier sind Fotografien von den Straßen – sagt Michajlow. – Diese Straßen sind Wüsten. Gefährlich. Wenn dort Menschen auftauchen, macht sich sofort Angst unter ihnen breit. Mißtrauen. Bedrohung.

Ein anderes Bild: Auf der Straße liegt ein Mensch. Er stirbt. Man weiß nicht, warum. Vielleicht ist er betrunken. Das weiß man nicht. Die Menschen gehen vorbei, ohne ihn zu beachten. Es herrscht einfach Krieg, daher liegen tote Menschen auf der Straße. Bei uns, in unserem Land, herrscht ständig Krieg.

Ich versuche, die Luft zu fotografieren, setzt Michajlow fort. Unsere Luft ist schwer, kriminell. Bei uns ist das Gefängnis auf die Straße gegangen und hat sie erobert. Diese Gesichter sind kriminell. Und überall der Tod, er erfüllt die Luft, die Landschaft. Das möchte ich zeigen. Daß hier von allem Bedrohung ausgeht.

Und hier die Straße als kollektive Latrine. Alle erledigen dort ihr Geschäft – völlig schamlos.

Und hier kann man vergleichen – so schauen die Wohnungen in den Blocks aus, und so die Gefängniszellen. Das Gefängnis wirkt besser, irgendwie sauberer.

Und hier Obdachlose – obwohl so viele von ihnen sterben, nimmt ihre Zahl ständig zu.

Ich habe nicht nur den Eindruck, im Gulag zu sein, ich bin tatsächlich im Gulag, fotografiere ihn die ganze Zeit.

19. Juli 1993

Ein Gespräch mit dem ukrainischen Schriftsteller Mikola Rjabtschuk. Er ist der Ansicht, es sei ungemein schwierig, in der ehemaligen Sowjetunion eine Privatisierung durchzuführen, weil die alte Nomenklatura, die ja immer noch an der Macht ist, schon seit langer Zeit private Profite aus den staatlichen Betrieben, aus der gesamten staatlichen Wirtschaft schöpft. Für diese Menschen war das eine ideale Situation: Sie hatten Einkommen, ohne sich groß anzustrengen und ohne irgendwelche Verantwortung, irgendein Risiko zu tragen. Privatisieren? Wozu? Das würde nur bedeuten, sich riesige Probleme aufzuladen!

Rjabtschuk überlegt, warum der Putsch vom August 1991 fehlschlug. Weil die Bürokratie der fünfzehn Republiken, aus denen sich die Sowjetunion zusammensetzte (darunter auch Rußland), schon damals das Vermögen der Republiken untereinander aufgeteilt hatte (oder gerade dabei war, das zu tun), so sagt er, diese Bürokratie hatte also schon alles und daher kein Interesse, das parasitäre Zentrum (Janajew, Pawlow und die anderen) weiter zu erhalten. Der Putsch wurde weder vom Militärapparat in der Provinz noch in Moskau unterstützt, er mußte daher fehlschlagen und in einem Fiasko enden.

Das bestätigt meine eigenen Beobachtungen während der Reisen durch die Gebiete des ehemaligen Imperiums. Ich erinnere mich, daß schon in den Jahren 1989–1990 die Gebäude der ehemaligen Parteikomitees leerstanden. Dieser Exodus hatte jedoch schon früher eingesetzt. Die in der Provinz herrschende Nomenklatura wußte längst, daß das Schiff des Zentralismus auf Grund gelaufen war und sank und sie ihr Heil darin suchen mußte, daß sie in die Rettungsboote der Regionalismen und Nationalismen stieg.

Der Westen, der nur für Gorbatschow Augen hatte, nur Moskau sah und kannte, Rußland aus der täuschenden Perspektive des Kremls beobachtete, bemerkte gar nicht, daß Gorbatschow längst ein General ohne Armee war, eine im leeren Raum schwebende Spitze einer Pyramide, die zerfallen war.

Die Reaktion des Menschen im Westen:

»Es geht schlecht? Dann muß man etwas tun, damit es besser wird.«

Die Reaktion des Menschen im Osten:

»Es geht schlecht? Das ist wahr, aber es könnte ja noch schlechter gehen!«

Eine Woche in London, wegen des Erscheinens meines »Fußballkrieges« bei Granta-Penguin. Jede Reise in den Westen ist jetzt, in der Zeit der Freiheitsrevolution in Polen, wie ein Kübel kaltes Wasser für mich. Wie weit wir doch zurück sind, um Lichtjahre! Der wichtigste, meiner Ansicht nach am meisten ins Auge stechende Unterschied: Der Westen – das ist Freundlichkeit; der Osten – Schroffheit, der ständige Wunsch, den anderen aufs Kreuz zu legen, in die Knie zu zwingen.

Ein paar Stunden in Oxford. Zuvorkommenheit und Höflichkeit sind die wichtigsten Merkmale des Klimas dieser Stadt, ihrer ruhigen, konzentrierten Existenz.

Die kroatische Schriftstellerin Dubravka Ugrešić zeigt mir die in Zagreb erscheinende Zeitschrift »Hrvatski Vjesnik«. In einer Nummer des Jahres 1994 findet sich eine große Fotografie von Jure Francetić (der im Mai 1942 im Alter von 30 Jahren ums Leben kam), eines Helden des kroatischen Faschismus, und darunter ein Bild des jetzigen Präsidenten von Kroatien, Franjo Tudjman, und daneben eines des toten Führers der kroatischen Faschisten, Ante Pavelić.

»Nichts hat mehr irgendeine Bedeutung«, kommentiert Ugrešić. »Alle Werte haben sich vermischt, alles ist unwichtig geworden. Alle stecken heute im selben Kessel von Irrsinn, Absurditäten, Paranoia.«

Sie sagt auch, daß die Serben, auf der Suche nach neuen Verbündeten und – wichtiger noch – ihrem Platz in der Welt, versuchen, die Idee des Panslawismus und Euroasiatismus neu zu beleben. So wurde 1993 auf der Titelseite der Belgrader Zeitschrift »Nove Idee« ein Artikel über die Entwicklung der euroasiatischen Idee publiziert. Zentrum dieser Kultur, dieses Gedankens, soll Rußland sein, weil dieses Rußland die kulturelle Kontinuität bewahrt hat – vom Hellenismus über Byzanz bis Euroasien.

Ugrešić verweist auch auf die Tatsache, daß die neue Mittelklasse in den postkommunistischen Ländern Träger ganz anderer Werte sei als die frühere liberale, klassische Mittelklasse Westeuropas. In Serbien zum Beispiel ist diese neue Klasse Träger eines radikalen Nationalismus. In Rußland ist sie ein Gegner des freien Marktes und der offenen Konkurrenz. Mit einem Wort – diese neue Mittelklasse ist grundlegend anders als ihre historische Vorgängerin, vor allem weil sie antidemokratisch ist.

Abendessen mit Hans Christoph Buch. Buch ist ein Reisender und Reporter. Freundlich, sympathisch, klug.

Ich fuhr nach Indien – erzählt er. – Dort hatte ich eine Vorlesung über »Die Krise in Deutschland«. Sie haben sich das angehört, dann aber gesagt, bei ihnen sei die Krise noch schlimmer. Wo immer ich hinkomme, überall sagen die Leute, bei ihnen herrsche eine tiefe Krise.

Die Welt außerhalb der Grenzen Deutschlands interessiert die Deutschen nicht. Höchstens fragen sie mich – was hast du dort gegessen? Seit die Menschen fernsehen, glauben sie, sie wüßten alles über die Welt. Wozu also fragen?

Ich kehrte kurz vor Mitternacht nach Hause zurück. Im Zentrum Berlins, wo ich jetzt wohne, gibt es eine Menge Restaurants. Alle sind überfüllt, überall essen und trinken die Menschen. Überall arbeiten Bestecke, Messer und Gabeln, Eingeweide, Magensäfte. Die Deutschen sitzen über ihre Teller gebeugt, plaudern, gestikulieren, lachen. In der Luft kreisen Töpfe, Bierkrüge, Gläser, Schweinsstelzen, Keulen, Rippchen. Sie sind vollauf beschäftigt mit dem, was sie tun. Man sieht, daß dieses Essen, dieses Gespräch, dieser Abend für sie sehr wichtig sind.«

Im »New Yorker« vom 1. 5. 1995 ein Essay von Ron Rosenbaum mit dem Titel »Das Geheimnis Hitlers aufklären«. Nach der Lektüre zahlreicher Bücher über Hitler meint der Autor, es herrsche »trotz all dieser Studien nach wie vor die Überzeugung, es fehle immer noch etwas im Bild Hitlers, etwas, was grundsätzlich unerklärbar erscheint«.

Rosenbaum zitiert einen Satz von Alan Bullock, Autor des grundlegenden Werkes »Hitler. Studie einer Tyrannei«, der sein ganzes Leben mit dem Studium Hitlers zubrachte und am Ende sagte: »Je mehr ich erfuhr über Adolf Hitler, um so schwerer fiel es mir, sein Phänomen zu erklären.« Bullock gelangt zur Schlußfolgerung, daß man, um das Rätsel Hitler begreifen zu können, die Natur des Bösen definieren müsse. Seiner Ansicht nach steckt das Böse in einer Natur, die geprägt ist von Unvollständigkeit, vom Mangel an etwas, das es in ihr geben sollte (*evil as incompleteness*). »Das Böse als Unvollständigkeit«, schreibt Rosenbaum, »das heißt, das Böse, verstanden nicht als fremde, unmenschliche Andersartigkeit, sondern als niedriger entwickelte Form der menschlichen Natur, als niedrigeres Glied in der langen Kette der Menschwerdung, also ein Teil desselben Entstehungsprozesses, dem wir alle entstammen.«

Wichtig erscheint der Gedanke des Autors, daß alle Versuche, Hitler als Wahnsinnigen, Psychopathen und Perversen zu sehen, eine unbewußte Distanzierung von dieser Haltung darstellen, das Unvermögen, einzugestehen, daß das Böse, das Hitler verkörpert, in jedem von uns sitzen kann; nur eben in unterschiedlichem Ausmaß, in unterschiedlicher Intensität, denn es ist ein Teil (für gewöhnlich verborgen und unterdrückt) der menschlichen Natur.

Im Gespräch mit Rosenbaum teilt Professor Yehuda Bauer von der Hebräischen Universität in Jerusalem diese Ansicht. »Das Phänomen Hitler«, sagt Bauer, »liegt nicht außerhalb der Natur des Menschen. Die Erfahrung des Holocausts hat die Möglichkeiten und Dispositionen der menschlichen Natur aufgezeigt, darunter auch seine Fähigkeit zum Bösen, dessen Existenz – jedenfalls in diesem Ausmaß – die Menschheit vorher nie bewußt zur Kenntnis nahm.«

»Wir dürfen bezweifeln«, schließt der Autor, »ob wir irgendwann das Geheimnis Hitler aufklären werden. Doch wir dürfen keine Anstrengung unterlassen, weil andere Hitlers unter uns sein könnten, sogar jetzt.«

Mitte Juli 1994 verändern die Schaufenster der Buchhandlungen in Berlin ihr Aussehen. Es erscheinen zahlreiche neue Bücher, die alle das Ende des Zweiten Weltkriegs zum Thema haben. Auf den Titelseiten Fotografien von Hitler, von den Würdenträgern des Regimes, von Offizieren der Wehrmacht, darunter auch Bilder von Oberst Claus Schenk Graf von Stauffenberg, der, zusammen mit anderen Widerstandskämpfern, nach dem gescheiterten Attentat auf Hitler vom 20. Juli 1944 noch am selben Abend hingerichtet wurde. Viele Deutschen waren empört über die Verschwörer und verurteilten den Anschlag. Daß Hitler ohne Schaden zu nehmen davongekommen war, bestätigte in ihren Augen einmal mehr, daß die Vorsehung über ihn wachte.

Fünfzig Jahre später gehe ich durch die Straßen von Berlin und schaue in die Schaufenster der Buchhandlungen. Es gibt dort nur eine Sorte Bücher: »Opposition gegen Hitler«. Als hätte es die Begeisterung nie gegeben, mit der die Menge den Führer bejubelte, als hätte es keinen Nazismus gegeben und keinen Holocaust. Als hätte es nicht diese millionenfachen Opfer gegeben, die der Krieg verschlang.

Nichts von all dem hat es gegeben! Aus den Büchern in den Schaufenstern der Berliner Buchhandlungen geht hervor, daß die Geschichte anders aussah: Es gab da einen verrückten Einzelgänger, einen unverantwortlichen Paranoiker – Adolf Hitler, gegen den sich immer und überall Opposition organisierte, die ihn aktiv bekämpfte. Nicht einmal, daß die Gesellschaft in Anhänger und Gegner Hitlers zerfiel. Es gab keine Anhänger: Es gab nur den Verrückten Hitler und die Opposition gegen ihn.

Im Nachwort zu seinem Roman »Die Schuldlosen« verweist Hermann Broch auf den Zusammenhang zwischen der politischen und der ethischen Gleichgültigkeit (oder anders: auf die ethischen Implikationen der politischen Gleichgültigkeit). Broch erinnert daran, daß sich das deutsche Bürgertum nicht verantwortlich dafür fühlte, daß Hitler an die Macht kam, weil es sich als »unpolitisch« betrachtete, also nichts mit dem zu tun hatte, was sich ringsum abspielte. Dazu stellt der Autor fest: »Politische Gleichgültigkeit nämlich ist ethischer Gleichgültigkeit und damit im letzten ethischer Perversion recht nahe verwandt. Kurzum, die politisch Schuldlosen befinden sich zumeist bereits ziemlich tief im Bereich ethischer Schuld.«

Das heißt – leben bedeutet Verantwortung zu übernehmen und sich dieser Pflicht bewußt zu sein, imstande zu sein, immer diese Verantwortung zu tragen.

Frankfurt, Juli 1993

Mit der U-Bahn fuhr ich vom Bahnhof zum Römerberg. Es war Sonntag, und obwohl es bewölkt war und ein kühler Wind wehte, drängten dichte Menschentrauben durch die schmalen Gassen zwischen den Hauswänden, die wie Krakauer Krippen bemalt sind, spazierten über den breiten Gehweg am Main, füllten die zahllosen Cafés, Bars und Restaurants. Am Sonntag morgen gehen (fahren) die Deutschen essen – Konsum und nochmals Konsum, das ist es, was sie antreibt, ihre wahre Leidenschaft.

Plötzlich drangen Töne von Orgelmusik an mein Ohr. Ich blickte mich um, in der Nähe stand eine alte Kirche (der Reiseführer: die alte gotische Kirche zum Hl. Nikolaus, aus dem 13. Jh.). Das Haupttor, das direkt auf den Platz führt, stand offen.

Ich ging hinein. Halbdunkel, Leere. Nur in einer Bank saß eine ältere Frau, nach Kleidung und Aussehen zu schließen von irgendwo aus dem Osten. Eine Kroatin? Litauerin? Polin? Ein Tourist führte seine Videokamera über die Kirchendecke – langsam von unten nach oben, und dann in plötzlichem Schwung nach unten, als filme er einen Skispringer. Ich stand im Kirchenschiff. Ein unsichtbarer Organist spielte eine Sonate von Salomon Rossi. Eine alte und hier, an diesem Ort, irgendwie traurig klingende Musik. Ich sah das einsame Kreuz über dem Altar, die leeren Beichtstühle, den reglosen Wasserspiegel im steinernen Taufbecken. Ich war hier in einer anderen Welt als der, die draußen, vor den Mauern, vorbeizog. Diese beiden Welten störten einander nicht, aber ich konnte auch keine Verbindung zwischen ihnen entdecken. Vielleicht ist jedoch das Bewußtsein, daß dort am Römerberg diese Kirche steht, durch die nun Sonaten von Rossi klingen, wichtig für diese Menge auf der Straße, für die es wichtig ist, daß alles ist, wo es hingehört – an seinem Platz?

Toblerplatz in Zürich. Sonntagmorgen. Leer, grau, und doch ist keine niederdrückende, erstickende Dumpfheit zu spüren, weil es hier keine Armut gibt, keinen Schmutz, keinen bröckelnden Putz, keine stinkenden Hauseingänge, keine aus den Angeln gerissenen Türen, keine zerschlagenen Laternen, keine mit Brettern vernagelten Fenster.

Was macht diese Zivilisation zur Zivilisation?

Erstens – die Qualität der Materialien. Der Beton hier ist hell und glatt, der Asphalt eben und fest, das Glas: sauber, das Aluminium: glänzend, die Fensterrahmen: weiß, immer frisch gestrichen;

zweitens – daß hier alles ordentlich und sorgsam gefertigt ist. Nichts ist hier aufgewühlt, aufgerissen, schlampig hingesetzt, hingeschmissen;

drittens – das Verhalten der Menschen ist bestimmt von exakter Pünktlichkeit. Am Toblerplatz hält die Straßenbahn Nummer 6. Sie fährt hier alle 15 Minuten. Ich stehe an der Haltestelle, die leer ist, weil noch 6 Minuten Zeit sind bis zur nächsten Straßenbahn. Diese 6 Minuten widmen die Menschen irgendwelchen Aufgaben, vertrödeln sie nicht mit Warten. Eine Minute vor der planmäßigen Ankunft der Straßenbahn füllt sich die Haltestelle. Die Menschen steigen ohne Eile ein. Keiner erregt sich, weil keinen etwas aus der Fassung bringen kann (zum Beispiel, daß die Straßenbahn nicht rechtzeitig kommt oder daß sie abfährt, ohne alle Wartenden mitzunehmen).

Das Verhältnis zwischen Mensch und Umgebung ist im Osten anders als im Westen. Im Westen behandeln die Menschen ihre Umgebung als Erweiterung ihrer selbst; wenn sie daher die Straße fegen oder Fenster putzen, dann entspringen diese Tätigkeiten demselben Bedürfnis und Wunsch, dem sie nachkommen, wenn sie ein sauberes Hemd oder ein ordentlich gebügeltes Kleid anziehen.

Für den Menschen im Osten ist die Umgebung gleichgültig. Er versucht erst gar nicht, ihr Schliff, Politur, ästhetischen Rang zu verleihen. Den Abfall wirft er direkt vors Haus, das Abwaschwasser schüttet er aus dem Fenster. Begriffe wie Konservieren, Polieren, Streichen sind ihm fremd. Er kommt mit den Dingen nur einmal in Berührung. Zum Beispiel, wenn er einen Zaun aufstellt. Dann geht der Zaun kaputt, wird morsch, fällt um – aber das interessiert den Menschen des Ostens schon nicht mehr. Er sieht keine Verbindung zwischen der Qualität des eigenen Lebens und der Qualität seiner Umgebung. Die Welt des Schmutzes und der Unordentlichkeit beginnt genau an der Grenze seiner Haut.

Die in Europa (und nicht nur hier) stattfindende Veränderung der Bedrohungen, ihres Charakters und ihrer Richtung. Wir spüren heute, daß weniger der Staat, die Souveränität der Nation bedroht ist (wie das in der Zeit des Kalten Krieges der Fall war) als das menschliche Individuum – seine physische und geistige Integrität. Das heißt, daß wir heute nicht so sehr einen Angriff gegen den Staat, seine Grenzen oder Institutionen befürchten als einen auf unsere eigene Person, daß wir Angst haben vor physischer Aggression gegen uns und unser Eigentum, vor einem Überfall auf der Straße, im Haustor und in der Metro, vor Vergewaltigung, Raub und Mord.

Der Westen, also das Entscheidungszentrum der Menschheit, interessiert sich nur so lange für einen Teil der Welt, einen Kontinent, als er befürchtet, daß von dort irgendeine Gefahr ausgehen, ihn etwas bedrohen könnte. So war das in der zweiten Hälfte der vierziger Jahre mit Asien (die Revolution in China, die Unabhängigkeit Indiens und Pakistans, der Beginn des Indochinakrieges), in den sechziger Jahren in Afrika (der Algerienkrieg, die Revolte in Zaire, der Beginn des bewaffneten Kampfes in Angola), zugleich in Lateinamerika, als dort die verschiedenen Partisanenbewegungen aktiv waren. Wenn sich diese Entwicklung dann als ungefährlich herausstellt und die Angst schwindet, wird der Kontinent, der einst solche Besorgnis weckte, an den Rand des Interesses gedrängt und fällt der Vergessenheit anheim.

* * *

Jeder hat seine eigene Karte von der Welt. Ein Kind hat eine Karte, ein Erwachsener eine andere. Ein Tibeter, der nie seine Bergwelt verließ, hat eine andere als ein Bewohner von Manhattan, umschlossen von den Straßencanyons seiner Stadt. Daraus resultieren oft Schwierigkeiten bei der Verständigung, weil wir, wenn wir von der Welt sprechen, verschiedene Karten, Bilder, Visionen vor Augen haben.

Zwei Karten der Welt – aus der ersten und der zweiten Hälfte des 20. Jahrhunderts; auf der ersten Karte machen die unabhängigen Staaten nur eine kleine Gruppe aus. Die übrige Welt ist eine einzige große Kolonie (im Falle Lateinamerikas: eine Halbkolonie), beherrscht von einigen Großmächten. Die Karte vom Ende unseres Jahrhunderts zeigt über 180 (wenn auch oft nur formal) unabhängige Staaten. Die Kolonien sind von der Weltkarte verschwunden. Die Vorherrschaft der Starken über die Schwachen hat andere, subtilere, kompliziertere Formen angenommen.

Die zweite Hälfte unseres Jahrhunderts ist also die Epoche der großen und endgültigen Entkolonisierung der Welt, des politischen Auftauchens Hunderter von Stämmen, Nationalitäten und Nationen, ihres Eintretens in die Arena der Welt, ihrer langsamen Umgestaltung von Objekten zu Subjekten der Geschichte. Diese Veränderung, dieser Aufstieg haben einem neuen zivilisatorischen Prozeß den Weg gebahnt, der großen Migration vom Dorf in die Stadt, die die ganze Erde erfaßt hatte.

Anfang des zwanzigsten Jahrhunderts sind die Bewohner der Erde in ihrer überwiegenden Mehrheit Bauern, 90 Prozent der Weltbevölkerung leben auf dem Land, von Feldarbeit und Viehzucht. Das sind die Farmer und Cowboys, die russischen Muschiks und die argentinischen

Vaqueros, die Millionen von Chinesen in den Reisfeldern und die zahllosen Armeen der Hirten, die ihre Herden über die Berge der Anden und der Alpen, des Himalaya und des Mondgebirges treiben. Doch die folgenden Jahrzehnte – und diese Erscheinung beschleunigt sich in der zweiten Hälfte des Jahrhunderts – sind Zeugen der Migration der Bauern in die Städte. Die Städte wachsen, bersten aus den Fugen, werden zu monströsen, krakenförmigen Strukturen oder eher Antistrukturen. Nehmen wir die mexikanische Stadt Tijuana: Im Jahre 1900 ist sie ein Dorf, bestehend aus 246 Hütten. Im Jahre 1992 ist Tijuana eine Stadt, die über zwei Millionen Einwohner zählt.

Heute lebt schon die Hälfte der Menschheit in Städten. Und immer noch nimmt die Bevölkerung auf dem Land (prozentuell) ab.

Eine neue Stratifikation der Welt:

1 – *affluents*: die Bewohner der entwickelten, reichen Länder. Selbst wenn jemand als Individuum nicht reich ist, kann er doch eine ausgedehnte, gut funktionierende Infrastruktur nützen (Telefone, Banken, Reisebüros usw.);

2 – am anderen Ende: *poor and starving*. Afrika, Teile Asiens und Lateinamerikas. Nach den Erfahrungen der letzten Jahrzehnte wissen wir heute, daß sich kein rascher Ausweg aus dieser Situation anbietet (die Hungergürtel um die afrikanischen Großstädte, die Abhängigkeit von ständiger Hilfe, Wassermangel usw.);

3 – *new Gipsys* (ein Begriff von Richard Parker): Parker meint, weltweit werde die Kategorie von Menschen, ja ganzer Gesellschaften zunehmen, die unproduktiv vom Handel, vom Geldverleih, von

Spekulation und untergeordneten Gelegenheitsarbeiten am Rande der entwickelten Gesellschaft leben. Diese neue Klasse werde parasitär die Errungenschaften der technischen Zivilisation genießen (Radio, Fernsehen, Jeans, Autos). Ihre Vertreter sind mobil, aggressiv, unternehmerisch und kulturlos; dynamisch, aber nicht auf dem Gebiet der Produktion, sondern des Tauschhandels.

Werden die Ärmeren sich damit abfinden, für immer Außenseiter zu bleiben? Schon heute setzen sie die Reicheren unter Druck, und dieser Druck nimmt ständig zu. Die Wanderung von Lateinamerika, Asien und Afrika in die reichen, entwickelten Länder ist in vollem Gang. Ihr schließen sich Osteuropa und Teile der ehemaligen Sowjetunion an.

Mein wichtigstes Thema ist das Leben der Armen. So verstehe ich den Begriff der Dritten Welt. Die Dritte Welt ist kein geographischer Begriff (Asien, Afrika, Lateinamerika), auch kein rassischer (die sogenannten farbigen Kontinente), sondern ein existentieller. Sie umfaßt das Leben der Armen, geprägt von Stagnation, struktureller Erstarrung, Tendenz zur Regression und der ständigen Gefahr, endgültig zusammenzubrechen, völliger Ausweglosigkeit. Die Armut hat viele Gestalten, Masken und Formen, setzt sich aus vielen Fetzen und Rissen, Rostflecken und Stummeln, Lumpen und Flicken zusammen.

Die Tatsache, daß 80 Prozent der Menschen auf der Welt im Mangel leben, in Armut, oft Hunger, diese traurige Tatsache sagt viel aus über die Schwäche des Menschen.

Es steckt etwas in ihm, in den gesellschaftlichen Strukturen, die er schafft, das es ihm schwermacht, gut zu leben (dabei wollen doch alle gut leben!). Wir wissen so viel über alle Formen rationalen Handelns, über Wirtschaftlichkeit, über die Technik, und doch bleibt das irgendwie abstrakt, ohne Bezug auf unser tägliches Leben.

Die moderne Welt erscheint als ungeheurer Gegensatz zwischen der riesigen Flut hochentwickelten theoretischen Wissens und der Fähigkeit (oder eher Unfähigkeit), dieses praktisch zu nutzen, zu verwerten. Wir wissen viel (theoretisch), aber wir wissen nicht, wie wir das umsetzen sollen (in die Praxis).

Es übersteigt heute längst die Möglichkeit des einzelnen, die ganze Erde kennenzulernen, zu überschauen. Früher einmal, vor Tausenden von Jahren, konnte der Mensch den ganzen Erdball erfassen (jedenfalls schien ihm das so). Er war überzeugt, alle Menschen dieser Erde zu kennen – er kannte ja seine Familie, seine Gruppe von Sammlern oder Nomaden, und wußte nicht, daß außer ihnen noch andere existieren. Der Wald, in dem er wohnte, konnte in seiner Vorstellung die ganze Welt ausmachen.

In dieser Weltanschauung stellte die Epoche der geographischen Entdeckungen den ersten großen Durchbruch dar – unsere Vorfahren erfuhren damals, daß es noch andere Kontinente gibt, andere Zivilisationen, Rassen und Sprachen. Langsam begann sich der Gedanke zu verbreiten, daß wir eine einzige Welt sind, eine große Menschenfamilie, doch diese Ansicht war noch recht unsicher, voller Zweifel und abstrakt.

Erst heute hat die elektronische Revolution bewirkt, daß wir nicht nur wissen von der Existenz dieser anderen – dieser riesigen, einige Milliarden zählenden – Masse von Mitbewohnern der Erde, sondern daß sie sich uns vor Augen führen und wir an ihrem Leben teilhaben können. Der Mensch hat die Chance, Wurzeln in verschiedenen

Böden zu schlagen, seinen Durst aus Tausenden von Quellen zu stillen.

Dazu ist er in der Lage, obwohl viele Menschen auf diese Chance verzichten, weil sie sich dieser Herausforderung nicht gewachsen fühlen. Sie schotten sich ab in kultureller Xenophobie, stecken ihre Felder ab, errichten unüberwindliche Mauern. Sie verkünden ihre Überlegenheit gegenüber den anderen und haben doch vor ihnen Angst, die sie hinter Arroganz und Verachtung verbergen.

Aus einem Referat, gehalten im Februar 1995 im PEN-Club in Warschau:

Die Welt erlebt eine Zeit großer Umwälzungen. Alles ist im Fluß, im Prozeß einer großen dynamischen Entwicklung. Wir sind Zeugen gigantischer Transformationen. Von dem Bild, das gestern noch existierte, sind heute nur mehr Fragmente übrig. Ich spreche hier von der ganzen Erde – denn natürlich gibt es Orte des Stillstandes und der Ruhe.

Wenn man durch die Welt fährt, fallen Ausmaß und Geschwindigkeit dieser Veränderungen ins Auge. Ich besitze eine historische Karte des Fernen Ostens, auf der man die Vergangenheit ablesen kann: was dort vor 500, vor 300 Jahren passierte. In diesen Zeiten waren die Veränderungen unbedeutend. Doch sie vollziehen sich um so rascher, je mehr wir uns der Gegenwart nähern.

Das ist die erste Schwierigkeit, wenn man ein klares Bild der gegenwärtigen Welt zeichnen will – diese Rasanz der Veränderungen.

Das zweite Problem besteht darin, daß es immer mehr gibt von allem auf der Welt. Vor allem immer mehr Menschen. Aber auch immer mehr Autos. Immer mehr Hunger, andererseits auch immer mehr Vorräte. Und Zweifel.

Schließlich gibt es immer mehr Bezeichnungen, immer mehr Informationen.

Hier taucht ein Widerspruch auf, den unsere Vorstellung nicht lösen kann: zwischen der ungeheuren, fast unendlichen Ansammlung von Daten und der Unfähigkeit des Menschen – oder der Unmöglichkeit –, diese zu nutzen.

Wir wissen zum Beispiel faktisch alles über die Ursachen des Hungers. Aber wir haben keine Ahnung, wie wir dieses Wissen in zielgerichtetes Handeln umsetzen sollen. Es entstand eine tiefe Disproportion zwischen Erfahrungen und Wissen auf der einen Seite und der Möglichkeit auf der anderen, daraus Schlußfolgerungen zu ziehen, diese in die Praxis umzusetzen.

Und das ist die zweite Schwierigkeit: daß kein menschliches Gehirn imstande ist, auch nur einen geringen Prozentsatz der weltweit gespeicherten Informationen zu erfassen und zu verarbeiten.

Die dritte Barriere: Unser Bild der Wirklichkeit ist unlogisch und voller Widersprüche. Wir begegnen ständig gegenläufigen Tendenzen. Für jede Tendenz, die in eine Richtung weist, läßt sich eine entgegengesetzte finden. Das hat zur Folge, daß man nicht sagen kann, welche Tendenzen tatsächlich dominieren, was wirklich geschieht.

In letzter Zeit gibt es immer wieder Versuche, neue Staaten zu gründen. Alle wollen ihren eigenen Staat haben. Wenn man die existierenden Bestrebungen und das Tempo ihrer Realisierung in Betracht zieht, wird es Mitte des nächsten Jahrhunderts weltweit ungefähr 600 Staaten geben. Gleichzeitig erleben wir jedoch eine Krise des Staates, vor allem in den unterentwickelten Ländern. Der Staat beginnt zu zerfallen und verliert die klassischen Funktionen, die er im 19. und in der ersten Hälfte des 20. Jahrhunderts erfüllte. Der Staat wird von oben, aber auch von unten her demontiert. Von oben durch machtvolle, dynamische internationale Gesellschaften, supranationale Informationsnetze, internationale Märkte und Handelsbeziehungen. Die traditionellen staatlichen Strukturen werden umgangen oder marginalisiert. Von innen her wird der Staat zersetzt durch diverse separatistische Bewegungen. In der Folge verliert er immer mehr an Kraft. Auch wir selber betrachten die Welt nur mehr selten aus der Perspektive des Staates.

Daraus resultiert unter anderem eine Krise der politischen Klasse, die überall an Bedeutung und Einfluß verliert und weltweit kein Konzept mehr hat für das, was weiter geschehen soll. Das ist nicht weiter verwunderlich – schließlich ist die politische Klasse ein Teil von uns, unser Spiegelbild, und auch wir wissen ja nicht, wie es weitergehen soll, wie wir die Probleme, die sich uns stellen, lösen könnten. Unsere Phantasie hält nicht Schritt mit den Transformationen.

Die vierte Schwierigkeit schließlich besteht darin, Kriterien zu finden für die Auswahl der Erscheinungen, die unsere Wirklichkeit charakterisieren sollen. Die Ideologien funktionieren nicht mehr, und andere Determinanten gibt es nicht. Jeder kann sich seine eigene Hierarchie der Werte wählen und schaffen.

Aus all diesen Gründen erscheint es unmöglich, ein geschlossenes und klares Bild der heutigen Welt zu zeichnen.

Doch wie ist diese Welt heute? Wir wollen vor allem den gegenwärtigen historischen Moment beschreiben. Wir haben heute schon das zwanzigste Jahrhundert hinter uns. Dieses begann nach Ansicht vieler Historiker und Politologen im Jahre 1914 mit dem Ausbruch des Ersten Weltkrieges und endete im Jahre 1989, mit dem Zusammenbruch des Kommunismus. Das zwanzigste Jahrhundert gehört demnach zu den kürzesten Jahrhunderten der modernen Zeitrechnung – im Gegensatz etwa zum neunzehnten Jahrhundert, das am längsten währte, denn es begann mit der Französischen Revolution, also elf Jahre vor dem eigentlichen Anbruch des Jahrhunderts, und endete vierzehn Jahre nach seinem kalendarischen Ende.

Wir stehen also schon im 21. Jahrhundert. Daher können wir das zwanzigste Jahrhundert abschließend beurteilen. Es wurde, erstens, geprägt durch das Entstehen der Massengesellschaft. Vorher hatte man das Phänomen, zu dem sich die Massengesellschaft entwickelte, nicht gekannt. Diese wurde geboren an der Wende des neunzehnten zum zwanzigsten Jahrhundert. Einer der ersten, der das Entstehen dieser völlig neuen historischen und soziologischen Formation wahrnahm und definierte, war übrigens der Pole Ludwik Krzywicki, der sie 1903 in seinem hervorragenden Buch »Die Agrarfrage« beschrieb.

Das Entstehen der Massengesellschaft versetzte die Denker jener Zeit in Sorge. Fast alle hatten sie Angst vor den riesigen Massen, die aus den Dörfern in die Stadt strömten und das Antlitz der damaligen Welt veränderten. Dieser Prozeß betraf vor allem die entwickelten Länder – es war die erste von drei großen Migrationswellen, die unsere Zeit charakterisierten.

Die Menschheit trat als bäuerliche Gesellschaft ins zwanzigste Jahrhundert ein und verläßt es als urban-bäuerliche. Die Struktur der Welt hat sich gewandelt – der städtische Faktor nahm immer stärkeren Einfluß auf die Kultur, das Aussehen der Menschen, ihre Interessen und Beschäftigungen. Mehr noch – in den entwickelten Ländern werden heute alle Entscheidungen in den Städten getroffen. Ja, die faktische Liquidierung der Bauern als

Klasse ist ein Kennzeichen der Gesellschaften des hochentwickelten, modernen Weltmarktes. Das ist auch der Grund, warum sich das Bauerntum so verbissen gegen alles Neue zur Wehr setzt. Im Interesse seiner Existenz, aus seiner Definition heraus wird es sich dem immer entgegenstemmen – weil es den Tod für die Bauern bedeutet.

In der entwickelten Gesellschaft macht die bäuerliche Klasse nicht mehr als 3–5 Prozent der beruflich aktiven Menschen aus. Eine höchstens noch fragmentarische Kraft. Und zwar, weil sie einfach überflüssig geworden ist – die Entwicklung der Technik in der Landwirtschaft ist so weit fortgeschritten, die agrarische Produktion in den hochentwickelten Ländern so problemlos, daß diese Klasse – als Massenkraft – entbehrlich geworden ist. Dazu kommt die Gesetzmäßigkeit, daß die Landwirtschaft umso produktiver ist, je weniger Bauern es gibt. Die Länder mit den höchsten landwirtschaftlichen Erträgen sind jene mit dem geringsten Anteil von Bauern an der Gesellschaft! Das zwanzigste Jahrhundert ist daher eine Epoche der langsamen Liquidierung der Bauern als Klasse. Die entwickelten Länder treten mit bäuerlichen Bevölkerungen in das einundzwanzigste Jahrhundert ein, die einen Anachronismus darstellen, der nicht in die neue Zeit paßt.

Dasselbe gilt, wenn auch etwas abgeschwächt, für die traditionelle Arbeiterklasse. In der modernen Gesellschaft existiert die Arbeiterklasse im klassischen Sinn nicht mehr. Auch sie wird daher – im Namen ihrer Interessen – gegen die Modernität und die Modernisierungsbewegungen kämpfen.

Es entstehen also Massengesellschaften … Diese sind jedoch sehr anfällig für alle möglichen Ideologien. Wenn die bäuerlichen Massen in die Städte strömen, haben sie dort keine kulturellen Wurzeln, schweben sie im leeren

Raum. Um irgendwie Wurzeln fassen zu können, schenken sie daher leicht allen erdenklichen demagogischen und utopistischen Ideen Gehör. Die bäuerlichen Massen werden in der Stadt zu einem fruchtbaren Nährboden für totalitäre Systeme. Daher ist das zwanzigste Jahrhundert als Epoche des Totalitarismus in die Geschichte eingegangen.

Das 20. Jahrhundert wird – davon spricht man allerdings schon weniger – auch als Epoche der Geburt der Dritten Welt bezeichnet. Dies setzte ein um die Mitte des Jahrhunderts und hat die Landkarte unserer Erde grundlegend umgeformt. Es gab eine gewaltige Bewegung der großen Kontinente – Afrika, Asien, Lateinamerika – hin zur, zumindest formalen, Unabhängigkeit.

Ein weiteres Spezifikum des zwanzigsten Jahrhunderts ist die rasante Entwicklung der Technologie, vor allem auf dem Gebiet der elektronischen Information. Diese hat das Antlitz unserer Welt und unserer Gesellschaft in unvorstellbarem Ausmaß verwandelt. Manche sind sogar der Ansicht, es sei dies die wichtigste Revolution dieses Jahrhunderts. Völlig neue Begriffe entstehen: Cyberspace, Info-Highways usw., neue Kategorien des Denkens und der Vorstellung, die wir nur mit Mühe begreifen.

Doch das Entstehen dieses weltweiten Kommunikationssystems mündet in die nächste Phase gesellschaftlicher Veränderungen. Zuerst ist – freilich nur in den entwickelten Ländern – die Massengesellschaft entstanden. Jetzt erleben wir die Umgestaltung der Massengesellschaft zur globalen Gesellschaft, an der alle teilhaben. Die Kommunikationsmittel sind so hoch entwickelt, daß sie den ganzen Planeten, die gesamte Menschheit zu dieser neuen, gigantischen Gesellschaft verbinden, deren Merkmale und Inhalte wir heute noch nicht erkennen. Wir wissen nur, daß es sie gibt, daß sie im Entstehen begriffen ist und wir – als Zeugen und Beteiligte – in diesen Prozeß eingebunden sind.

Die Entwicklung der Medien, vor allem des Fernsehens, in den letzten 20 bis 30 Jahren, brachte tiefe Veränderungen in unserer Vorstellung und unserem Verständnis der Welt mit sich. Bisher – vor 50, 100 oder auch 200 Jahren – existierte für uns nur eine Geschichte. Das war die Geschichte, die uns entweder mündlich oder in Dokumenten und Geschichtsbüchern überliefert wurde. Doch seit ein paar Jahren tut sich ein neuer Raum auf – neben der traditionellen Geschichte entsteht eine zweite Geschichte: die uns von den Medien vermittelt wird. Die Geschichte, die wir auf dem Fernsehschirm sehen. Sie erscheint immer öfter, wird aber gleichzeitig immer mehr zur Fiktion. Das Paradoxon der modernen Kultur liegt darin, daß wir die Geschichte als Fiktion zu betrachten beginnen, weil wir sie meist am Bildschirm sehen und nicht in der Wirklichkeit, im realen Kontext. Die fiktive Geschichte ist immer öfter die einzige Geschichte, die wir kennen.

Denn die Geschichte, die uns der Bildschirm liefert, umfaßt die ganze Welt. Wir aber können nicht auf der ganzen Welt sein. Unsere Erfahrungen können nicht die ganze Erde erfassen – wir können nur das erfassen, was um uns herum geschieht. Wir haben nur Zugang zu dem, was wir sehen, also zu jener Version der Geschichte, die die Medien erzeugen und vermitteln. Daher ist sie die einzige Geschichte, die wir am Ende sehen werden. Wenn ein Historiker in ein paar Jahren irgendein Ereignis studieren will, müßte er eigentlich ein paar Millionen Meter Film anschauen. Das ist natürlich unmöglich. So rückt die wahre Geschichte immer weiter von uns weg und wird ersetzt durch die Fiktion. Die Fiktion ist das, was uns immer öfter geliefert wird.

Mehr noch. Bisher drehte sich die Diskussion darum, in welchem Ausmaß die Medien, voran das Fernsehen, die Wirklichkeit wiedergeben. Heute sagt man schon, die Wirklichkeit, das sind die Massenmedien. Die Medien sind die Wirklichkeit.

Das nächste Problem ist die Veränderung bei der Aufteilung der Welt. Im Jahre 1951 schrieb der französische Demograph Albert Sauvy ein Buch, dessen Titel uns von einer Ersten, Zweiten und Dritten Welt sprechen ließ. Damit war es Ende der achtziger Jahre vorbei. Heute gibt es keine Erste, Zweite und Dritte Welt mehr. Es gibt nur mehr zwei Welten: die sogenannte entwickelte und die sogenannte unterentwickelte Welt.

Die entwickelte Welt ist die des großen, ständig wachsenden Konsums. Die unterentwickelte Welt ist die eines ständigen Mangels. Natürlich gibt es verschiedene Abstufungen dieses Mangels. Aber die allgemeine Teilung verläuft entlang dieser Linie. Und sie erweist sich generell als sehr dauerhaft.

Ein Merkmal der unterentwickelten Wirtschaft ist es, daß sie nicht imstande ist, auch nur die nötigen Mittel für ihre Entwicklung selbst zu schaffen. Das heißt, wenn sie keine Hilfe von außen, von der entwickelten Welt erfährt – sei es in Form von Kapital und Technologie oder auch als Zugang zu den Märkten –, kann sie sich nicht entwickeln und ist verurteilt zur ständigen Katastrophe. Man kann das als Form der Herrschaft der entwickelten Welt über die unterentwickelte bezeichnen.

Welche anderen Abhängigkeiten zwischen diesen beiden Welten gibt es?

In der entwickelten Welt beobachten wir eine unablässige Entwicklung. Mehr oder weniger dynamisch, denn es gibt auch Rezessionen und andere Probleme, aber immer ist da eine Entwicklung. Die Eliten sind daher vor allem an einem interessiert – sich in ihren Gesellschaften die Bedingungen für einen ruhigen Konsum zu sichern. Das ist im Prinzip das einzige Kriterium, das ihr Verhalten steuert. Hoher Konsum braucht Ruhe. Man kann nicht konsumieren, wenn ringsum Unruhe herrscht. Konfrontiert mit der bedrohlichen, unruhigen Wirklichkeit der unterentwickelten Welt, entfalten diese Eliten daher eine Mentalität der belagerten Festung, ein Bunkersyndrom.

Die Gesellschaft der entwickelten Welt betrachtet die unterentwickelte Welt in ihrem Ganzen als Bedrohung: Wenn wir die Mauern unserer entwickelten Welt verlassen, lauern überall Gefahren auf uns. In Rußland: die Mafia, im Süden: islamische Fundamentalisten usw. Überall herrscht Krieg. Daher müssen wir unsere Grenzen hermetisch abriegeln, unseren ruhigen Konsum immer wachsamer schützen.

Das ist eine schrecklich defensive Haltung. Dieser geistige Zustand ist gekennzeichnet vom Fehlen jeglicher Ideen für die Lösung dieser Probleme.

In den unterentwickelten Ländern ist die Situation anders. Früher hatten wir eine Konfrontation der unterentwickelten Länder mit den entwickelten vor uns: in Form diverser blockfreier Organisationen, verschiedener Freiheitsbewegungen usw. Heute hat die unterentwickelte Welt ihre Angriffe eingestellt und ihre Taktik geändert – statt Konfrontation wendet sie nun eine Taktik der Penetration an. Da man die Festungen der westlichen Zivilisation nicht frontal angreifen kann, muß man in sie einsickern. In den einzelnen Ländern gelingt das mit unterschiedlichem Erfolg, aber der Prozeß insgesamt beschleunigt sich. Als Zielländer erhalten jene mit kolonialer Vergangenheit den Vorzug, wie Frankreich, England oder Holland; die Veränderungen in den Vereinigten Staaten erfolgen aus teilweise ganz anderen Gründen. Das ist die letzte der großen Migrationswellen des 20. Jahrhunderts.

Was die aktuellen Tendenzen der globalen Politik angeht, kann man von drei großen Konfliktlinien sprechen.

Einmal die Frontlinie nationalistischer Konfrontationen, die überall ein starkes, aktives, emotionsgeladenes Element darstellen. Die zweite Frontlinie bilden rassische Konfrontationen unterschiedlichster Formen. Drittens schließlich gibt es die religiösen Fundamentalismen. Um diese großen, deutlich erkennbaren Ideologien konzentrieren sich die Spannungen unserer heutigen Welt.

Und dies alles geschieht in einer Atmosphäre allgemeiner Destabilisierung, vertieft durch mindestens drei Elemente:

erstens – die um sich greifende Korruption des politischen Lebens; sie paralysiert und raubt der politischen Klasse jedes für ein erfolgreiches Regieren nötige Ansehen;

zweitens – die Ausbreitung der organisierten Kriminalität mit ihren weitverzweigten internationalen Verbindungen;

drittens – Drogenbusiness: Produktion, Schmuggel, Handel usw. Begriffe wie Drogenkrieg, Drogendiktatur, Drogengang finden wir heute jeden Tag in den Zeitungen. Das alles weist darauf hin, wie eng die Welt des Rauschgifts verknüpft ist mit der Gewalt, wie sie diese steigert und verbreitet.

Von großer Bedeutung ist auch die Waffenkriminalität: Waffenproduktion und -handel entgleiten der Kontrolle der Gesellschaften. Es kommt zu einer Privatisierung der Rüstung. In manchen Gebieten der ehemaligen Sowjetunion zum Beispiel gibt es militärische Einheiten, die zu privaten Armeen geworden sind, geführt von Generälen, die die Befehle des Generalstabes ignorieren. Diese Armeen halten Verbindung zum militärisch-industriellen Komplex und betreiben Waffenhandel auf eigene Rechnung, unkontrolliert vom Staat. Dabei geht es nicht nur um traditionelle Waffen, sondern auch – und das ist besonders gefährlich – um den Handel mit spaltbarem Material.

Die Krise des Nationalstaates leitet neue Prozesse ein. Vor allem eine Erscheinung fällt dabei ins Auge, und das weltweit: Überall gewinnt die Gesellschaft ständig an Bedeutung, während der Staat in den Hintergrund gedrängt wird. Gegen den hartnäckigen Widerstand der Bürokratie streben die Gesellschaften nach mehr Unabhängigkeit, danach, zu einer Kraft in sich und für sich zu werden. Bemerkenswert erscheint, daß dieser Prozeß sogar Staaten mit so stabilen politischen Strukturen wie die Vereinigten Staaten, England oder Deutschland erfaßt.

Eine zweite Folge der Krise des Staates ist die weltweit fortschreitende Regionalisierung, der Versuch, alte lokale Strukturen neu zu beleben, die im 19. Jahrhundert durch die damals entstandenen künstlichen Staatsgrenzen zerstört wurden. Wir haben es also mit der Herausbildung völlig neuer Strukturen zu tun oder gar mit einem Prozeß, der die Etappe der Staatsgründung überspringt, vor allem in Asien, Afrika und sogar im Nahen Osten. Dort entstehen Markt-Städte, Markt-Regionen, die den Staat zur Seite drängen.

Im letzten Jahr wohnte ich in Berlin und konnte beobachten, wie viele Menschen aus Posen oder Stettin dorthin fahren und nicht nach Warschau, um ihren Geschäften und Interessen nachzugehen. Es ist erstaunlich, welche engen wirtschaftlichen und wissenschaftlichen Beziehungen zwischen Berlin und vor allem den nordwestlichen Gebieten Polens geknüpft werden. Berlin ist nur 90 Kilometer von der Grenze entfernt, das ist nicht einmal eine Stunde Fahrt auf der Autobahn. Alles beginnt sich zu integrieren. Dieser Prozeß ist nicht nur an den Schnittstellen zwischen Polen und Deutschland zu beobachten, sondern auf der ganzen Welt. Das ist eine der Erscheinungsformen der Desintegration des Staates. So sind Jugoslawien und die Tschechoslowakei zerfallen, so zerfallen Belgien und Italien. Ganz zu schweigen davon, daß es das Phänomen vieler Quasi-Staaten gibt, die eigentlich gar keine Staaten mehr sind. Somalia, Liberia, der Tschad oder Zaire besitzen keine Regierung, keine Staatsmacht, keine Finanzen, faktisch nicht einmal mehr Grenzen.

Was gibt es statt dessen? Es gibt die Regionen. Diese funktionieren, kooperieren, gewinnen an Macht. Langsam erreichen wir die qualitativ neue Situation des 21. Jahrhunderts, in der die regionalen Strukturen vermutlich stärker sein werden als die staatlichen. Mehr noch, es zeichnet sich schon die nächste Richtung der Weltpolitik ab: Dort, wo einst Grenzen waren, zum Beispiel während des Kalten Krieges, als eine Grenze wirklich etwas Schreckliches bedeutete – absolute Trennung, Maschinenpistolen, Minen, Hunde, die Berliner Mauer usw. –, dort also, wo es solche Grenzen gab, erhält die Grenze heute eine völlig neue Funktion, nämlich die eines wichtigen Zentrums des Austausches. Wenn wir heute in Afrika oder Asien an einen Ort kommen, wo starker Autoverkehr herrscht, der Handel blüht, es zahlreiche Läden gibt und vieles mehr, dann heißt das, daß wir an die Grenze gelangt sind. Dasselbe gilt für die mexikanisch-amerikanische Grenze. Die Grenze ändert ihre Funktion und wird zum Umschlagplatz für wirtschaftlichen und kulturellen Austausch.

Der kulturelle Austausch ist eines der wichtigsten Merkmale der modernen Welt: Nach den Erfahrungen der zweiten Hälfte des 20. Jahrhunderts beginnen wir endlich darüber nachzudenken, warum die einen sich entwickeln und die anderen nicht. Und wir kommen zum Schluß, daß das mit der Kultur zu tun haben, daß der kulturelle Faktor als ausschlaggebend für Wachstum oder Stagnation angesehen werden muß. Stets wurde das mit wirtschaftlichen, systemimmanenten, oft auch ideologischen Ursachen erklärt. Doch heute sehen wir, daß sich Länder mit gleichen Systemen, die auch fast die gleiche geographische Lage haben, ganz unterschiedlich entwickeln. Das bedeutet, daß das an der Kultur liegen muß.

Modern sind etwa Forschungen zur Frage, warum sich Asien entwickelt, nicht aber Afrika. Und dafür gibt es keine andere Erklärung als die Kultur. Staaten mit derselben kolonialen Vergangenheit, die ähnlich ausgebeutet wurden, deren Systeme ähnlich beschaffen sind, entwickeln sich ganz unterschiedlich. Der eine dynamisch, der andere überhaupt nicht. Das heißt, daß der Kultur mehr Bedeutung zukommt. Die Kultur stellt uns vor ein Rätsel: In ihren Werten, Hierarchien und Inhalten ist vermutlich die Antwort auf die Frage zu finden, warum wir so sind und nicht anders, warum wir rückständig sind oder uns dynamisch entwickeln.

Warum entwickeln sich einige Gesellschaften in den Vereinigten Staaten und andere nicht, wo doch alle die gleichen Bedingungen vorfinden? Wieder liegt die Antwort in der Kultur. Daher sind das Verhältnis zur Kultur und ihre Erforschung die Basis für das Verständnis des gesamten Entwicklungsprozesses und – was am wichtigsten ist – der Position einer Gesellschaft in der Welt.

Wichtig ist auch, daß wir es neben der Regionalisierung noch mit etwas zu tun haben, was man nach dem Kalten Krieg Globalisierung nennt. Alle Barrieren wurden niedergerissen, und an ihrer Stelle entsteht eine Epoche der Globalisierung, des Austausches und der dynamischen Bewegung. Wer sich jetzt in diese Bewegung eingliedert, sie begreift, an dieser Transformation teilnimmt, der profitiert und findet Chancen für eine weitere Entwicklung. Wer hingegen diese Gelegenheit nicht nützt, der bleibt zurück, und weil der Fortschritt ungeheuer rasant vorwärtsschreitet, wird ihn jeder versäumte Augenblick noch weiter zurückfallen lassen.

Das gegenwärtige Tempo der Entwicklung birgt die Gefahr, daß nicht nur einzelne Individuen, sondern ganze Gesellschaften aus dem Zivilisationsprozeß herausfallen. Dazu kommt, daß die Entwicklung heute eingeschränkt und erschwert wird durch den Mangel an in Umlauf befindlichem Kapital. Es gibt zu wenig Geld, das heißt, es kann nur für begrenzte Projekte eingesetzt werden. In der Folge fließt das Kapital nur dorthin, wo die größten Gewinne zu erwarten sind – heute sind das die Regionen Asiens und des pazifischen Raums. Regionen, wo die Lage unsicher ist, wo es keine Stabilität und Garantien gibt – zum Beispiel Afrika –, werden gemieden. Trotz großen politischen Drucks meidet das Kapital auch Rußland, obwohl dieses, zumindest theoretisch, den hoffnungsreichsten Markt darstellt.

Aber es ist ganz einfach zu wenig Geld da, um es über die ganze Welt zu verstreuen – und das ist eines der größten Probleme für die Länder, die vor der Transformation des 21. Jahrhunderts stehen.

Das Bild der modernen Welt hat den Charakter einer Collage: Verschiedene rationale Elemente bilden ein irrationales Ganzes. Eine Collage – das ist vielleicht die einzige Methode, die moderne Welt in ihrer verblüffenden, gewaltigen, wachsenden Differenzierung zu beschreiben und darzustellen.

Ich lese in »Time«, daß ein mexikanischer Schmuggler, der eine Ladung Kokain im Wert von einer Viertelmillion Dollar über die amerikanische Grenze bringt (diese Last trägt er auf dem Rücken, wobei er große Wüstenstrecken zurückzulegen hat), zweihundert Dollar erhält. Oft kommt so ein armer Teufel bei Kämpfen mit der Polizei oder mit rivalisierenden Banden ums Leben. Diese Träger werden in der lokalen Sprache Maultiere genannt, und die Pfade, über die sie gehen, Maultierpfade. Sie werden auf Marktplätzen angemietet, die eigentlich Sklavenmärkte sind, oder sogar noch schlimmer als diese. Die Toten werden irgendwo verscharrt, im Sand, egal wo. Selten kommt es vor, daß einer auf dem Friedhof landet, ein Stück Erde für sich hat, einen Stein oder ein hölzernes Kreuz.

19. Oktober 1994

Um 9 Uhr morgens explodiert im Zentrum von Tel Aviv, am Dizengoff Square, in einem überfüllten Autobus, eine Bombe. 22 Menschen kommen ums Leben, 48 werden verwundet.

Ein sonniger, frischer Morgen. In diesem Teil der Stadt gibt es viele Bäume, viel wohltuenden Schatten. Und doch müssen die Menschen den Schatten verlassen, weil der Autobus kommt. Sie steigen ein. Unter ihnen auch der, der die Bombe bei sich trägt. Wo? In der Aktentasche?

In einer Einkaufstasche? So eine Bombe muß heutzutage nicht groß sein. Meist sind sie sogar sehr klein, wie eine Sardinenbüchse. Sagen wir also, die Bombe ist im Einkaufskorb. Nur er weiß, daß er zum letzten Mal in den Autobus steigt. Steigt er ein, einfach so? Keineswegs! Er ist in Aktion, in der endgültigen Aktion. Im Autobus ist es überfüllt und stickig, und jeder denkt – wann wird der, der da so drängt, sich an mich preßt, endlich aussteigen! Die Menschen in einem überfüllten Autobus sind einander in der Regel nicht wohlgesinnt. Sicher denken sie auch über den Mann mit der Bombe so. Sie warten, daß er endlich aussteigt, und wissen nicht, daß er nie mehr aussteigen wird. Und daß auch sie nie mehr aussteigen werden.

Er hingegen weiß das.

Er weiß von diesem Aussteigen (oder besser – Nicht-Aussteigen).

Sie fahren also. Ich weiß nicht, wie lange sie gemeinsam fahren. Wann ist er eingestiegen? Wie viele Haltestellen hat diese Autobuslinie?

Bis zum Schluß wissen wir nichts von dieser Bombe. Ob es eine Zeitbombe ist, mit einer Uhr verbunden? Oder ob sie mit der Hand ausgelöst wird – mit einem Knopfdruck –, und schon ist es geschehen. Wenn sie mit der Hand ausgelöst wird, dann hat der, der die Bombe in der Tasche trägt, das Gefühl der Wahl, der Macht. Jetzt! denkt er (und vielleicht sagt er das sogar) und drückt den Knopf – für den Bruchteil einer Sekunde hat er die Befriedigung, eine Wahl, eine Entscheidung getroffen zu haben. Wenn es sich allerdings um eine Zeitbombe handelt, wird er vielleicht nervös, weil die Zeit verstreicht: Warum explodiert sie nicht? Doch es kommt der Moment, wo er nicht mehr imstande ist, diese Frage zu stellen.

Dieser Moment: am 19. Oktober 1994, um 9 Uhr morgens, im Zentrum von Tel Aviv, am Dizengoff Square.

Von jedem Weg denke ich gern, er sei endlos, verlaufe rund um die Welt. Das kommt daher, daß man von meinem Heimatstädtchen Pinsk mit einem Boot in alle großen Weltmeere gelangen konnte. Wenn man vom kleinen, aus Holz erbauten Pinsk aufbrach, konnte man um die ganze Welt segeln.

A. B.:
– Ich habe Angst vor einer Welt ohne Werte, ohne Empfindsamkeit, ohne Denken. Vor einer Welt, in der alles möglich ist. Denn am wahrscheinlichsten ist dann das Böse.

Auf der Straße treffe ich meine Nachbarin, Frau Rogowska. Sie ist über neunzig. Sie geht mit einer Krücke und führt immer eine kleine, schwarze Promenadenmischung an der Leine, die blind ist, apathisch und nie bellt.
»Ich möchte schon gern dorthin gehen«, sagt sie und deutet mit der Hand gegen den Himmel. »Zu meinen Bekannten. Sicher warten die schon auf mich. Aber hier?« Sie beschreibt einen weiten Bogen, um zu unterstreichen, daß das für die ganze Welt gilt. »Hier? Hier ist alles unklar … Man kann nichts mehr verstehen …«

Zygmunt Krasiński ist 23 Jahre alt, als er 1835 aus Neapel an seinen Freund Adam Soltan schreibt:
»Daß es schlimm bestellt ist um diese Welt, ist kein Geheimnis, je mehr Tage ich durchlebe, um so trauriger fühle ich mich, um so lächerlicher erscheint mir das alles. Wenn ich je noble und tüchtige Menschen getroffen habe,

waren die stets verlassen, ohne Hoffnung und jegliche Süße. Ich habe viele glückliche Narren gesehen, viele mächtige Schurken und konnte mich davon überzeugen, daß nur der auf Erden ein ruhiges Herz haben kann, der so niederträchtig ist, daß er das Böse wählt, oder so dumm und ungeschickt, daß er das Böse nicht spürt. Addio.«

Dalaro-Bucht, Schweden 1992

Die wiederkehrende Verlockung der Bucht, der Stille beim Sonnenaufgang, des ruhigen Horizonts, der reglosen Bäume, der weichen Bewegung der Wellen, die im Sand des leeren Strandes auslaufen. Der Gedanke, ein Teil dieser Landschaft zu werden.

Ich hatte einen Traum:

Ich halte eine Uhr in Händen. Plötzlich verschwinden die Zahlen vom Zifferblatt, verschwinden die Zeiger. Das Zifferblatt wird länger, wird weiß. Aus dem Innern der Uhr fallen mir Rädchen, Federn und Blättchen in die Hand.

Ich stehe ratlos da, in völliger Leere.

* * *

Neapel

Überall Massen von Japanern. Während eine amerikanische, französische oder brasilianische Menge hinsichtlich ihrer Hautfarbe, ihres Alters usw. vielfältig ist, erscheint eine Menge von Japanern in ihrem Aussehen rein japanisch. Ich habe nie gesehen, daß sich ein Nicht-Japaner unter Japaner mischte. Sie reisen in Autobussen, immer in Gruppen. Sie hören aufmerksam zu, was die Führerin sagt. Sie folgen den Bewegungen ihrer Hand, die einmal auf ein Denkmal, dann auf einen Palast deutet. Man kann nicht aus ihren Gesichtern ablesen, ob sie das interessiert oder langweilt.

Alle fotografieren alles. Und auch jeder jeden (das heißt, jeden sich in der Nähe befindlichen Japaner). Wenn im Hintergrund der Vesuv zu sehen ist, dann vor dem Hintergrund des Vesuvs, wenn da Katakomben sind, dann vor den Katakomben, wenn da ein Kloster ist, dann vor dem Kloster. Aus einer japanischen Menge hört man immer das Summen der Auslöser von Fotoapparaten, als schwirre ein Bienenschwarm über der Gruppe. Wenn man bedenkt, daß zur selben Zeit, da Hunderte japanischer Touristen Neapel fotografieren, Tausende und Abertausende anderer Japaner pausenlos, den ganzen Tag über (man muß den Zeitunterschied auf der Welt bedenken!) den Arc de Triomphe in Paris, die Pyramiden von Kairo, das Empire State Building in New York, den Mailänder Dom, das Operngebäude in Sydney, die Ruinen in Simbabwe, den Gipfel des Machu Picchu in Peru usw. usf. fotografieren (denn die Zahl der Dinge auf Erden, die fotografierenswert sind, ist unendlich groß), wenn man also dies alles in Betracht zieht und noch dazu berücksichtigt, daß die Japaner dort überallhin drängen, um einander vor diesen Denkmälern und diversen anderen Wundern und Außergewöhnlichkeiten zu fotografieren, dann können wir uns ausmalen, wie pausenlos Kisten, Tonnen, ganze Berge unentwickelter Filme nach Japan fliegen (schwimmen), und wie sich dann, nachdem diese Filme entwickelt, abgezogen und vergrößert wurden, die Fläche dieses relativ kleinen Landes zu einem ganzen Planeten, einem globalen Japan, zur ganzen Welt aufbläht, mit allen ihren Kontinenten, Ländern und Städten voller Japaner, die uns, geknipst vor dem Hintergrund irgendwelcher Vulkane, Wasserfälle, Schlösser und Kirchen, von Millionen Fotografien anblicken.

Capri

Eines nach dem anderen laufen die Schiffe in den Hafen ein. Neue Reisegruppen gehen an Land. Es formt sich eine Menge, eine Prozession, die sich von der Mole aufmacht und in die schmalen Gassen des Städtchens drängt. Die bisher ruhige Insel (es ist Morgen) füllt sich rasch mit Geplapper. Aber nicht, weil die Touristen sich unterhielten, o nein! Es wird laut, weil die Touristen, kaum daß sie an Land gegangen sind, Mobiltelefone aus ihren Rocktaschen, Reisetaschen, Aktentaschen und Rucksäkken holen und mit Lissabon und Genua, Philadelphia und Melbourne zu sprechen beginnen, wobei sie triumphierend berichten, daß sie eben auf Capri anlegen, daß sie nun in Capri sind, daß sie Häuser sehen, Berge und Felsen, Gärten und Plantagen, die Sonne und das Meer, daß sie sich herrlich fühlen, daß sie gleich zu Mittag essen werden (oder, am Nachmittag, daß sie eben zu Mittag gegessen haben), daß sie ein Hemd mit dem Aufdruck »Capri« gekauft haben, daß sie in drei Stunden (in zwei, in einer Stunde, in einer Viertelstunde, im nächsten Moment) von Capri ablegen werden usw.

Dieses leere Gewäsch, diese hemmungslose Geschwätzigkeit, dieses Getalke und diese Aufregung wälzen sich stundenlang über die Insel, durchfluten ihre Winkel und Gassen mit chaotischem, aufdringlichem, vielsprachigem Gesumme.

Capri: Der Abgrund des Tiberius

Man steigt bergauf, zwischen Steinen, Zitronensträuchern, Gärten und Villen, inmitten von Blumen, auf einem breiten Weg, den römische Sklaven vor zweitausend Jahren aus dem Fels gehauen haben. Wer Probleme mit dem Herzen hat, muß oft eine Pause einlegen, denn der Weg ist lang und steil – da geht einem die Luft aus.

Doch nun sind wir am Ziel. Den Gipfel des großen Berges säumen stattliche Gebäude von unterschiedlicher Gestalt und Beschaffenheit, verbunden durch Tore, Korridore, Treppen und Kreuzgänge – die Architektur dieses zerfallenen Komplexes ist verwirrend. Auf dem Gipfel selber steht die Villa des Tiberius Claudius Nero, imponierend in ihrer Größe und Pracht. Unter seiner Herrschaft lebte und lehrte am östlichen Rande seines Reiches Christus.

Von der Villa des Tiberius eröffnet sich eine der schönsten Aussichten auf Erden, ein sonniger, mediterraner Blick. Das Meer ist blaßgrün, und in der Ferne, hinter violettem Dunst, sieht man die Linie des italienischen Ufers. Nichts grenzt uns hier ein, und weil uns die Welt, von hier oben betrachtet, so grenzenlos erscheint, könnten wir fast meinen, wir berührten die Ewigkeit.

Es ist nicht verwunderlich, daß Tiberius von Tausenden möglicher Orte gerade diesen einen auswählte. Er erwachte am Morgen und trat in den Hof hinaus. Der Vorplatz der Villa ist nicht groß und könnte gar nicht größer sein, da er schon nach ein paar Dutzend Schritten am Abgrund endet. Ich lehne mich auf das eiserne Geländer und schaue in die Tiefe: Mir wird schwindlig, meine Beine geben nach, werden wie Watte – dieser Abgrund ist furchterregend: Die Felswand fällt mehr als ein Dutzend Stockwerke tief kerzengerade ins Meer hinunter. Ein Schiff, das unten schaukelt, wirkt wie eine winzige Nußschale. Dieser schwindelnde Abgrund direkt vor dem Tor des kaiserlichen Palastes beginnt mich zu interessieren: Was ist an diesem Ort zu Zeiten des Tiberius geschehen? Als der Kaiser hier lebte, war er 67 Jahre alt. In seinen Jugendjahren großgewachsen, stattlich und schön, war er nun längst von den Jahren der Kriegführung, von fernen Expeditionen, Verschwörungen und Palastintrigen gezeichnet. Capri war für ihn so etwas wie ein Asyl. Doch hier, an diesem Ort idealer Abgeschiedenheit, machten sich bei ihm zunehmend Eigenschaften bemerkbar, die sich schon früher gezeigt hatten: Mißtrauen und Argwohn gegenüber den Menschen und panische Angst vor bösen Geistern.

Das Porträt des Tiberius ist eines der prägnantesten Bilder in den »Cäsarenleben« von Sueton. Tiberius – so schreibt der römische Historiker – zeichnete sich durch Grausamkeit und Ausschweifung aus. Die letzten Jahre seiner Herrschaft, die er auf Capri verbrachte, waren eine Zeit des schlimmsten Terrors, in denen wegen der absurdesten Beschuldigungen die Köpfe rollten. Die Kerker waren überfüllt, die Folter war an der Tagesordnung. Die Verurteilten wurden mit Haken zum Ort der Hinrichtung geschleift. Über die Stelle, an der ich stehe, schrieb Sueton, daß Tiberius von hier »die Verurteilten nach langen ausgesuchten Martern vor seinen Augen ins Meer hinabstürzen ließ. Unten fing sie dann eine Matrosenschar auf und zerschlug ihre Körper mit Stangen und Rudern, um ihnen vollends den Rest zu geben.«

Er war so fasziniert von Grausamkeiten und vom Töten, daß »kein Tag ohne Hinrichtungen verging«. Er vertrieb sich die Zeit mit Folterungen und Sex: »In seiner Abgeschiedenheit auf Capri erdachte er ein Sofazimmer als Ort für geheime Ausschweifungen. Darin mußten Scharen von überallher zusammengeholter Mädchen und Lustknaben sowie Erfinder von allerart widernatürlicher Unzucht, die er ›Spintrier‹ zu nennen pflegte, zu dreien verbunden miteinander Verkehr treiben, während er zuschaute, um durch den Anblick seine abgestumpften Begierden wieder aufzustacheln.« Und weiter: »Aber noch Ärgeres und Schändlicheres sagte man ihm nach. Man kann es kaum erzählen und anhören, geschweige denn glauben. Er soll nämlich Knaben im zartesten Alter, die er seine ›Fischchen‹ nannte, angeleitet haben, ihm beim Baden zwischen den Beinen durchzuschwimmen, um ihn herumzuspielen, ihn dabei zu lecken und zu beißen. Ja, er hätte sich von kräftigen, aber der Mutterbrust noch nicht entwöhnten Kindern an seinem Glied oder an den Brustwarzen saugen lassen – lauter Arten der Wollust, für die er von Natur und durch sein Alter eine starke Veranlagung besitzen mochte.«

Das ist also diese Villa, dieses leere Becken, dieser Vorhof, dieser Abgrund. Der Abgrund – alles geschieht an diesem Abgrund. Tiberius kommt oft hierher, steht an seinem Rande. Hier »schlürft er, von allen verhaßt, Blut, das wie Wein in der Trinkschale schäumt«, wie Sueton schreibt. Das geht elf Jahre so. Hier, an diesem Abgrund stehend, drängt sich mir die Frage auf: Wie ist das möglich? Und es hat sich keiner gefunden? Ein leichter Stoß hätte genügt. Eigentlich nur eine Berührung.

Doch kann man eine solche Frage überhaupt stellen? Ist

sie statthaft? Und diese geheimnisvolle Machtlosigkeit aller Menschen der Gewalt gegenüber? Diese Lähmung, die der Terror auslöst, der sein Opfer paralysiert, wie es das Gift der Kobra tut, ehe sich diese auf ihr Opfer stürzt – wenn es schon hilflos ist?

Córdoba

Man tritt dort in kühle, steinerne Halbdämmerung, begrenzt durch die regelmäßigen Reihen marmorner Säulen. Über uns erhebt sich in gleichmäßigen, geheimnisvollen Rhythmen ein Gewölbe von so vollendeter Leichtigkeit, daß es beinahe im nächsten Augenblick in die Höhe schweben und den um diese Stunde bis zur Weißglut erhitzten Himmel enthüllen könnte. Im Inneren jedoch herrscht Kühle, die unserem Körper, ausgelaugt von der Glut der Stadt, langsam Energie und Kraft zurückgibt. Wir stehen inmitten dieser eindeutig islamischen Kultur und erwarten unwillkürlich den gedehnten Ruf des Muezzin zu hören, der uns zur Andacht und zum Gebet auffordert. Statt dessen vernehmen wir eine andere Stimme – Orgelmusik. Die Melodie einer Fuge von Johannes Sebastian Bach erfüllt die mit verschlungenen Arabesken und sorgsam kalligraphierten Koransprüchen verzierten Mauern, die uns umgeben.

Verblüfft suchen wir nach der Quelle dieser Musik. Wir gehen in die Richtung, von wo sie erklingt. Wir schreiten durch einen Wald von Säulen, auf denen die Kuppel der Moschee ruht. Diese Säulen sind ungewöhnlich. Über 500 Jahre lang war die Moschee in Córdoba ein Ort des Gebetes für Moslems aus aller Welt (sie war nach der Kaaba in Mekka das zweitgrößte Gotteshaus des Islam). Millionen von Gläubigen (Millionen zu einer Zeit, als noch so wenige Menschen auf der Welt lebten!) müssen auf diesen Böden gekniet haben. Sie kamen durch die Wüste, über die Meere, in Pilgerzügen, die oft länger dauerten als die Hälfte eines Lebens. Die Moschee von Córdoba, mit deren Bau Abd-al-Rahman nach der Einnahme Andalusiens durch die Araber im 8. Jahrhundert begonnen hatte, war das heilige Ziel dieser mühseligen Wanderschaften. Wenn die fromme Reise an ihr Ziel gelangt war, betraten die Pilger gesammelt und glücklich die Moschee und umfingen und küßten die steinernen Pfeiler des Gotteshauses. Die Spuren dieser Praktiken sind noch heute sichtbar: Heiße Küsse und zärtliche Liebkosungen der Steine haben an manchen Stellen deutliche Vertiefungen in den massiven Säulen zurückgelassen. Ued heißt das ausgetrocknete, tiefe Bett eines Stromes, der einst durch die Wüste floß. Es ist die einzige Erinnerung daran, daß es hier einst Wasser gab. Ähnlich sind diese Vertiefungen in den Säulen das einzige Zeichen, daß sich hier fünf Jahrhunderte lang ein mächtiger Pilgerstrom von Bekennern Allahs vorüberwälzte.

Im Jahre 1236 nimmt der König von Kastilien, ein Katholik und später sogar Heiliger, Ferdinand III., der die Araber besiegte, Córdoba ein und verwandelt die Moschee ohne zu zögern in ein katholisches Gotteshaus, in die Kirche zur Auferstehung der Heiligsten Jungfrau Maria. Vielleicht waren technische Überlegungen dafür ausschlaggebend, daß Ferdinand den moslemischen Bau unangetastet ließ, den er zur Kirche machte: Die Moschee von Córdoba ist ein gigantisches Bauwerk, das in seinen Ausmaßen beinahe dem Petersdom gleichkommt, wobei sie jedoch um sechshundert Jahre älter ist. An dieser Moschee hatten die Araber zweihundert Jahre lang gebaut. Ihre Technik war jener der Christen weit überlegen. Diese besaßen

nicht einmal die Mittel, um ein solches Bauwerk nieder-
zureißen.

Im Inneren der Moschee, in ihrem zentralen Teil, werden daher der Altar und die Kanzel errichtet und Lehn-
stühle für die Bischöfe und Bänke für die Gläubigen auf-
gestellt. Durch Jahrhunderte werden hier regelmäßig Messen gelesen. Die Stimme des Priesters tönt durch die ganze
Moschee. Man hört einen Chor das Ave Maria singen!

Wenn man die Moschee verläßt, tritt man unvermittelt
in die Glut des tropischen Mittags hinaus, die zähflüssig die
benachbarten Gassen der Altstadt erfüllt. In einer von
ihnen steht ein Denkmal des großen Maimonides. Der
geniale Gelehrte, Arzt, Theologe und Philosoph Rabbi
Mosche ben Maimon, genannt Maimonides, wurde hier
im März 1135 geboren. Er hat sehr schlecht über die Städte jener Zeit geschrieben: »Wollte man den Wind in den
Städten mit dem Wind in der Wüste und auf den Feldern
vergleichen«, notierte er in »Regimen sanitatis«, »dann
wäre das so, als wollte man schmutziges und trübes Wasser
mit den leichten Wellen des sauberen Meeres gleichsetzen.
In den Städten sind die Häuser groß, die Gäßchen hingegen eng. In diese Gassen werfen die Menschen alles: Ab-
fälle, ihre Toten, tierische Exkremente, verdorbene Nah-
rungsmittel. In der Folge ist die Luft übelriechend, schmutzig, feucht und stickig. Und das alles muß der Mensch
einatmen.«

Und dennoch weinte Maimonides, als er Córdoba verlassen mußte.

Sevilla

Eine große, geschäftige Stadt. Die Kathedrale erschreckt
durch ihre Monumentalität. Man tritt, geblendet von der

Sonne, in den Schatten, ins Dunkel, in abgrundtiefe Schwärze. Langsam tauchen Glasfenster, Schiffe, Kuppeln aus diesem Dunkel. Dann nehmen wir die Menschen wahr – doch was sind das für Miniaturen, was für Winzlinge, unansehnlich und filigran. Die Größe dieser Bauwerke übte eine psychologische Wirkung aus – diese hochmütigen, erdrückenden Giganten reduzierten uns auf das Maß von Sandkörnern, von winzigen Staubpartikeln, die an den Kleidern des Herrn haften.

Die Alhambra

Die Araber liebten die Abstraktion und deren höchste Form – die Geometrie. Auch hier, in diesen Palästen, findet man, wohin man schaut, Mosaiken, bestehend aus Linien, Kreisen, Dreiecken, Quadraten. Die geometrische Zeichnung scheint uns die Welt zu eröffnen, doch das ist eine Illusion, denn sie ist das Ende, und damit selber Welt.

Überall Pflanzen, Blumen, Schatten und Wasser. In den Höfen, im Patio, in den Pergolen das Rauschen von Wasser, allein dieses Geräusch erfrischt und kühlt ab – die Musik als Gefälligkeit, als Linderung spendender Schatten.

Philippe Sollers, für den die Entwicklung in der Geschichte keinen linearen, fortdauernden Prozeß darstellt: »Die Geschichte gleicht der Archäologie, die einzelnen Epochen sind gleichsam Erdschichten, die sich übereinander ablagern. Jede von ihnen stellt eine mehr oder weniger geschlossene Struktur dar, die man nur so weit verstehen kann, wie man ihre Begrenzung begreift. Die so verstandene Geschichte zeichnet sich nicht durch Kontinuität aus, sondern durch immer wieder erfolgende Brüche und Sprünge ... jede Epoche besitzt eine Sprache, die nur ihr

entspricht, nur in ihrem Umfeld völlig verständlich ist.«
(»Beschreibung und Erfahrung der Begrenzungen«)

Oft begehen die Menschen bei der Erforschung und Beschreibung der Wirklichkeit den Fehler, daß sie zwei Ordnungen verwechseln: den existierenden Zustand und die Tendenz. Die Tendenz kann sich nämlich gerade erst abzeichnen, bemerkbar machen, und doch ist sie eine Ankündigung jener Kraft, die künftig dominieren wird. Wir haben es hier mit zwei Blickweisen zu tun, einer statischen und einer dynamischen, und das Problem besteht darin, die richtige Proportion zwischen dem zu finden, was heute noch uneingeschränkt herrscht, und dem, was sich gerade erst an der Oberfläche abzeichnet.

Am faszinierendsten sind die irrationalen Momente in der Geschichte. Die Revolten, die Ausbrüche kollektiver Emotionen, die Zerstörungswut, die Eruptionen von Selbstzerstörung. Ihre verblüffenden Ursachen. Oft Belanglosigkeiten als Auslöser. Die plötzliche Freisetzung mächtiger Energien. Und wie dann alles wieder in sein altes Bett zurückkehrt, wie der Strom langsamer wird und durch sein seichtes Wasser wieder der sandige Grund durchscheint.

Die Entwertung von Daten, Namen, Angaben, Beziehungen. Im anschwellenden und immer dichter werdenden Strom von Informationen verwischt sich alles, verliert seine Bedeutung, schwindet aus dem Gedächtnis.

Es gibt nicht bloß eine Erinnerung. Jede Erinnerung erinnert etwas anders und erinnert anders. Von Bedeutung ist nämlich der Einfluß unserer bewußten und unbewußten Vorlieben und Sehnsüchte auf die Selektionsmechanismen, die die Erinnerung steuern. Manchmal, vor allem in der Politik, kämpfen verschiedene Erinnerungen um die Vormachtstellung, das Monopol.

Die Geschichte, die wir kennen, ist die Aufzeichnung sehr später Entwicklungsstadien des Menschen.

Es wird immer schwieriger, die Zukunft vorherzusehen, während die Erforschung der Vergangenheit immer bessere Ergebnisse zeitigt. Es ist erstaunlich, wie der Zeitpunkt des Auftauchens des schöpferischen, künstlerischen Menschen dank der neuesten Techniken und Forschungsergebnisse immer weiter zurück in die Vergangenheit rückt.

Noch zu Beginn des zwanzigsten Jahrhunderts war man der Ansicht, die künstlerischen Fähigkeiten des Menschen seien das Resultat eines langen Entwicklungsprozesses, der erst vor ein paar tausend Jahren (Mesopotamien, Sumerer, Elam, Ur, Ägypten usw.) halbwegs befriedigende Ergebnisse brachte. Dann versetzten die Entdeckungen der Höhlenmalereien von Altamira (Spanien), Lascaux (Frankreich) und im Tassili-Bergland in der Sahara das Erscheinen des künstlerischen Menschen weit zurück ins Paläolithikum – also rund 15 000 Jahre vor unserer Zeit.

Den nächsten Wendepunkt stellen die letzten Jahre des zwanzigsten Jahrhunderts dar. Im Dezember 1994 entdeckte der französische Wissenschafter Jean-Marie Chauvet eine Höhle, in der er, wie sofort erkannt wurde, die ältesten Malereien der Welt fand, die 32 000 Jahre alt sind. Wenig später erschien ein Album mit Fotografien dieser Zeichnungen mit dem Titel: »Der Anbruch der Kunst: Die Höhle von Chauvet. Die ältesten Malereien der Welt«.

Doch das Album von Chauvet lag kaum in den Buchhandlungen von Paris und dann New York und London, als die Nachricht um die Welt ging, in einem anderen Teil unserer Erde, in Australien, seien noch viel ältere Spuren der Kunst gefunden worden. Richard Fullagar und eine Gruppe australischer Archäologen hatten im Nordwesten Australiens in Felsen geritzte Tiere entdeckt – Känguruhs, Krokodile und auch Gestalten von Geistern. Wie sich herausstellte, waren diese Werke vor 75 000 Jahren entstanden, das heißt, sie waren mindestens doppelt so alt wie die Bilder in Chauvets Höhle. Doch das ist noch nicht alles, denn ungefähr zur selben Zeit wurden Reste von Ocker und Steinwerkzeuge für Felsmalereien gefunden, die man anfangs auf 116 000 Jahre, nach genaueren Untersuchungen jedoch eher auf 176 000 Jahre datierte.

Das ist die größte Revolution in der Geschichtswissenschaft seit den Zeiten von Homer und Thukydides. Die Geschichte des Menschen muß also ganz neu, ganz anders als bisher geschrieben werden.

Das Paradoxon der Wissenschaft besteht jedoch darin, daß sich uns immer mehr Fragen stellen, je mehr Entdekkungen wir machen, und je mehr Daten wir besitzen, um so mehr Unbekannte haben wir auch.

Eine allgemein in der Wissenschaft verbreitete Hypothese lautet, daß sich der Homo sapiens, das heißt also wir, unsere Art, vor rund 200 000 Jahren vom Stamm des Homo erectus abgespalten hat. Als Kriterium der Zugehörigkeit zu dieser neuen Art wurde die Fähigkeit, Werkzeuge herzustellen, angenommen. Die jüngsten Entdeckungen, welche die künstlerische Tätigkeit des Menschen so dramatisch zurückverlegen, gestatten uns die Formulierung einer neuen hypothetischen Definition: Als Mensch kann gelten, wer nicht nur Werkzeuge herzustellen vermochte, sondern mit Phantasie und Einfühlsamkeit auch künstlerische Werke. Es ging also nicht nur darum, zu überleben, sondern auch, in Schönheit zu leben, in einer Welt, in der es nicht nur Bedürfnisse des Körpers, sondern auch Bedürfnisse des Geistes gab. Das erste, wichtigste Kriterium des Menschen lautet also: Schöpfer, nicht nur Hersteller.

Derjenige, der nicht vom Brot allein lebt.

Wenn man die künstlerischen Errungenschaften unserer Urahnen verfolgt, fällt auch auf, daß ihre Kunst auf Anhieb vollkommen war. Da gibt es keine Zwischenglieder, keine Evolution vom Primitiven zum Raffinierten – ihre Kunst ist von Anfang an wunderbar und großartig. Die Kunst ist also sofort (wie das ja auch heute bei jedem großen Werk der Fall ist) aus dem Funken, der Eingebung, dem Moment der Erleuchtung, einer Vision entstanden, so plötzlich und flüchtig wie das Licht des Blitzes. Im Grunde hatten Shakespeare, Mozart oder Bosch keine Vorgänger, so wie auch niemand die Künstler von Altamira, der Sahara und Australien vorwegnahm.

Und endlich die schwierigste Frage: diese erstaunliche Stille von Zehntausenden von Jahren. Im Jahre 1996 wurden die frühesten Spuren der Schrift entdeckt. Sie wurden in Syrien, in der Nähe von Jerf es-Ahmar, entdeckt und sind 10 000 Jahre alt. Doch was war vorher? Was ist davor geschehen? Was bedeuten diese wunderbaren Malereien von Bisons, Pferden, Vögeln und Fischen? Von diesen Menschen mit Speeren in Händen? Stille. Schweigen. Ein Geheimnis.

Karol Irzykowski war einer der wenigen europäischen Intellektuellen, die schon in der Zwischenkriegszeit den Sieg der audiovisuellen Zivilisation voraussahen. Er schrieb darüber in seinem 1924 erschienenen Buch über die Ästhetik des Kinos, »Die zehnte Muse«. Die Unabwendbarkeit dieses Prozesses erkennend, warnte er jedoch im Jahre 1938: »Das größte Geheimnis neben der Welt stellt für den Menschen der andere Mensch dar, als eine spezielle, vielfältige Widerspiegelung und Filtrierung dieser Welt. Daher halte ich jede Kultur, die nur die äußerliche Welt dominieren möchte, etwa mit Hilfe der Arbeit, für unvollkommen. Die Technik der Kommunikation zwischen den Gedanken ist wichtiger als die Technik magnetischer Bahnen und Radiotelegrafen.«

»... und im Winter und im Frühjahr saß er neben dem Ofen und schaute aus dem Fenster auf den alten Löbenicht-Turm. Man kann nicht sagen, daß er ihn genau gesehen hätte, doch der Turm blieb vor seinen Augen wie ferne Musik im Ohr – unfaßbar oder nur halb ins Bewußtsein dringend. Keine Worte erscheinen stark genug, um dem Gefühl der Befriedigung Ausdruck zu verleihen, die ihm dieser alte Turm verlieh, den er in der Halbdämmerung und im Nachdenken vor sich sah. Die Zukunft sollte dann tatsächlich zeigen, wie wichtig er für sein Gleichgewicht war. Die Pappeln im benachbarten Garten nämlich schossen so in die Höhe, daß sie den Turm verdeckten, was zur Folge hatte, daß Kant unruhig und ungeduldig wurde, bis er schließlich ganz unfähig war, sich der abendlichen Meditation hinzugeben. Zum Glück war der Besitzer des Gartens ein ungemein feinsinniger und beflissener Mensch, der darüber hinaus große Achtung und Verehrung für Kant verspürte. Als man ihm daher die Angelegenheit darstellte, befahl er, die Pappeln zu fällen. Das geschah, und der Löbenicht-Turm war wieder zu sehen. Kant gewann die Ruhe des Denkens zurück und war wieder imstande, sich friedlich in der Dämmerung seinen Meditationen hinzugeben.«

Wenn ich diesen Abschnitt aus den »Letzten Tagen des Immanuel Kant« von Thomas de Quincey lese, denke ich an die damalige Welt, eine Welt der idealen Ordnung, in der das Denken des Philosophen, um existieren und sich entwickeln zu können, einer dauernden Stütze und Bestätigung durch immer denselben Ausblick, immer dasselbe Bild bedurfte, das der Meister über Jahre hinweg aus seinem Fenster sah. Was wäre mit diesem Denken geschehen, wenn es Kant bestimmt gewesen wäre, in Zeiten zu leben, in denen sich blühende Städte über Nacht in Schutthaufen verwandelten oder ganz vom Erdboden verschwanden? Ich denke auch an die Bewohner von Königsberg, wie sie auf Zehenspitzen, mit angehaltenem Atem umhergehen, wenn Kant meditiert. Wie einer von ihnen Anweisung erteilt, die Bäume in seinem Garten zu fällen, als er erfährt, daß ihr Anblick den Professor beim Nachdenken stört. Und schließlich denke ich an den Panzerfahrer der 3. Weißrussischen Armee, der mit einem Schuß aus seiner Kanone auf den Löbenicht-Turm dieser wunderbaren Welt für immer ein Ende bereitet.

In den letzten Dezembertagen 1995 ist Emmanuel Levinas gestorben. Er war 90 Jahre alt.

Die Philosophie Levinas' beschäftigt sich mit dem Problem des anderen: Levinas fordert, daß wir dessen Existenz beachten, uns für ihn verantwortlich fühlen müßten. Die Begegnung mit dem anderen bedeutet eine ethische Herausforderung. Die Verbindung des Menschen mit Gott verwirklicht sich nicht über den Kosmos, sondern über den anderen Menschen.

Levinas kritisiert das Erbe Europas: das Streben nach

Totalisierung, nach Vereinheitlichung und nach einem Denken in Systemen, in dem die Vielfalt der Dinge verlorengeht.

Die Ideologie, jede Ideologie, sogar die programmatisch radikal antitotalitäre, trägt totalitäre Bestrebungen in sich (eine ausschließliche und dominierende Position zu erringen). Nach Ansicht des britischen Philosophen Roger Scruton herrscht heute, nach den beiden totalitären Ideologien Faschismus und Kommunismus, die Epoche des totalen Liberalismus, »in der uns das Recht verbietet, etwas zu verbieten«. Und er fügt hinzu: »Unser Recht ist ungemein nachsichtig gegen jene, die Böses tun, doch unbarmherzig gegenüber Menschen, die das zu verhindern suchen.« (»The Wall Street Journal«, 13.11.1996)

Bacon of Verulam (16.–17. Jh.). Er verbrachte sein Leben in London. Seine Losung lautet: »Das menschliche Denken braucht keine Flügel, sondern Blei.«

Er ruft dazu auf, gegen vier Idole, »Täuschungen der Nüchternen«, anzukämpfen, die das Denken vom Weg des ehrlichen Forschens auf Irrwege leiten:

1 – das Idol Tribus – d. h. die der menschlichen Art eignende Tendenz zur Illusion;

2 – das Idol Specus – d. h. die Trugbilder, die durch erzieherische Einflüsse entstehen;

3 – das Idol Theatri – d. h. die in verschiedenen Kreisen existierenden traditionellen Vorurteile;

4 – das Idol Fori – d. h. die Einflüsterungen der Sprache, die in fruchtlosen Auseinandersetzungen und leeren Gedanken ihren Ausdruck finden.

25. 11. 96

Eine Begegnung mit dem Philosophen Jerzy Łoziński.
Er brachte mir als Geschenk den VI. Band der »Geschichte der Philosophie« von Frederick Coplestone in seiner
Übersetzung. Łoziński sagt, daß sich das philosophische
Denken heute außerhalb der akademischen Philosophie
entwickelt, die auf der Stelle tritt. Die neuen Philosophen
sind keine professionellen Philosophen. Und doch regen
ihre verblüffenden Bücher zu neuen, eben philosophi-
schen Reflexionen an. Er nennt als Beispiel das »Göttliche
Teilchen« von Lederman und Teresi. Für mich repräsentie-
ren Bücher wie »Illusion Fortschritt« von Stephen J.
Gould, »Der dritte Schimpanse« von Jared Diamond oder
»Zeit ohne Ende – Physik und Biologie in einem offenen
Universum« von Freeman Dyson diese Art von Literatur.
Mit einem Wort, Biologie, Anthropologie, Geschichte –
ganz umfassend betrachtet.

Der amerikanische Paläontologe Stephen Jay Gould
von der Harvard-Universität verweist auf die charakteris-
tische Bestrebung des Menschen, Systeme zu errichten:
»Unser Bedürfnis, einen Sinn in der Komplexität der uns
umgebenden Welt zu finden und alles zu einem Ganzen zu
fügen, ist größer als unsere natürliche Scheu vor einer so
überwältigenden Aufgabe.« Gould ist skeptisch: »Wir haben die Neigung, allgemeine und umfassende Systeme zu
errichten. Doch vielleicht können solche Systeme gar
nicht funktionieren. Vielleicht müssen sie in Konfrontation
mit der Komplexität und Mehrdeutigkeit unserer Position
in der Wirklichkeit scheitern?«

Jacob Bronowski. Die Evolution der Wissenschaft: Die
Aufmerksamkeit wird von der Welt der Physik immer

mehr auf das menschliche Individuum gelenkt. »Der Mittelpunkt des Interesses hat sich von den Disziplinen der Physik auf jene der Biologie verlagert. In der Folge beschäftigt sich die Wissenschaft zunehmend mit der Erforschung der Individualität.« (»Die Macht der Vorstellung«)

Lesław Hostyński über die Philosophie Henryk Elzenbergs (»Pismo« 4/87). Elzenberg unterschied zwei Arten von Werten:
– den utilitaristischen Wert und
– den perfekten Wert.
Der utilitaristische Wert ist stets relativ – er erfüllt eine Gebrauchsfunktion. Der perfekte Wert hingegen ist absolut, er läßt sich nur von einem Prinzip leiten: So muß es sein. Der perfekte Wert trägt schon den Befehl seiner Ausführung in sich. Für Elzenberg sind die perfekten Werte höher einzuschätzen als die utilitaristischen.

Nach Ansicht des Autors von »Schwierigkeiten mit der Existenz« ist es die grundlegende Aufgabe der Menschheit, Werte zu verwirklichen. Das Gebiet, wo diese verwirklicht werden, ist die Kultur. Die Kultur ist, nach Elzenberg, »die Summe der Dinge, deren Schöpfung im Bereich der Möglichkeiten des Menschen liegt und die wertvoll sind.« Kultur zu schaffen bedeutet, Werte zu schaffen. Instrument der Bewertung ist dabei die Intuition.

In seinem 1929 verfaßten Essay »Pro domo philosophorum« beklagt Henryk Elzenberg, daß »in Polen das Interesse für die Philosophie schwach entwickelt« ist. »Die polnische Denkweise ist eher konkret als abstrakt«, sagt er. »Den Polen fehlt die Begeisterung für uneigennützige Überlegungen.« Die jüngste Generation, so beklagt der

Autor, »begeistert sich entweder für die naheliegende, aktuelle, farbige, bewegte Konkretheit oder für soziale Probleme, die auf kämpferische Weise behandelt werden, ohne den ehrlichen Wunsch der Erkenntnis ... Der moderne polnische Literat ... ist soweit ein Zoon apoliticon, wie es in den führenden westlichen Ländern undenkbar wäre.« Die polnische Literatur, das sind »entweder oberflächliche und flüchtige Stimmungen oder Reflexionen religiöser Dinge«. Elzenberg warnt vor jeder Hast in der Philosophie. Es gibt »einen Druck, allzu rasch zu Ergebnissen zu gelangen, und damit zur Oberflächlichkeit«. Und weiter: »Jeder Erfolg in der Öffentlichkeit macht abhängig von dieser.«

Sich für Philosophie zu interessieren bedeutet, philosophische Fragen zu stellen. Das Interesse für die Philosophie ist »die Notwendigkeit und Kunst, den Problemen auf den Grund zu gehen«. Der Philosoph ist einer, der »Probleme vertieft«, der die Dinge, Fragen, Problemstellungen und Phänomene an die Oberfläche des Problems holt, die »in seinem Mark und Kern stecken«. In Polen hingegen bestehen die Diskussionen darin, »sich nur ja nicht in die Tiefe des Problems ziehen zu lassen! Kein Wunder: Das Denken ist schließlich anstrengend.«

Selten wird das Thema des Gewissens aufgegriffen. Es taucht zwar auf in der Philosophie, doch meist nicht für sich, sondern in Zusammenhang mit Überlegungen über das Gute und Böse. Den einfachsten Vorschlag macht Freud, für den das Gewissen einen aus den Kulturen übernommenen Mechanismus der Unterscheidung und Entscheidungsfindung und damit der Personalisierung und Verinnerlichung kultureller Normen darstellt. In einem ähnlichen Geist äußert sich Nietzsche, der in der »Genealogie der Moral« feststellt, das Gewissen sei dem Individuum von der Gesellschaft und dem Staat aufgezwungen worden, denn der Mensch sei von Natur aus ein aggressives Wesen, das seinen Instinkten freien Lauf lassen und die Kraft seines Willens in die Tat umsetzen müsse. Gesellschaft und Staat lenken daher die zerstörerischen Instinkte des Menschen nach innen, und diese unterdrückte Aggression (oder Autoaggression) heißt dann Gewissen. Daher spricht Nietzsche vom Gewissen, das heißt vom »unreinen« Gewissen. Auch die gängige Interpretation verweist auf verwandte Bedeutungen: Wir sagen, »er hat etwas auf dem Gewissen«, »mich quält das Gewissen«. Wir halten das Gewissen für jenen Teil unserer Persönlichkeit, der nach dem Prinzip einer Bremse funktioniert.

Wir dürfen nicht vergessen, daß wir in der Welt ganz unterschiedliche Stadien der individuellen Empfindlichkeit des Gewissens vorfinden – so gibt es den Typ des Menschen mit atrophiertem Gewissen, der emotionell verkrüppelt ist. Einem solchen Menschen kann man, ähnlich wie einem körperlichen Krüppel, keinen Vorwurf machen, daß er sich so verhält und nicht anders. Das beschreibt Dostojewski sehr gut in den »Dämonen« und in den »Brüdern Karamasow«. Es handelt sich um eine Form psychischer Verkrüppelung, um eine *deficiency,* wie die Engländer sagen. Beispiele für die Unterschiedlichkeit dieser Empfindungen gibt es genug – manche Soldaten in Erschießungspelotons leiden psychische Qualen, andere sind davon völlig frei. Die Versuche einer massenweisen, standardisierten Erziehung des Gewissens sind also eher zum Scheitern verurteilt.

Es gibt auch kulturelle Maßnahmen, um das Gewissen zu beruhigen, zum Beispiel den exkulpierenden Mechanismus: »Befehl ist Befehl!« Natürlich ist dieser Mechanismus bei manchen Menschen völlig verlogen, doch man kann sich vorstellen, daß es andere gibt, die Befehle ohne nachzudenken ausführen – daher finde ich auch die Ausführungen Hannah Arendts über die Banalität des Bösen so überzeugend.

Das Gewissen ist ein Derivat der Beziehung zum anderen, daher kann man kaum von einer Erziehung des Gewissens als solcher, abstrahiert vom anderen, sprechen. Die grundlegende Funktion eines gesunden Gewissens ist also das biblische »Liebe deinen Nächsten wie dich selbst.« In der theologischen Sprache kann man sagen, daß das Gewissen als Fähigkeit, Gut und Böse zu unterscheiden, eine besondere Form der Empfindsamkeit darstellt – eine Gnade. Dieser Begriff bringt jedoch verschiedene Probleme mit sich, verbunden mit der Frage der Vorherbestimmung, und daher auch die Prämisse von der Passivität des Menschen, weshalb ich lieber von Empfindsamkeit spreche.

Wenn ich durch die Welt reise, festige ich meine Überzeugung, daß diese Empfindsamkeit allen Menschen gemeinsam ist, obwohl der Begriff des Gewissens spezifisch ist für die jüdisch-christliche Kultur. Mit einer Einschränkung – diese gemeinsamen Merkmale treten vor allem in den Beziehungen zu den Nächsten, zur Familie zutage, wenn es um Blutsbande geht. Ein paradoxer Beweis dafür sind mafiose Strukturen mit dem Boß, dem Paten an der Spitze, die durch Blutsbande formalisiert werden. In den dreißiger Jahren herrschte in der Dominikanischen Republik der Diktator Rafael Trujillo. Dieser veranstaltete Massentaufen, und nachdem er so nach einiger Zeit faktisch zum Taufpaten aller Bürger geworden war, konnte ihn keiner mehr stürzen. Das Gefühl der familiären Bindung hielt die Untertanen davon ab, sich gegen ihn aufzulehnen, und es mußten erst die Amerikaner kommen, um ihn zu beseitigen, weil er für die Dominikaner so etwas war wie ein Vater.

Trotz der unterschiedlichen Empfindlichkeit des Gewissens in den verschiedenen Kulturen (in vielen Gesellschaften wird etwa die Blutrache als konstitutive Kategorie angesehen) ist allen der Wunsch gemeinsam, vor den Nächsten ein reines Gewissen zu haben und auf die Meinung ihrer unmittelbaren Umgebung zu achten. In der afrikanischen Kultur wird sich jemand, der aus der Familie ausgestoßen wurde, nie mehr im heimatlichen Dorf blicken lassen, weil er die Ablehnung durch seine Umgebung nicht ertragen könnte. Die Familie ist die gesellschaftliche Institution, in der das Gewissen bewahrt wird – sie ermöglicht daher das Überleben der Gattung. Alle Akte, unter dem impulsiven Einfluß des Gewissens die Grenzen der Familie zu überschreiten, sind hingegen schon eine Gnade.

Statt Ratschläge zum Thema Gewissenserziehung zu erteilen, möchte ich hier lieber ein paar Erwägungen über besondere Vernachlässigungen und Gefahren anstellen, die Aufschluß geben über meine Art der Selbsterhaltung des Gewissens. Die Schuld, das »unreine Gewissen«, kann die verschiedensten Formen annehmen. Karl Jaspers nennt in seinem berühmten Essay »Problem der Schuld« vier Formen der Schuld, darunter ihre ungewöhnlichste Form, die metaphysische Schuld, die alle mit sich herumtragen. Genau diese Form der Schuld ist es, die mich am meisten interessiert, wenn ich von der Welt der Reichen – einer Welt der Minderheit – in die der Armen reise und die ständig tiefer werdende Kluft zwischen den beiden beobachte. Man kann sogar zeitlich bestimmen, wann diese Vertiefung einsetzte. Es ist nämlich nicht zu übersehen, daß das schlechte Gewissen der entwickelten Welt gegenüber der Welt der Ärmsten ungefähr seit Ende der sechziger Jahre immer mehr eingeschläfert wird. In den fünfziger Jahren waren das Interesse für die erwachende Dritte Welt und der Glaube an den Fortschritt noch größer und es gab mehr Versuche als heute, die Probleme des Hungers und der Krankheiten zu lösen. Der Egoismus der entwickelten Welt hat sich in letzter Zeit verstärkt, und die Mechanismen zur Beruhigung des Gewissens wurden, bewußt oder unbewußt, perfektioniert – so ist das Thema des Hungers (weltweit und auch lokal) aus den Medien verschwunden. Warum ist das so? Die Konsumgesellschaft will in Ruhe konsumieren, und um diese Ruhe zu genießen, muß sie den Hunger der anderen vergessen. Ein interessanter Mechanismus besteht darin, das Problem des Gewissens an kirchliche und karitative Institutionen zu delegieren. Den Mitgliedern dieser Institutionen oder Organisationen wird dieses Problem berufsmäßig aufgehalst. Auf diese Weise hat die entwickelte Welt dieses Problem für sich rationalisiert: »Wir zahlen Steuern, damit sollen sich Fachleute beschäftigen.« Daher glaube ich auch, daß wir es heute im Sinn einer Jasperschen metaphysischen Schuld – oder des Versagens in Hinblick auf die Solidarität mit den anderen – mit einer fundamentalen Krise zu tun haben.

Wenn ich an die Gefahren denke, die das Gewissen bedrohen, gilt mein erster Blick den Medien. Die sind es nämlich, die uns an das Leiden, das Verbrechen, das Morden gewöhnen. Sie entkleiden diese Erscheinungen jeder Aura der Gefahr, Außergewöhnlichkeit und Schuld und machen die Gewalt zum Spektakel, wodurch sie das Gewissen einschläfern und antiedukativ wirken. Diese Seite der menschlichen Natur erfaßte Bolesław Miciński genial, als er die Haltung des »Das ist aber interessant!« verurteilte. Wenn wir auf das Böse mit dem Ausruf »Das ist aber interessant!« reagieren, begehen wir – so Miciński – eine ethische Übertretung, weil wir alles auf das Schauspiel, das Theater reduzieren.

Wenn sich jemand an einen reich gedeckten Tisch setzt und gleichzeitig Bilder aus der Sahelzone betrachtet, wo Menschen verhungern, dann schläfert er sein Gewissen ein. Wie weit wir es darin gebracht haben, davon konnte ich mich überzeugen, als ich 1993 mit Frau Ogata, der UN-Hochkommissarin für Flüchtlinge, ins Grenzgebiet zwischen Sudan und Äthiopien flog, wo 300 000 junge Menschen vom Hungertod bedroht waren (die Alten dort zählten gerade dreißig Jahre). Menschen in Lumpen, elend, an Malaria erkrankt. Aus dieser makabren Szenerie reisten wir nach Addis Abeba und flogen noch am selben Tag zurück nach Rom. Am Abend ging ich in Rom zur Piazza Navona, die voller lachender Menschen war, und als ich mir dort – um mich herum Fröhlichkeit, Restaurants, gutes Essen, eine laue Nacht – diesen Gegensatz bewußt machte, brach ich in Tränen aus, was mir selten passiert. Damals erkannte ich auch, daß es unmöglich ist, meine eigenen Erfahrungen weiterzugeben.

Keine Institution, sei diese kirchlich oder karitativ, ist imstande, unser Gewissen zu erziehen, weil die Medien, die uns das Schicksal der Mehrheit der Menschheit vergessen lassen, dieses einschläfern. Das ist um so bedenklicher, als moderne Lösungen nur global sein können. Wenn wir bei dieser weltweiten Sicht die wichtigste Tatsache aus den Augen verlieren, daß nämlich drei Viertel der Menschen im Elend und ohne Aussicht auf ein besseres Leben dahinvegetieren, dann besteht keine Hoffnung auf eine globale Lösung.

Tschuang-tse denkt über die Natur des Konflikts nach:

»Wenn ich mit dir mit Worten streite, du mich besiegst und ich dich nicht, hast du dann wirklich recht, hab ich dann wirklich unrecht? Oder auch ich besiege dich und du mich nicht, hab ich dann wirklich recht, hast du dann wirklich unrecht? Hat einer von uns beiden recht und einer unrecht, oder haben beide recht oder beide unrecht? Wir können es nicht wissen, und auch ein Dritter wird uns nicht den Zweifel klären können. Denn wen sollten wir wohl entscheiden lassen? Wenn wir einen, der deiner Meinung ist, entscheiden ließen, wie sollte der entscheiden können, da er doch deiner Meinung ist? Und wenn wir einen, der meiner Meinung ist, entscheiden ließen, wie sollte der entscheiden können, da er doch meiner Meinung ist? Und wenn wir einen entscheiden ließen, der deiner und auch meiner Meinung ist, wie sollte der entscheiden können, da er doch deiner und auch meiner Meinung ist? Und wenn wir schließlich einen entscheiden ließen, der weder deiner noch auch meiner Meinung ist, wie sollte der entscheiden können, da er doch weder deiner noch auch meiner Meinung ist?

Wenn ich und du und auch ein Dritter es nicht wissen können, sollen wir dann etwa noch auf einen anderen warten?

Was heißt denn eigentlich: ›Alles zusammenfassen im weiten Horizont des Ewigen?‹ Es heißt doch nur Klarstellung der Begriffe: Sein oder Nichtsein, Sosein oder Nichtsosein! Ist nun das Sein wirklich Sein, dann ist es unterschieden vom Nichtsein, und es gibt gar nichts daran zu bestreiten. Ist nun das Sosein wirklich Sosein, dann ist es unterschieden vom Nichtsosein, und es gibt gar nichts daran zu bestreiten. Von den vergänglichen Klängen des Streites mit Worten aber etwas zu erhoffen, ist gerade so, als wollte man gar nichts erhoffen.

Faßt du aber alles zusammen im weiten Horizont des Ewigen und folgst ihm ins Unendliche, so wird die Zeit dir wesenlos. Wenn du die Zeit vergessen hast, die Meinungen vergessen hast, dann raffe dich empor ins Grenzenlose. Darum nimm nur im Grenzenlosen deine Zuflucht!« (»Dichtung und Weisheit«).

Der Fluß, den Heraklit auf Erden erscheinen ließ, fließt schon seit zweieinhalbtausend Jahren dahin, und doch ist es noch keinem gelungen, zweimal in denselben zu steigen.

Cape Town
Ich weiß nicht, warum ich mich plötzlich an einen Mimen (Clown? Possenreißer?) auf einem Boulevard in Cape Town erinnere? Es war ein sonniger Sonntagmorgen, Menschen flanierten dicht gedrängt dahin. Der Mime suchte sich eine Person aus und ging dann, ohne daß sie etwas davon bemerkte, dicht hinter ihr her, wurde zu ihrem lebenden Schatten. Er folgte ihr und ahmte ihren Gang nach, ihre Art, den Kopf zu halten, die Tasche zu tragen, eine Zigarette zu rauchen, wobei er die Bewegungen in der Nachahmung verzerrte, übertrieb, parodierte. Das war jedoch nicht bösartig, sondern eher fröhlich und witzig, die Menschen, die den Mimen beobachteten, lachten lauthals.

Seine Kunststücke machten bewußt, daß unser ganzes Verhalten, selbst wenn es noch so ernsthaft ist, ans Lächerliche grenzt und daß die Grenze zwischen dem Ernst und dem Übergang zur Parodie schmal ist und brüchig, und es genügt, unsere Gesten und Mienen, unser ganzes Verhalten um einen Millimeter zu verschieben und zu verbiegen, um die Grenze zwischen der ernsten Welt und der Welt der

Karikatur zu überschreiten und zur eigenen Karikatur zu werden.

Erwin Panofsky über Jan van Eyck (erste Hälfte des 15. Jahrhunderts), der als der Erfinder der Ölmalerei angesehen wird: »Das Auge Jan van Eycks wirkt zugleich als Mikroskop und Teleskop.«

Die größte Freude bereitet es, die Ungewöhnlichkeit ganz gewöhnlicher Dinge zu entdecken. Beim Gehen kommen wir an Ausschnitten der Landschaft vorüber, an Bildern der Umgebung, an Häusern, Zäunen und Bäumen. Diese entlang des Weges aufgereihten Bilder lassen sich austauschen, vermischen, zu zahllosen Panoramen, Anordnungen, Kompositionen zusammensetzen. Unsere Phantasie registriert diese Ausstellung von Bildern, verändert ihre Anordnung, schafft eigene Systeme, schlägt neue Varianten vor. Damit unterhältst du dich, du freust dich, wenn du einen Einfall hast, suchst nach neuen Konzepten und Lösungen.

31. 10. 1996

In einer Ausstellung mit Bildern Piotr Potworowskis in der »Zachęta«. Ein wunderbarer Maler. Konzentriert vor der Staffelei, versunken in die Welt von Farben und Stimmungen. Potworowski zeigt, daß die Landschaft Farbe ist: Wenn er Bilder von England malt, sind die Farben gedämpft, matt, grau; bei Spanien hingegen dominieren Gelb, Ocker, Zinnober, Sandfarben; bei Wäldern ist die ganze Leinwand erfüllt von Grün, in verschiedenen Schattierungen, Tönen, Verdichtungen. Der Maler zeigt uns, wie viele Abstufungen, Nuancen, Kontraste das Grün besitzt, daß es eine ganze Welt in sich birgt. »Wald vor dem Haus« 1956, »Grünes Podhale« 1959, »Grüne Landschaft« 1960.

Das Grün bezaubert, fesselt ihn, er versucht seine Materie zu ergründen, zu seiner Essenz vorzudringen, sein Geheimnis zu lüften.

Doch das Bild, vor dem ich am längsten stand und zu dem ich später noch ein paarmal zurückkehrte, ist nicht grün, sondern braun und schwarz. Es trägt den Titel »Spur des Krieges«. Es ist auf Sackleinen gemalt. Dieser Untergrund ist wichtig, denn der Sack ist eines der Symbole des Krieges, so wie der Karabiner, der Schützengraben und das zerstörte Haus. Schutzlose und ängstliche Menschen irren über die Wege des Krieges und schleppen die Reste ihrer Habe in Säcken mit sich. In Säcken bringt man den Hungernden in den Flüchtlingslagern Getreide: In diesem Fall weckt der Anblick eines Sackes Freude und die Hoffnung auf Überleben. Ein leerer Sack schließlich ist, wie ich in Afrika gesehen habe, oft die einzige Bekleidung der Armen. Frauen und auch Männer gehen in Säcken, deren Böden sie auftrennen, um sie als Hemden oder Kleider zu tragen. Der Sack – ein Symbol der Armut, der Hilflosigkeit, aber auch der Rettung.

Tschechow: »Ein Gesicht aus Marmor zu formen bedeutet, vom Stein alles zu entfernen, was nicht Gesicht ist.« (1887)

Die Malerei erlaubt es, die Literatur besser zu begreifen (Probleme des Schreibens, der Gattungen usw.). Zum Beispiel das Werk des großen amerikanischen Malers Jasper Johns: In seiner Malerei ändert sich alles – Stile, Formen, Gattungen –, Johns malt ganz unterschiedlich, sucht verschiedene Formen der Aussage. Anläßlich der New Yorker Ausstellung von Johns schreibt Calvin Tomkins im »New Yorker« (11. 11. 1996): »Seit vierzig Jahren ist es keinem gelungen, diese Malerei zu definieren und einzuordnen. Auch die gegenwärtige Ausstellung macht nicht den Versuch, uns eine einheitliche, endgültige Interpretation seiner Kunst aufzudrängen. Er ändert ständig die Richtung seiner Suche. Ganz allgemein fällt die Abwesenheit des Menschen in einer vom Menschen geschaffenen Umgebung auf. In seinen Bildern existiert eine Spannung zwischen figurativen und nichtfigurativen Elementen. Die Dinge verbinden sich nicht miteinander, sie stehen in einem Widerspruch zueinander, den der Maler nicht aufzulösen sucht.«

21. April 1996

Die Zweite Symphonie Mahlers im Teatr Narodowy. Es dirigierte Jerzy Semkow. Ein mitreißendes, blendendes Werk. Mahler arbeitete über sechs Jahre an dieser Symphonie. Als er sie vollendete, war er 35.

Mich berauscht vor allem die Masse des angehäuften Materials. Die Masse der Musik, aber auch der Formen und Stile, der unterschiedlichen Tempi, wechselnden Stimmungen, die fesselnde Dramaturgie. Reichtum. Reichtum, Vielfältigkeit und Verschiedenartigkeit.

Mahler zögert nicht. Er nützt alles. Er füllt den Raum, die Welt verschwindet hinter diesem monumentalen Berg. Er vermischt Stile, Gattungen, Ausdrucksmittel. Man denkt an die Worte von Jules Renard in seinem »Tagebuch«: »Talent ist eine Frage der Vielzahl. Talent besteht nicht darin, eine Seite zu schreiben, sondern dreihundert Seiten.«

Die Hybridität von Mahlers Musik.

In der Musik wurden die Probleme der Verbindungen, der Vermischung der Gattungen, die Probleme der Fusionen, Hybriden und Sylphen ähnlich wie in der Malerei schon vor hundert Jahren gelöst. Positiv und bejahend. In der Literatur hingegen wecken diese Fragen immer noch Zweifel, Zögern, erzeugen Konflikte.

Zweifellos erlauben die Sprache der Malerei oder der Musik dem Schöpfer mehr Freiheiten, überlassen ihm ein weiteres Feld zum Experimentieren, für Erfindungen. Die gesprochene oder geschriebene Sprache hingegen engt ein und beschränkt, und sei es nur durch ihre Wörtlichkeit, dadurch, daß sie sofort und einfach zu überprüfen ist. Daher sind die Formen der Musik und Malerei in der Regel der Literatur voraus.

Die sechziger Jahre: Eine wichtige Zäsur, ein wichtiger Durchbruch in der Kunst. Die Wirklichkeit, die Alltäglichkeit dringen ein in das Königreich der Kunst. Die Grenzen zwischen diesen beiden Welten verwischen sich. (Die Kritiker greifen zurück auf die Theorie von Duchamp, auf seinen Gedanken von der Wertlosigkeit, der Zufälligkeit der Welt.)

Die Fertigkeit stellt die größte Gefahr für die moderne Kunst dar. Die Fertigkeit, Korrektheit, Geschicklichkeit, der Tand – und die daraus resultierende Zweitrangigkeit und Leere.

»... denn wo kein Inhalt mehr nach Gestaltung drängt, hilft es nichts, neue Formen zu erfinden.« (Werner Heisenberg, »Schritte über Grenzen«)

Die Krise der Kunst liegt heute weitgehend in der Passivität der Empfänger begründet, in ihrer Weigerung, am Werk teilzuhaben (Zbigniew Bienkowski: »Kunst zu erkennen ist nicht einfach oder mechanisch. Es erfordert Anstrengung und auch guten Willen«).

17. 1. 1997

Ich wollte ins Museum gehen, um die Ausstellung
»Ende des Jahrhunderts« (Sezession) zu sehen. Menschenmassen. Ich gab es auf, denn die Schlange war kilometer-
lang, und drinnen standen die Menschen sicher dicht
gedrängt vor den Bildern und Figuren, es wäre also unmöglich gewesen, sich zu konzentrieren und nachzudenken. Diese Massen – während gleichzeitig in den Galerien
der Postmoderne gähnende Leere herrscht – beweisen,
daß die Menschen eine ruhige Kunst suchen, eine Kunst,
die nicht brüllt und nicht attackiert – es gibt zu viel
Gebrüll und Aggression, wenn man das Museum verläßt,
draußen auf der Straße.

Im November 1995 in einer Vorlesung von Prof.
Władysław Stróżewski unter dem Titel »Die Ebenen der
Sinne im malerischen Werk«:
- Jeder Terminus hat viele Bedeutungen (und darin
  liegt sein Reichtum!), so kann zum Beispiel der Sinn
  ein Synonym sein für:
  a) die Rationalität,
  b) die Adäquatheit,
  c) die Zielhaftigkeit (teleologisch).

Roman Ingarden unterschied zwischen dem Gepinsel
und dem Bild, das heißt zwischen einem physischen und
einem gewollten Gegenstand. Mit einem Wort: In jedem
Bild versteckt sich ein verborgenes Bild.

Die Kunst besteht darin, eine andere Welt hervorzuho-
len, zu schaffen.

Das Werk besteht aus Sinnen. Indem sich diese integrieren, werden sie stärker.

Die Kunst erhebt uns zu einer Größe, die über uns steht.

Es gibt kein Kunstwerk ohne Kontext.

(Ein beliebter Ausdruck Stróżewskis, den er in seiner Vorlesung mehrmals wiederholt: »Dieses Netz fängt mehrere Fische.«)

In der Zeitschrift »Teatr« (3/96) ein Beitrag von Katarzyna Osińska, »Die Expansion des Theaters über das Theater hinaus in Sowjetrußland 1918–1924«.

Das Streben zur »Theatralisierung des Raumes«. »Das Theater tritt in Form von Massenaufführungen in den Raum der Straßen und Plätze hinaus.« Diese Bewegung ging auf den Gedanken des Dichters Wjatscheslaw Iwanow zurück, auf den Gedanken der »sbornowo djestjwija«, des kollektiven Handelns, das die Trennung von Teilnehmern und Zuschauern aufhebt. Die Bühnenrampe wurde zum Hindernis, das abgeschafft werden mußte. Bald – so schrieb Meyerhold – »werden alle Schauspieler sein«. Das Schauspiel soll eher massenhaftes Agieren sein als reines Spektakel. Das kollektive Theater hob den Individualismus zugunsten der allgemeinen Einheit auf.

Die Nachricht, daß Heiner Müller gestorben ist. Er war 66 Jahre alt. Einer der größten europäischen Dramatiker, vielleicht der größte Dramatiker des modernen Deutschlands neben Brecht. Er schrieb rund 30 Bühnenstücke. Er war Direktor und Regisseur des Berliner Ensemble.

Das erste Mal traf ich ihn im Februar 1994. Ich hatte einen Autorenabend im Berliner Ensemble, den er leitete. Draußen war es finster, kalt, regnerisch, es wehte ein eisiger Wind. Das Theater steht in Ostberlin, an der ehemaligen Mauer, in einer düsteren, kalten, verlassenen, devastierten Umgebung. Ich war zum ersten Mal in Berlin und ging zu diesem Treffen voll Sorge, daß bei diesem schrecklichen Wetter keiner kommen würde. Als ich den Saal betrat, war ich beruhigt: Er war dicht gefüllt. Jugendliche saßen auf dem Podium, auf dem Boden, standen an den Wänden, drängten sich um die Türen. Die Begegnung übersetzte Martin Pollack, der zu diesem Anlaß aus Wien angereist kam. Müller las ein Fragment aus *Imperium*, dann begann eine Diskussion.

Klein, leicht gebeugt, war Müller wortkarg, verschlossen, sogar introvertiert. Er machte den Eindruck eines Menschen, den andere stören, der jedoch gleichzeitig nicht ohne sie leben kann. Es war eine Unbequemlichkeit, eine Ungelenkheit in der Art, wie er sich unter den anderen bewegte. Er trank und rauchte ohne Unterlaß. Er verbrachte ganze Tage in der stickigen, verrauchten, nach schalem Bier riechenden Bar im Keller des Theaters. An diesem Abend herrschte dort dichtes Gedränge, ein Stimmengewirr, ein Lärmen, es war ein ausgelassenes Gemenge von Menschen, Stimmen und Gesten. Müller lud mich zu einem Bier ein. Er war zufrieden mit dem Abend und wollte, daß ich noch einen gestalte – über Afrika. Wenn er sprach, huschte manchmal ein kaum merkliches, schwer zu beschreibendes Lächeln über sein verschlossenes, bleiches Gesicht – nicht ironisch und nicht schüchtern.

* * *

Im Flugzeug von Wien nach Warschau

Mein Nachbar blättert in einem Stoß Zeitungen, wie man die Stationen, Kanäle und Bilder des Fernsehens überfliegt, indem man die Knöpfe der Fernbedienung drückt: Auf jeder Seite schaut er die Bilder an, liest die Titel, manchmal ein Stück eines Artikels. Die Fernsehgewohnheit ist in unser Verhalten eingedrungen. Überall hat sich das Prinzip der Fernbedienung breitgemacht. Wir springen, blättern, fliegen über die Seiten, Bilder, Anblicke, Erlebnisse, Menschen. Ich sehe, daß auch meine anderen Nachbarn ihre Zeitungen genauso eilig und oberflächlich durchblättern. Statt emsigen, mönchischen Lesens herrscht in der Kabine ein allgemeines Rascheln von Papier.

15.8.96

A. B. erzählt mir die Geschichte von Paul, das heißt davon, daß der Bildschirm des Fernsehers die einzige Welt darstellt: Zu unseren Nachbarn in Warschau kam in den Ferien der siebzehnjährige Paul auf Besuch, ein entfernter Cousin aus den Vereinigten Staaten. Da wir Tür an Tür wohnen, einander oft besuchen und auch Garten und Veranda teilen, haben wir täglich engen Kontakt. Paul interessierte mich von Anfang an. Er ist nett und höflich, doch in dieser Höflichkeit gleichgültig gegenüber jedem, der einer anderen Welt angehört. Wir haben uns schon ein paarmal unterhalten. Er ist zum ersten Mal in Europa. Er hat keine rechte Vorstellung, wo er ist. Mehr noch, das interessiert ihn nicht im geringsten. Er hat keine Lust, die Stadt zu sehen, Denkmäler zu betrachten. Wenn seine Eltern und ihre Bekannten ins Museum gehen, bleibt Paul im Auto sitzen und hört Radio. Wenn er in eine neue Stadt kommt, setzt er sich ins Hotelzimmer und schaltet den

Fernseher ein. Am liebsten sieht er CNN. In Amerika finden die Vorbereitungen zu den Präsidentschaftswahlen statt. Endlose, stundenlange Debatten, die mich tödlich langweilen, doch Paul hört immer zu. Nach einiger Zeit entdecke ich jedoch, daß er mit derselben Aufmerksamkeit vor dem Fernseher sitzen würde, wenn es eine Übertragung von »La Traviata« aus Oslo, die Show »Funny Jack« aus London, eine Reportage aus dem ehemaligen Gulag in Workuta oder einen Bericht über eine Agrarausstellung in Lissabon gäbe. Alles ist wichtig, denn in Wahrheit ist gar nichts wichtig. Eines allerdings zählt: dasein, dabeisein, alles zu sehen, jedoch nicht persönlich dabeizusein, sondern über das Fernsehen. Das Gefühl der Teilnahme zu haben, das der Fernseher verleiht, ein Gefühl, das für Paul die Wirklichkeit ausmacht. Paul kann die Welt gar nicht mehr anders sehen als durchs Fernsehen, ja, die andere, nicht televisionäre Welt existiert für ihn gar nicht, ist nicht real, eine Illusion. Daher will er sie gar nicht erst kennenlernen. Er war zwei Monate in Warschau, doch die Stadt hat er nicht gesehen. Welche Stadt? Die existiert doch gar nicht, denn sie wurde nicht von CNN gezeigt.

Über den Bildschirm des Fernsehens nimmt Paul an zahllosen Ereignissen teil: an Kriegen und Revolten, Kongressen und Konferenzen, Konzerten und Feiern, an Boxkämpfen und an der Eishockeyweltmeisterschaft, an der Jagd auf Krokodile und Haie, an Modeschauen und Schönheitskonkurrenzen, an Banküberfällen und an der Fahndung nach Rauschgifthändlern. Der Fernseher verhilft ihm zu einer neuen Form der Teilnahme – einer Teilnahme ohne Verantwortung. Früher war das unmöglich: Dabeizusein, an etwas teilzuhaben bedeutete auch, wenn nötig, einen Teil der Verantwortung zu übernehmen. Paul ist für nichts verantwortlich: Er nimmt zwar an Ereignissen teil, doch diese Teilnahme ist nicht real, jedenfalls kann man ihn nicht an der Hand nehmen, nirgends ist er greifbar anwesend.

Am wichtigsten erscheint, daß das Fernsehen in seinem Weltbild die Dichotomie von Wahrheit und Lüge nivelliert. Der Konflikt zwischen diesen beiden wird durch eine viel einfachere Teilung ersetzt: Es geht nicht darum, ob etwas wahr ist oder nicht, sondern ob es im Fernsehen gezeigt wurde oder nicht.

CNN formt nicht nur Pauls Weltbild. Es prägt auch seinen biologischen Rhythmus: In den Sendepausen nickt Paul ein.

Man kann unschwer beobachten, daß unter den Jugendlichen eine Computerhaltung die Oberhand gewinnt. Das ist keine gewöhnliche, apathische Passivität. Es ist eher ein aufmerksames Warten, aber eben doch bloß Warten. Daß jemand etwas sagt. Zu etwas auffordert. Es ist die Haltung eines Menschen, der auf Empfang eingestellt ist, die Haltung eines Zuhörers und Zuschauers. Und es ist wie beim Computer: Alles funktioniert tadellos, vorausgesetzt, daß jemand die Tasten bedient.

Die elektronische Revolution in der zweiten Hälfte des zwanzigsten Jahrhunderts riß eine tiefe Kluft zwischen zwei Generationen, Träger zweier unterschiedlicher Vorstellungen, auf. Diese Revolution ließ eine neue Welt entstehen, die Welt der Computer, der Medien, des Internet, der virtuellen Wirklichkeit, mit der sich die junge Generation identifiziert. Die alte, »vor-virtuelle« Generation hingegen kann kein Interesse für den Cyberspace aufbringen. In der Folge leben diese beiden Generationen nebeneinander, in zwei verschiedenen Wirklichkeiten, zwei unterschiedlichen Vorstellungen. Anders gesagt: Die elektronische Revolution hat der Menschheit noch eine zweite, neue Welt »geschenkt«, in welche die jüngere Generation ohne zu zögern eintrat, während die ältere draußen blieb, in ihrem traditionellen, wohlvertrauten Tal der Tränen.

Ein Schlüsselwort, ein Wort zur Definition des Menschen als Kulturkonsument: *channel-surfer* (Hillary Clinton sagt von ihrem Mann: »Like most men, my husband is an avid channel-surfer«). Ein Surfer ist einer, der auf einem Brett über die Wellen gleitet. Er ist erfolgreich, wenn er die Welle, ihre Richtung und Kraft vorausahnt, wenn er sich von ihr tragen, vorwärts und nach oben treiben läßt, so weit und hoch hinaus wie möglich. Ein Surfer ist ein Kenner der Wellen, ihr Beobachter und Connaisseur, einer, der ihren Rhythmus erfaßt und es versteht, auf der Welle zu reiten.

Die Wellenlinie ist glatt, fließend, leicht gekrümmt, eiförmig; diese Linie ist ganz modern – die neuesten Autos sind wellenförmig, Videokameras, Küchengeräte, Bürosessel, Autobahnbögen und auch Düsenflugzeuge.

Und nun ist neben dem, der über die Meereswellen gleitet, eine neue Gestalt aufgetaucht, einer, der *channel-surfing* betreibt, das heißt durch die Fernsehkanäle gleitet: »He always channel-surfs«, klagt Elisabeth Dole, die Frau des amerikanischen Vizepräsidenten, über ihren Mann.

Ein Channel-surfer ist jemand, der von der Arbeit zurückkehrt, sich vor dem Fernseher in den Lehnstuhl setzt, die Fernbedienung zur Hand nimmt und ständig die Kanäle wechselt, indem er die Knöpfe drückt – er hüpft oder gleitet von Kanal zu Kanal wie ein Surfer von einer Welle zur nächsten.

In dieser Tätigkeit ist alles enthalten: das Unvermögen des müden Menschen, sich auf einen Gegenstand, ein Thema zu konzentrieren, die Oberflächlichkeit unserer Interessen, die unausgesprochene und doch durchschimmernde Hoffnung, daß wir vielleicht etwas finden, was uns fasziniert und berauscht, uns, die nichts mehr in Erstaunen versetzen oder gar mitreißen kann, vor allem jedoch der Überdruß gegenüber allem, was unsere Aufmerksamkeit für länger als ein paar Sekunden beanspruchen und uns aus dem Zustand reißen will, in den wir versunken sind – aus dem Zustand des Nichtdenkens.

Surfing ist auch eine Metapher – wir gleiten ja auch in unserem Denken und unseren Ansichten, unseren Aussagen und Urteilen dahin. Ein ideales Gebiet für den Surfer ist eine glatte, fließende, sich ständig verändernde, flimmernde Oberfläche. Will er sich auf dieser dahinbewegen, muß der Surfer ständig balancieren, dahingleiten, in Bewegung bleiben, versuchen, das Gleichgewicht zu wahren, die Krümmungswinkel seines Körpers, seine Position zu ändern. Eben noch stand er aufrecht, jetzt ist er vornübergeneigt, vor einer Sekunde sauste er nach unten, nun fliegt er hinauf!

Für den Surfer ist nur die Tiefe gefährlich. Die Tiefe ist eine Falle, die es um jeden Preis zu meiden gilt, weil sie ihn überwältigen und verschlingen könnte.

1.11.96

Texte. Eine ständige Invasion, die uns niederdrückt, umzingelt, erschöpft, ermüdet, unsere Aufmerksamkeit abtötet, unsere Zeit raubt. Bücher, Broschüren, Zeitschriften, Zeitungen, Albums, Folder, Kopien, Reklamen, Drukke, Flugblätter. Das alles strömt täglich, Tag und Nacht, aus Buchhandlungen, Kiosken, Computern, quillt aus den vollgestopften Taschen der Briefträger, aus den Briefkästen, fließt aus den Taschen von Boten und Akquisiteuren, donnert in Kaskaden aus Druckmaschinen, Telexen, Faxen, aus der E-Mail. Ich habe Angst, Menschen zu begegnen, weil die mir sofort etwas zum Lesen in die Hand drücken. Ich gebe nur ungern meine Adresse weiter, denn gleich schikken sie mir etwas zum Lesen.

Immer wieder wird mir die eine Frage gestellt: »Hast du das gelesen?« »Nein.« »Was? Das hast du nicht gelesen? Das mußt du unbedingt lesen. Du mußt! Ich gebe (borge, schicke, faxe es usw.) es dir gleich.«

Die Worte sind billig geworden. Sie haben sich vervielfältigt, doch gleichzeitig an Wert verloren. Sie sind allgegenwärtig. Sie umwimmeln, bedrängen, belästigen uns wie Wolken lästiger Fliegen. Sie betäuben.

Wir sehnen uns daher nach Stille. Nach Schweigen. Nach einem Spaziergang über Felder. Über Wiesen. Durch einen Wald, der raunt, aber nicht schwätzt, nicht plappert, nicht balzt.

Professor Armand Mattelard von der Universität Rennes II schreibt (»Le Monde Diplomatique«, IV/94), daß »infolge des massenhaften, freien Datenflusses (Informationen, Wissen) die Ambivalenz zum wichtigsten Merkmal von allem wird, was in der Welt der modernen theoretischen Evolution existiert«. Die Ambivalenz, also etwas, das widersprüchliche Elemente beinhaltet, einen doppelten Charakter, doppelten Aspekt besitzt.

Man könnte vom Paradoxon Schells sprechen. Der

amerikanische Essayist Jonathan Schell meint, die wachsende Flut von Information fördere das Unwissen der Menschen. »Das Paradoxon unserer Zeit«, so schreibt Schell, »liegt darin, daß die Entwicklung der Information begleitet wird von einer Zunahme des Unwissens. Es mag schon sein, daß wir in einer Epoche der Information leben, doch diese Information wird offenbar anderswo aufbewahrt als im Denken der Menschen. Es hat den Anschein, als herrsche in den Köpfen immer größere Leere, während gleichzeitig die Computer mit Wissen vollgestopft sind.«

Die überforderte, müde Aufmerksamkeit des Menschen erweitert jene Gebiete der Realität, die er von sich wegschiebt und dem Vergessen anheimfallen läßt. Das gilt auch für globale Probleme. Diese Tendenz findet ihren Ausdruck in der Weltpresse, in der Gewichtung lokaler und ausländischer Themen. Den lokalen Themen wird immer größere Aufmerksamkeit zuteil. Zuerst kommen lokale Themen, dann Themen von landesweitem Interesse und erst zum Schluß Auslandsthemen.

Donnerstag, 30. 11. 1995

Aufschreiben, noch mehr aufschreiben!

Und dann sofort der Gedanke: Wozu? So viele Worte gehen übers Radio, in gedruckter Form, in Gesprächen um die Welt. Meere, Ozeane von Worten rauschen durch den Äther, übers Papier, marschieren in Spalten daher, flimmern über die Bildschirme der Computer, das alles taucht auf und verschwindet, taucht wieder auf und verschwindet − und so geht das ohne Ende, ohne einen Moment des Schweigens, eine Sekunde des Verschnaufens.

Wo soll man da einen Platz finden, ein Fleckchen Erde? eine Ritze?

Und doch ist es schlimm, wenn man sich diesem Gedanken ausliefert, resigniert, die Feder hinwirft.

4. Dezember 1995

Es ist kalt, ein paar Grad unter Null, trübe. Seit dem Morgen – Aufräumen des Arbeitszimmers. Zu viele Zeitschriften, Tageszeitungen, Wochenzeitungen. Ein nicht versiegender Strom. Es ist unmöglich, alle durchzusehen, zu lesen.

Das Fernsehen formt nicht nur unseren Geschmack und unsere Ansichten, es beeinflußt auch große politische Entscheidungen:

– In Mogadischu schleift eine entfesselte Menge die verstümmelte Leiche eines amerikanischen Soldaten durch die Straßen. Dieses Bild, das im amerikanischen Fernsehen gezeigt wird, ruft Schock und Empörung hervor, die Zuseher zwingen Washington, sich aus Somalia zurückzuziehen;

– die serbische Artillerie beschießt den Marktplatz in Sarajevo. Es gibt Tote und Verwundete. Die gefilmten Szenen dieser Tragödie, die im Fernsehen gezeigt werden, beschleunigen den amerikanischen Entschluß, in Bosnien zu intervenieren;

– die Ermordung der Bewohner von Didi (Osttimor) durch die indonesische Armee, festgehalten auf einem Videofilm der beiden Engländer Max Stahl und Steve Cox. Dieser Film, der von vielen Fernsehstationen in der ganzen Welt ausgestrahlt wird, trägt bei zur internationalen Isolierung Indonesiens (in den Jahren 1977–79 wurde ein Drittel der Bevölkerung von Osttimor ermordet oder ist verhungert).

Die Beschleunigung und Verflachung von Nachrichten (Informationen) in den modernen Medien ist auch deshalb gefährlich, weil dadurch Klischees gefördert werden. Rasch! Rasch! Es ist keine Zeit für Nuancen, Details, Mehrdeutigkeiten, Unterschiede, Schattierungen. Etwas ist weiß oder schwarz, und damit hat es sich. Punkt. Der Reichtum wird vom Tempo verdrängt, alles ist eine ständige Wiederholung desselben, wenn es nur schnell geht, der Rhythmus gewahrt bleibt.

Das Geschlecht der Entdecker ist von der Erde verschwunden, so wie früher die Geschlechter der fahrenden Ritter, der Korsaren der Meere, der unerschrockenen Konquistadoren. Die Welt ist nicht nur kleiner geworden, sondern auch gewöhnlicher. Wir wissen mehr, doch dieses Mehr ist aller Emotionen beraubt, aller Erlebnisse und Geheimnisse, die einst den Menschen begleiteten, wenn er mit etwas konfrontiert wurde, was kulturell, anthropologisch neu und anders war. Wir brauchen keine Expeditionen mehr zu organisieren, müssen uns nicht mehr anstrengen, nichts riskieren. Die Welt kommt zu uns: Ihre Bilder schwimmen an unseren Augen vorbei, wenn wir zu Hause vor dem Fernseher sitzen.

Proportionen. Den Proportionen kommt immer größere Bedeutung zu in einer Welt, die überfrachtet ist mit Informationen, Daten, Namen und Zahlen, in der man ständig auswählen muß. Dann stellt sich die Frage: Wie wählt man aus? Was? Und eben – in welchen Proportionen? Weil ja bekanntlich die Art, wie wir die Welt sehen, großen Einfluß darauf hat, wie wir über sie denken. Das Instrument, durch das wir die Wirklichkeit betrachten, ist immer öfter das Objektiv (des Fotoapparats, der Kamera usw.). Das hat zwei Folgen: Erstens sieht das Objektiv die Welt selektiv, es wählt aus, in seinem Auge hat nur ein Ausschnitt des Bildes Platz, wir sehen einen Teil, nicht das Ganze, wobei dieser Ausschnitt in bezug auf das Ganze ein winziger, nebensächlicher Teil sein kann. Zweitens ist das Objektiv nur ein Instrument in den Händen des Menschen, und das eröffnet der Manipulation ein weites Feld, weil wir auswählen und aussondern (und dann vergrößern), was wir zeigen wollen. Diese Sicht der Welt durch die selektive, reduzierende Linse des Objektivs bewirkt, daß das, was wir sehen, möglicherweise nicht den Proportionen entspricht, sondern einer subjektiven, willkürlichen Wertskala (nach Karl Mannheim erfaßt jeder Betrachter gesellschaftliche Erscheinungen stets selektiv und einseitig – der sogenannte Mannheimsche Perspektivismus).

In der Folge beobachten wir oft einen Verlust aller Proportionen, jedes sinnvollen Maßstabes. So zum Beispiel, wenn man die Massaker in Ruanda als »Tod Afrikas« beschreibt, obwohl die Bewohner dieses Landes weniger als ein Prozent der Bevölkerung des Kontinents ausmachen. Oder die Feststellung mancher Intellektueller (wir wollen hier keine Namen nennen, nomina sunt odiosa), daß »die Welt im Krieg versinkt«, obwohl die Gesellschaften, die Krieg führen, nicht einmal ein Prozent der Weltbevölkerung ausmachen.

Das Problem dieser Disproportionen behandelt Steven Erlander in dem Artikel »Viel Lärm um das Thema des Terrorismus« (IHT vom 2. September 1996). Erlander nennt Zahlen: In den Jahren 1994–95 kamen 16 Amerikaner durch die Hand von Terroristen ums Leben, während allein im Jahr 1993 57 Amerikaner durch Blitzschlag getötet wurden. Im Jahre 1993 sind 42 000 Amerikaner bei Verkehrsunfällen umgekommen, und 31 000 haben in Schlägereien, Raubüberfällen, Vendetten und Bandenkriegen ihr Leben verloren. Erlander schreibt von der Notwendigkeit des Feindbildes: Da die Sowjets nicht länger Feind Nummer 1 sind, mußte man an ihrer Stelle einen neuen Feind suchen, und da fiel die Wahl auf den Terrorismus. Die mächtige Kriegs- und Polizeimaschinerie der USA muß sich betätigen, schreibt der Autor.

In »Newsweek« vom 23.9.1996 sind Briefe über Christiane Amanpour abgedruckt, eine Journalistin von CNN, die das Wochenmagazin einen »Superstar der Weltmedien« nennt.

Auffallend, weil typisch für den postmodernen Relativismus, ist die Präsentation der Briefe, die darin besteht, daß jeder positiven Meinung eine negative gegenübergestellt wird. Es ist immer halbe-halbe. Die einen loben und die anderen verurteilen. Die einen sind dafür, die anderen dagegen. »Ihr habt eine außergewöhnliche Gestalt gezeigt«, begeistert sich Ryan Truscott aus Harare. »Was?« – wettert Michael Woatich aus Amsterdam. »Wenn die Amanpour auf dem Bildschirm erscheint, wechsle ich den Sender.«

Auf diese Weise wird jede positive Meinung durch eine negative aufgehoben, und die ganze Rechnung reduziert sich auf Null. Das bestärkt uns in der Ansicht, daß alles vom individuellen Blickpunkt abhängt, von unserem privaten Geschmack, unseren Vorlieben. Du kannst denken und tun, was du willst – du wirst auf jeden Fall die einen zufriedenstellen und die anderen verärgern, was in Summe bedeutet, daß alles gleich bleibt.

Zensur? Die Elektronik verhöhnt heute jede Form der Zensur! Doktor Claude Gubler war der private Arzt von François Mitterrand. Nach Mitterrands Tod publiziert Gubler ein Buch (»Le Grand Secret«), in dem er enthüllte, daß Mitterrand fast seit Beginn seiner Präsidentschaft an Krebs litt, was er jedoch verschwieg in der Sorge, die Krankheit könnte als Vorwand dienen, ihn von der Macht abzulösen. Er verbarg also seine Krankheit durch zwei Kadenzen – 14 Jahre lang. Die Familie Mitterrands war der Ansicht, Gubler habe das Andenken des Verstorbenen beleidigt. Das Gericht stimmte dem zu und ließ das Buch aus den Buchhandlungen entfernen. Das half jedoch nicht viel, denn das Werk wurde unverzüglich über Internet angeboten, und jetzt kann es jeder lesen, ohne sich um Gerichtsurteil, Verbot und Beschränkungen kümmern zu müssen (http: www.leb.fr/secret).

Die Elektronik hat über die alte, bürokratische Zensur gesiegt, jedoch nicht die natürliche Verlockung der Regierenden überwunden, das Denken der Untertanen zu lenken und nach eigenen Wünschen umzuformen. Das System der präventiven Zensur, deren wichtigstes Instrument das Verbot war, wurde daher ersetzt durch das System der Manipulation, deren wichtigstes Instrument die Selektion ist: Über die einen Dinge spricht man, über andere schweigt man, von den einen spricht man mehr, von anderen weniger usw. Nicht nur die Selektion ist wichtig. Wesentlich ist auch die Form der Präsentation.

In Diskussionen über Bedeutung und Wert des Computers wimmelt es von Ungenauigkeiten und Begriffsverwechslungen. Am häufigsten wird der Inhalt mit der Form verwechselt, das Gespräch über die Form soll das Nachdenken über den Inhalt ersetzen. Statt zu fragen »Was soll ich schreiben?« erfahren wir, »wie man etwas redigiert«. Wir erfahren, »wie umfangreich das Gedächtnis ist«, wissen aber nicht, was in ihm gespeichert werden soll. Ein klassisches Beispiel für den Triumph der Technik über die Kultur.

Ein neues, beliebtes Thema der Medien: die Operationen berühmter Menschen. Die Operation des Papstes. Die Operation Jelzins. Die Operation Havels. Einfahrten von Spitälern. Gespräche mit Chirurgen. Einstweilen sind die Kameras noch in der Eingangshalle der Klinik installiert, doch bald werden sie über dem Operationstisch hängen, und wir werden aus der Nähe beobachten können, wie die blutigen Innereien einer Berühmtheit pulsieren.

Die Technik zerstört die Kultur auf andere Weise, als man ursprünglich glaubte. Man meinte, die Technik würde die Kultur verdrängen, ihren Platz einnehmen. Doch es kam umgekehrt – die Technik räumt der Kultur zu viel Platz ein, kopiert Bilder, Töne und Worte ad infinitum. Der Empfänger der Kultur, ihr Konsument, steht vor dem Problem des Überangebots, vor der Schwierigkeit der Wahl, wird von der Fülle erdrückt, von der Masse verwirrt. Jacek Kalabiński schreibt aus Washington (»Gazeta Wyborcza«, 27.5.1996), dort würden »mehr als 40 Versionen der Präludien von Chopin verkauft, mehr als 100 Versionen der ›Vier Jahreszeiten‹ von Vivaldi, 25 verschiedene Aufnahmen der VI. Symphonie Mahlers, 15 verschiedene Aufführungen aller Symphonien von Beethoven usw.«

Technik und Kultur. Wie zum Beispiel die Erfindung des Mikrophons das Entstehen eines neuen Geschichtszweiges, der *oral history*, begünstigte. Mit Hilfe des Tonbandes kann man seither Berichte von Anfängen und Mythen vieler Gesellschaften aufzeichnen, die früher, als diese Technik noch unbekannt war, ohne Wurzeln, ohne Vergangenheit existiert hätten.

Der negative Einfluß des Fernsehens auf die Literatur besteht weniger darin, daß die Menschen aufgehört hätten, Bücher zu lesen (sie lesen ja noch!), sondern vielmehr darin, daß sie schlecht lesen, nur die Handlung verfolgen, die Intrigen, daß sie das Buch durchfliegen, durchblättern, oberflächlich darin herumspringen. Welchen Nutzen bringt ein solches Lesen? Was bleibt von ihm zurück?

Die Geschichte der Menschheit begann mit Bildern (Felsenzeichnungen in Australien, in Altamira, in Lascaux, in der Sahara) und endet mit Bildern (im Fernsehen, im Internet). Es zeigt sich also, daß die Schrift, der Druck und das Buch nur eine kurze Episode in der Kulturgeschichte darstellen.

★ ★ ★

Mai 1996

Begegnung mit Andrej Sinjawski in Moskau. Ich kannte ihn nur von der Lektüre her und von Bildern. Auf den Bildern ein mächtiger Kopf, riesiger Bart – der Eindruck eines großen, wuchtigen Russen. Und nun steht ein zarter, schmaler, gebrechlicher Greis vor mir (wenn ich die grauen Haare Sinjawskis sehe, seine langsamen Bewegungen, das nachdenkliche Gesicht, erinnere ich mich an seine Worte: »Eile nicht, warte, laß uns hören, wie die Zeit episch fließt.«). Im Jahre 1965 wurde Sinjawski von Breschnew in den Gulag geschickt. Dort schrieb der Verbannte einen Essay, der den Russen bis heute Anlaß für viel Aufregung und Streit ist: »Promenaden mit Puschkin«. Der Autor zeichnet Puschkin als platten, oberflächlichen Menschen, als Schöngeist und Damenfreund: »In den Federn zu liegen, das gefällt Puschkin am besten.« Sinjawski beendet die »Promenaden« mit dem Satz: »Manche sind der Ansicht, daß man mit Puschkin leben kann. Ich weiß nicht, ich habe das nicht versucht. Aber ganz gewiß kann man sich mit ihm amüsieren.«

Ich sage ihm, daß dieser Essay bis heute Eindruck macht. Sinjawski lächelt. Er weiß, daß er recht hat. Er hält nichts davon, Puschkin zur Ikone zu machen. Er ist nach Moskau gekommen, um Gorbatschow zu treffen. Es schmerzt ihn, daß Gorbatschow abgeschoben, vergessen wurde. »Diese Nation hat kein Gedächtnis«, klagt er. »Sie kennt kein Gefühl der Dankbarkeit. Dieses Gefühl existiert einfach nicht in unseren russischen Genen.« Und gleich beginnt er mir, als hörte ich zum ersten Mal von Gorbatschow, dessen Verdienste in folgender Reihenfolge aufzuzählen: »1 – ihm verdanke ich, daß ich hierherkommen darf, 2 – er hat Mittelosteuropa freigegeben, 3 – er hat den Kalten Krieg mit den Amerikanern beendet, 4 – er hat die Zensur abgeschafft, 5 – und Sacharow freigelassen. Ist das wenig?« fragt er verbittert und niedergeschlagen, weil es seinen Landsleuten und Mitbürgern zu wenig erscheint.

Die »Tagebücher« von André Gide. Wie die Künstler und Literaten in der ersten Hälfte des zwanzigsten Jahrhunderts zusammen lebten, Gruppen bildeten, Klubs, Schulen, Kaffeehäuser, Salons! Impressionisten, Dadaisten, Avantgardisten, Kubisten – es geht nicht nur um Stile, Moden, künstlerische Ausrichtungen, sondern auch darum, daß zwischen ihnen gesellschaftliche Bande existierten, Freundschaften, geistige Verwandtschaften. Gide traf sich mit Dutzenden der berühmtesten Literaten, sie suchten gemeinsam Restaurants auf, besuchten einander zu Hause, diskutierten, wechselten Briefe. Die Bekannten Gides: Paul Claudel, Marcel Proust, André Malraux, Gabriele d'Annunzio, Thomas Mann, Jacques Maritain und viele andere.

Diese Form der Gemeinschaft existiert heute nicht mehr. Alle leben, schaffen und werken für sich. Sie kennen einander oft nicht einmal persönlich. Sie suchen keinen Kontakt, keine Annäherung. Jeder ist eine Insel für sich, hält nur Kontakt zum Verleger, Galeriebesitzer, zur Redaktion einer Zeitschrift oder einer Fernsehstation. Daher – unter anderem – die Ratlosigkeit und Schwäche der Kunst vor vielen Herausforderungen unserer Epoche, denen sich die Künstler – zerstreut, verloren und in ihren Nischen hockend – nicht stellen können.

1921 besucht Gide Proust. Der Autor der »Suche nach der verlorenen Zeit« schreibt unter Schmerzen, niedergedrückt von der Arbeit an seinem Werk. »Ich konnte mich überzeugen, daß er tatsächlich ungeheuer leidet«, schreibt Gide über Proust. »Er sagt, daß er stundenlang den Kopf nicht bewegen kann. Und er liegt den ganzen Tag, ein paar Tage lang. Manchmal fährt er sich mit dem Handrücken über die Nase, die abgestorben zu sein scheint, mit einer Hand, deren Finger seltsam steif und weggespreizt sind; nichts macht einen stärkeren Eindruck als diese manische, unbeholfene Bewegung, die an die Bewegung eines Tieres oder eines Verrückten erinnert.«

Bei Proust in »Auf der Suche nach der verlorenen Zeit«: »Diese wirbelnden und trüben Erscheinungen dauerten nie länger als ein paar Sekunden.« Die Beschreibung dieser Erscheinungen nimmt bei Proust jedoch ein paar Seiten ein! Diese Konzentration auf das Detail, die Kleinigkeit, den flüchtigen Augenblick!

Die ungewöhnliche, vielseitige Gestalt Benjamin Franklins (1706–1790). Was für ein Vulkan an Energie, was für eine denkerische Kraft! Er unternahm in seinem Leben zahllose Dinge. Er war Drucker. Philosoph. Physiker (er erfand den Blitzableiter). Journalist. Herausgeber. Meteorologe. Politiker. Er schuf die erste öffentliche Bibliothek in Amerika und die reguläre Post. Er war einer der Mitautoren der Unabhängigkeitserklärung. Er kämpfte für die Abschaffung der Sklaverei. Einige seiner Aussprüche und Definitionen sind heute noch weltweit im Umlauf, wie zum Beispiel: »Gott hilft dem, der sich selber hilft«, oder: »Der Mensch ist ein Tier, das Werkzeuge herstellt«. Von ihm stammt der Begriff »self-made man«. Das war das grundlegende Prinzip seiner Philosophie: Der Mensch muß sich selber alles verdanken. Er muß sich auszeichnen durch »Aktivität im Leben, eine Zeitlichkeit der Aspirationen, Nüchternheit der Begriffe, Arbeitseifer, Ausdauer, Sparsamkeit, Mäßigkeit, vorsichtige Kalkulation und methodisches Vorgehen, ein Messen der Tugend an ihrem Nutzen und durch die Überzeugung, daß das Verhältnis des Menschen zum Geld symptomatisch ist für sein moralisches Niveau, und daß ein ausgeglichenes Budget ein Maßstab ist für die bürgerliche Tugend« (Henryk Katz).

Das monumentale Werk Balzacs: »Im Jahre 1845 erstellte Balzac einen Katalog der Werke, die in der ›Menschlichen Komödie‹ enthalten sein sollen; insgesamt werden dort 137 Romane und Novellen aufgeführt; von diesen hat er, soweit bekannt, nur 91 vollendet (dazu sechs Romane, die er später schrieb); die übrigen blieben im Stadium von Projekten und Skizzen« (Julian Rogoziński in seiner Einleitung zu Balzacs »Die Chouans«, 1953).

Wann fand er die Zeit, das alles zu schreiben? »Vierzehn Arbeitsstunden täglich in der Zeit der Euphorie, als er sein schöpferisches Fieber mit Hilfe von Kaffee aufrecht hielt, und mindestens neun, als der überarbeitete Organismus den Dienst zu versagen begann, durchschnittlich also zwölf Stunden täglich«, schreiben G. Lanson und P. Tuffrau in ihrer »Geschichte der französischen Literatur im Abriß«. – »Für gewöhnlich legt er sich um sechs Uhr nachmittag schlafen, nachdem er kaum das Essen hinuntergeschlungen hat. Er steht um Mitternacht auf, trinkt Kaffee und arbeitet bis Mittag.«

Stanisław Brzozowski über Henri-Frédéric Amiel (1821–1881). Amiel war Professor für Philosophie an der Universität Genf. In dieser Stadt verbrachte er fast sein ganzes Leben, weitgehend in Einsamkeit. »Mir scheint, daß ich Dutzende und sogar Hunderte von Existenzen durchlebt habe«, schrieb er später. 34 Jahre hindurch führte er sein »Journal intime«, das 17 000 Seiten zählt! »Er war ein

Heimatloser, der überall hineingeht, jedoch nirgends zu Hause ist«, schreibt Brzozowski über ihn.

Der wunderbare Karl Kraus (1874–1936). Er ist 25 Jahre alt, als er die Zeitschrift »Die Fackel« herauszugeben beginnt. Ein Vierteljahrhundert lang (1911–1936) ist er ihr einziger Autor, Redakteur und Herausgeber. Eines der wichtigsten Ziele seiner Angriffe war die Presse – er bekämpfte sie als Wurzel allen Übels, des Humbugs, der Seichtheit und Dummheit. Gleichzeitig schrieb er mehr als dreißig Bücher, einige Bände mit Gedichten und drei Bände Aphorismen. Ein Titan der Arbeit, ein ungewöhnlich fruchtbarer Geist, blitzend, scharf, angriffslustig, visionär. Sein Opus magnum sind »Die letzten Tage der Menschheit«, ein Drama mit über achthundert Seiten, das im Grunde unaufführbar ist. Eine reiche Montage von Ereignissen, die an Dutzenden Schauplätzen spielen, von Gesprächen, Reflexionen, Artikeln, Wandaufschriften, Ankündigungen, Reden auf Versammlungen usw. Dieser Typ der Literatur war in den ersten Jahrzehnten des zwanzigsten Jahrhunderts populär, also in der Zeit der Geburt der Massengesellschaft, der Massenpresse und -politik, des Rundfunks, der Kabaretts, der hitzigen Versammlungen, des Weltkrieges und der Totalitarismen.

Jan Lechoń – »Dziennik« (Tagebuch). Ein ständiges Lamentieren, dauerndes Klagen über die Unfähigkeit zu schreiben, immer nur: »Ich schreibe unter großen Schwierigkeiten«, »das Schreiben geht sehr schlecht«, »ein paar Stunden am Schreibtisch ohne jedes Ergebnis«, »langes Quälen und Zweifeln«, »völliges Versagen« – und so geht das dahin, drei dicke Bände lang, diese Beschreibung der Impotenz, des Gefühles der Unfruchtbarkeit, der Erschöpfung, des Ausgebranntseins, doch manchmal, wenn man geduldig liest, findet man auch einen wertvollen Satz, wie: »Was wir am nötigsten brauchen, ist die Illusion, daß das Leben ein Märchen ist.« Oder: »Die Welt, die Buchenwald und Katyn erlebt hat, empfindet nichts mehr.« Oder über Warschau vor dem Krieg (das einzige, das er kannte): »Eine schreckliche Provinz, abgeschnitten von aller Geschichtlichkeit, wo es nicht erlaubt war, daß etwas Wichtiges geschah.«

In diesem »Tagebuch« erinnert Lechoń daran, daß Flaubert sich die stoische Maxime »Verbirg dein Leben« zur Devise wählte. Der Autor der »Arie mit Glockenspiel« stimmt darin überein, denn »das Leben hat viele Bedeutungen, die man nicht in ein System vertraulicher Mitteilungen einschließen kann – jede Mitteilung macht ärmer.«

In seinem Essay über Goethe schreibt W. H. Auden, daß »Goethe in den letzten fünfundzwanzig Jahren seines Lebens eine internationale Touristenattraktion war. Für jeden, der eine Reise durch Europa unternahm, Mann oder Frau, alt oder jung, Deutscher, Franzose, Russe, Engländer oder Amerikaner, war ein Besuch bei Goethe ein ebenso wichtiger Punkt im Reiseplan wie die Besichtigung von Florenz oder Venedig.«

Goethe lebte in einer Kleinstadt, wie Weimar es damals war (er hat nie das nahe gelegene Berlin besucht), besaß jedoch die Weltsicht und Vision eines Europäers: »…wenn wir Deutschen nicht aus dem engen Kreise unserer eigenen Umgebung hinausblicken, so kommen wir gar zu leicht in … pedantischen Dünkel. Ich sehe mich daher gerne bei fremden Nationen um und rate jedem, es auch seinerseits zu tun. Nationalliteratur will jetzt nicht viel sagen, die Epoche der Weltliteratur ist an der Zeit, und jeder muß jetzt dazu wirken, diese Epoche zu beschleunigen.«

Roland Barthes (1915–1980), neben Claude Lévi-Strauss, Michel Foucault und Jacques Lacan der bedeutendste Humanist des modernen Frankreichs, meinte, man solle nicht die Biographie der Autoren studieren, sondern ihre Texte. So ist seine Losung zu verstehen: »Tod den Autoren!« Nichts existiert, außer dem Text, und es ist nur möglich, den Text zu begreifen, wenn das Verhältnis des Lesers zu diesem aktiv und schöpferisch ist.

Nach Barthes besteht die grundlegende Technik des Diskurses in der Fragmentierung, oder der Digression, oder dem Ausfall. Das Fragment nimmt einen vermittelnden Platz ein zwischen der Mitteilung (Anekdote) und dem Aphorismus. Das Fragment ist eine dritte Form. Seine Struktur entsteht durch Zusammennähen (eine Metapher Prousts: Das Werk wird gefertigt wie ein Kleid). Das Fragment ist die »radikale Diskontinuität«, eine Form der Aussage, die eine »Art des Notierens« darstellt, eine Folge der Öffnung und des Interesses für die alltägliche Wirklichkeit, für die Menschen und alles, was man im Leben finden kann. Fragmente zu schreiben bedeutet, einen essayistischen Raum zu schaffen, der kein Zentrum besitzt. Das ist auch das letzte, 1987 posthum erschienene Buch Barthes', »Incidents«, »eine Sache, die nur dem unbegreiflichen Recht der Wahrnehmung und Kontemplation gehorcht«, ein Werk, das sich zusammensetzt aus Berichten über Ereignisse, Minitexten, Faltungen, Haikus, Notizen, Blättern. (Paweł Markowski, »Zweite Texte«, 2, 1990)

Leopold Buczkowski: »Die Geschichte sehen wir in Schimmern. Ob das ein Major ist, eine Landschaft nach der Schlacht, oder das Leben der Geliebten, oder ein Bataillon in einem Kartoffelacker – alles in einem Aufblitzen: Ein Baum, Mulden, Bohnen auf der Schwelle, ja sogar Strümpfe, die Bewegung momentaner Leidenschaft – alles registrieren wir in einem momentanen Aufblitzen. Es ist unmöglich, den ganzen Anblick zu erfassen.« (»Erster Glanz«)

Leopold Buczkowski: »Schönheit in der Zeit«. Über zweihundert Seiten eines fortlaufenden Dialogs. Die Themen wechseln ständig. Neue Fragen ergeben sich aus Worten oder Dingen, die im vorigen Satz anklangen. Held des Buches ist die Sprache. Die gewöhnliche, alltägliche Sprache, zum Beispiel ein Wortwechsel bei Tisch, beim Essen: Banalitäten, nichtssagende Bemerkungen, gewöhnliche, triviale Wendungen. Manchmal sind das Sätze, die naiven, lächerlichen Sprachbüchern für Touristen oder Kinderbüchern entnommen zu sein scheinen. Buczkowski berauscht sich an der Sprache, am Wortschatz, an der Melodie: Die Sprache ist für ihn die volle, sich selber genügende Wirklichkeit; wenn wir die Sprache kennen, genügt das, um die Welt und die Kunst zu erleben.

Schreiben ist ein Dialog, eine Polemik, darüber hinaus ist es die einzige Art, wie man sich über Jahrhunderte, Jahrtausende hinweg verständigen kann.

Ein halbes Jahrhundert mußte der »Mann ohne Eigenschaften« von Robert Musil auf seine englischsprachige Ausgabe warten (Knopf, 1995). Über diese ungeheure Verzögerung (immerhin handelt es sich um einen der größten europäischen Romane des zwanzigsten Jahrhunderts) schreibt der amerikanische Autor William H. Gass in der

»New York Review of Books« (11.1.1996): »Solche Vernachlässigungen sind bei uns Gewohnheit, man muß hier nur daran erinnern, daß auch das Werk von Hermann Broch oder Karl Kraus bei uns noch nicht vorliegt.«

Die typische Arroganz der Herausgebermärkte großer Sprachen, die dazu führt, daß es nichtangelsächsischen Autoren oder, im Falle des französischen Marktes, nicht frankophonen Autoren schwerfällt, in die Buchhandlungen von London, New York oder Paris zu gelangen.

Die romantische Konzeption der Literatur bestimmt nach wie vor die Wertskala des Schreibens in Polen. Danach ist die Literatur ein Produkt der Eingebung, der Offenbarung, der Erleuchtung, des göttlichen Funkens. Man muß berufen sein. Alle anderen sind Tagelöhner, Handwerker, Lohnschreiber. Daher wurde die Biographie in unserer literarischen Tradition stets minder geachtet, weil das Schreiben einer Biographie mühevolle Arbeit, systematischen Fleiß, Exzerpieren in Archiven, emsiges Befragen verlangt. Es ist nicht wichtig, daß diese Gattung in der Weltliteratur eine große Tradition besitzt (Plutarch, Sueton in der Antike, Emil Ludwig, André Maurois, Sartre über Genet, Vargas Llosa über García Márquez usw.). Die Biographie blüht vor allem in der angelsächsischen Literatur, in der nicht nur über Verstorbene Biographien geschrieben werden, sondern auch über Lebende, und wo Werke, wie etwa »Virginia Woolf« von James King oder »Oscar Wilde« von Richard Ellmann längst zu den Klassikern dieser Gattung zählen.

Die traditionelle akademische Literaturgeschichte führt von Roman zu Roman, von Gedicht zu Gedicht. Es fehlt jedoch eine Literaturgeschichte, die von Tagebuch zu

Tagebuch führte und jene Art des Schreibens umfaßte, die so viele Autoren pflegten, unter ihnen Amiel, Gide, die Brüder Goncourt, Julien Green, Camus usw.

Die Schwäche der Diskussion über die literarischen Gattungen. Daß man diese statisch betrachtet, als unveränderliche Form. Dabei machen die Gattungen eine Entwicklung durch, verändern sich.

Im allgemeinen herrscht die Überzeugung, Schreiben sei leicht. Talent besteht in den Augen vieler Menschen in einer »Leichtigkeit der Feder«. Wenn man sagt, Schreiben koste große Mühe und viel Zeit, nehmen die Menschen das mißtrauisch auf, als Flunkerei, Ausrede oder als Witz.

Der Anteil der physischen Anstrengung an jeder schöpferischen Arbeit, die für gewöhnlich ausschließlich als Werk des Geistes, der Eingebung, des göttlichen Funkens betrachtet wird, ist groß. Wie oft muß ein Bildhauer mit dem Hammer gegen den Stein schlagen, wie viele Seiten muß ein Schriftsteller füllen! Diese Menschen sind nach vollendeter Arbeit müde, körperlich erschöpft. Ich war einmal mit dem Schauspieler Tadeusz Łomnicki in seiner Garderobe verabredet. Er kam direkt von der Bühne, nach einer Aufführung des »Letzten Bandes« von Beckett, in dem er die Rolle Krapps spielte. Łomnicki setzte sich, stützte die Hände auf die Knie, atmete schwer und konnte kaum sprechen. Er war völlig verschwitzt.

Bolesław Prus in einem Brief an Oktawia Rodkiewiczowa vom 19.12.1890: »... verzeihen Sie, bitte, mein Schweigen, es mag genügen, wenn ich sage, daß ein Autor, der einen Roman beginnt, in eine Geburtsklinik gebracht werden müßte ... ich bin, wenn ich schreibe, ein ›tollwütiger Hund‹. Ich bin wild, schroff, ungesellig, impertinent, mit einem Wort – eine Seekrankheit.«

William Blake: »Ohne ständige Praxis kann man nichts tun. Praxis ist die ganze Kunst. Wenn du aufhörst, bist zu verloren.«

Ich erinnere mich, daß Ernst Jünger einmal schrieb, nicht jeder Tag bringe Beute, doch jeder solle ein Tag der Jagd sein.

Schreiben gleicht der Arbeit des Archäologen. Der Archäologe gräbt an einer Stelle, wo er erwartet, daß da etwas ist, er etwas finden kann. Seine Ausbeute: Gefäßscherben, Teile von Geräten, Stücke von Kleidern und Möbeln, Reste von Bauwerken, sogar Spuren von Straßen und Städten. Archäologische Sucharbeiten haben immer ein Element des Unerwarteten und Überraschenden an sich, des Geheimnisses und der Hoffnung. Doch wieviel Erde wird auf dem Weg dorthin umgewühlt, wieviel gegraben, geklopft, gebohrt, wieviel Mühe und Schweiß ist dafür nötig. Ähnlich ist es beim Schreiben. Jede weiße Seite ist eine Reise ins Ungewisse. Eine Suche, die nur manchmal mit einer Entdeckung, einem Fund, einer Ausbeute endet.

Die schöpferische Energie, die Energie der Gedanken und der Phantasie verflüchtigt sich durch Ritzen: Hier ärgert uns ein schroffer Beamter, da hat uns ein Autofahrer brutal den Weg abgeschnitten. Und schon regen wir uns auf, empören uns. Statt unsere Aufmerksamkeit auf wichtige Dinge zu lenken, vergeuden wir unsere Kräfte für nebensächliche Kleinigkeiten, Dummheiten, Belanglosigkeiten. Aus der einfachen Ökonomie der Kräfte ergibt sich der Schluß, daß wir am besten daran tun, unsere Nase nicht aus dem Arbeitszimmer zu stecken, nicht aus der Klosterzelle zu treten, die Wüste nicht zu verlassen.

Joan Mellon von der Temple University in Philadelphia lud mich zu einer der Vorlesungen ein, die sie für junge Adepten der Schreibkunst abhält. Die Themen sind scheinbar einfach, in der Praxis erweisen sie sich jedoch als ungeheuer schwierig: Beschreibe dein Zimmer. Deine Straße. Einen Wald. Einen Fluß. Die Ufer dieses Flusses. Den Blick, die Aufmerksamkeit, die Wahrnehmungsfähigkeit schärfen. Die Hand üben.

Ralph W. Emerson: »Es ist der gute Leser, der gute Bücher macht.«

Die Krise der Literatur ist auch eine Folge der Krise des Lesens, der Art, wie die Menschen lesen. Der Leser ist heute eher ein passiver, oberflächlicher Konsument als ein aufmerksamer, konzentrierter Teilhaber am literarischen Schaffen. Es werden alarmierende Statistiken genannt, daß viele Menschen überhaupt keine Bücher kaufen, nichts lesen. Doch ebenso beunruhigend ist die Tatsache, daß diejenigen, die etwas lesen, schlecht lesen – eilig, unaufmerksam, oberflächlich. Selbst wenn sie ein Buch zu Ende lesen, dann oft nur zum Schein, oft bleibt ihnen kaum etwas im Gedächtnis haften. So gleiten zwei grundverschiedene Rhythmen aneinander vorüber, die einander nie begegnen: der Rhythmus des Schreibens – langsam, konzentriert, reflexiv – und der Rhythmus des Lesens – der über die Oberfläche der Buchstaben und Sätze fliegt (eine

Absurdität unserer Zeit sind die sogenannten Schulen, in denen schnelles Lesen gelehrt wird. Am besten wäre es, dort nach Texten von Husserl oder Heidegger zu unterrichten). Ich erinnere mich an ein Interview, das zur Zeit der Perestroika im Moskauer Fernsehen mit einem Menschen geführt wurde, der erklärte, er habe sämtliche Werke Lenins an einem einzigen Tag gelesen (über 50 Bände). »Wie haben Sie das gemacht?« fragte ihn der Reporter. »Ganz einfach«, antwortete der Mann. »Wenn Lenin schrieb, unterstrich er die wichtigsten Gedanken. Ich habe also nur die unterstrichenen Stellen gelesen, der Rest ist nicht weiter wichtig.«

Der Akt des Bücherkaufens ist oft verbunden mit der naiven, unbewußten Illusion, ein Buch zu kaufen und zu besitzen bedeute bereits, dieses auch gelesen zu haben. Allein durch die Tatsache, daß es zu Hause liegt, auf dem Tisch, im Regal, könnten das Buch, sein Inhalt, sein Geist und seine Weisheit irgendwie osmotisch in uns eindringen.

In einem gleichen die Buchhandlungen immer mehr Bäckereien: Sie wollen nur frische Ware verkaufen.

Nach der Bekanntgabe des Nobelpreises ein Run auf die Gedichte von Wisława Szymborska. Noch einen Tag vorher konnte man die Bändchen in verschiedenen Buchhandlungen bekommen. Am Morgen nach der Bekanntgabe des Urteils sind ihre Bücher innerhalb weniger Stunden aus den Regalen verschwunden.

Ein Beispiel, wie sehr wir manipuliert werden, wie uns die Reklame, indem sie die entsprechende Stelle in unserem Herzen oder Hirn berührt (drückt, weckt), in eine beliebige, von ihr gewünschte Richtung drängt.

Eine der Schwierigkeiten bei der Rezeption von Lyrik, ihrem Verstehen und Erleben resultiert aus der Konfrontation zweier verschiedener Rhythmen: dem Rhythmus des Gedichteschreibens und dann der Lektüre. Gedichte schreibt man im allgemeinen wenige. Sie entstehen langsam. Der Dichter quält sich oft jahrelang, bis ein Gedichtband entsteht (Philip Larkin veröffentlichte alle zehn Jahre einen Gedichtband). Der Leser hingegen nimmt diesen Band zur Hand und will ihn auf einmal lesen, Gedicht für Gedicht, oft in einem Atemzug. Rasch tritt »Übersättigung« ein, die Aufmerksamkeit ermüdet, die Einfühlsamkeit erlahmt. Nur das Bewußtsein, daß diese beiden Rhythmen nicht aufeinander abzustimmen sind, kann uns abhalten, Dinge, die langsam und andächtig genossen werden sollen, allzu rasch zu verschlingen.

Die Kunst ist aristokratisch. Es kann eine Massenkultur geben, doch nie Massenkunst. Die Kunst ist die Aristokratie der Kultur.

Januar 1996

Die Nachricht vom Tode Josif Brodskys. Ich lernte ihn 1988 kennen, in den Vereinigten Staaten, in Amherst. Ich hatte dort einen Autorenabend, den Brodsky in Begleitung von Piotr Sommer besuchte. Er hatte kurz zuvor den Nobelpreis erhalten. »Kak polutschil etu schtutschku« (»Wie bin ich nur zu diesem Ding gekommen«), sagte er über den Preis. Wir unterhielten uns über Rußland. Seine Zukunft sah er in schwarzen Farben: »Der rote Stern wird verschwinden, das ist gewiß, und seinen Platz nehmen religiöse Fundamentalismen ein – das Kreuz und der Halbmond.« Ich begegnete ihm dann noch einmal bei einem

Abendessen des amerikanischen PEN-Clubs in New York, und dann in irgendeinem schrecklich überfüllten Saal, wo er zusammen mit Miłosz, Adonis und Walcott auftrat.

In seiner Kleidung, seinem Verhalten war er ganz gewöhnlich, einfach, ja nachlässig, worin er seinem Vorbild und literarischen Idol Wystan Hugh Auden glich. Er rauchte viel, schonte sich überhaupt nicht, obwohl er schwer herzkrank war. Er war der Meinung, er lebe, um zu schaffen, und das Rauchen half ihm dabei. Dieser wunderbare Mensch strahlte stets Natürlichkeit und Freundlichkeit aus, und ich bin sicher, daß die Erinnerungen an ihn voll warmer und guter Worte sein werden.

Die Menschen, die Norwid kannten, erinnerten daran, daß er stets abseits stand, ein verschlossener Einzelgänger. Das bestätigt er selber in einem seiner Briefe: »Daher kommt es, daß ich in keine Organisation literarischer Vereinigungen RENNE, weil das immer damit endet, daß man *wichtigere Arbeiten für Ephemeren* aufgibt.«

Paul Valéry fragte einmal Einstein, ob er ein Notizbuch benütze oder Zettel, um seine Gedanken festzuhalten. »Ich brauche nichts«, antwortete Einstein. »Wissen Sie, ein wichtiger Gedanke ist sehr selten.« (A. Vallentin, »Das Drama Albert Einsteins«)

Mit der Literatur ist geschehen, was vorher schon mit der Malerei geschah: Es kam zu einer Anhäufung von Korrektheit. Von allem gibt es immer mehr, dieses Mehr ist jedoch ein Auswuchs gewöhnlicher Korrektheit. Die Korrektheit ist eine Kategorie, die uns große Probleme bereitet, wenn es darum geht, auszuwählen, zu bewerten. Wir stehen immer wieder vor Produkten, von denen wir am liebsten sagen würden: »Ja, das kann eigentlich durchgehen«, »Na ja, das ist sogar ganz gut«, »Ja, das ist auf seine Weise sogar interessant« usw. Es handelt sich hier um jene Masse von Werken, die uns völlig gleichgültig lassen, auf deren Banalität, Leere, Pose oder Absonderlichkeit wir mit Achselzucken reagieren.

Massenkultur, das ist nicht nur der Massenkonsument, sondern auch der Massenschöpfer oder -hersteller. Dieser will um jeden Preis durch schreiende und grelle Farben, Töne und Worte Aufmerksamkeit erregen.

Heterogenität im Schreiben (Malen, Komponieren) kann auch mangelnde Selbstsicherheit bedeuten. Der Fluß trifft plötzlich auf ein Hindernis, sein gleichmäßiger, breiter, dynamischer Strom findet nicht mehr Platz in seinem Bett und beginnt sich zu verästeln, neue Abläufe zu suchen, fließt auseinander, bildet Nebenarme, Kanäle, Bäche, Mäander, Labyrinthe, Rinnen, Buchten.

So ist es auch mit dem Schreiben. Heterogenität bedeutet in diesem Fall Zögern, Umherwirbeln und – Weitersuchen.

Robert Musil: »Das Ich wird in diesem Buch weder den Autor bezeichnen noch eine von diesem erdachte Gestalt, sondern eine wechselnde Mischung der beiden« (»Tagebuch«, 1921).

In nichts haben das menschliche Denken, die menschliche Phantasie so viel Einfallsreichtum bewiesen wie bei der Erfindung der Sprachen. Tausende von Sprachen und Grammatiken, Millionen von Wörtern. Sprachen, die geboren wurden und verschwanden, geboren werden und verschwinden.

Und auch die toten Sprachen. Sprachen, die wir nicht verstehen, die zwar niedergeschrieben wurden, deren Schrift wir jedoch nicht mehr entziffern können.

Wir sind selber beteiligt am Entstehen der Sprache (eine Theorie besagt, daß Kinder die Sprache erfinden. Als Beispiel mag der Hinterhof- und Schuljargon dienen).

16. 6. 1996

Als ich über die Malerei von Mariusz Kałdowski schreiben wollte, stieß ich auf Schwierigkeiten – sprachliche Schwierigkeiten, es mangelte mir an Worten, Bezeichnungen, Begriffen. Jedes Gebiet besitzt sein eigenes Vokabular, und man kann nicht ungestraft, ohne Gefahr für die eigene Aussage, von einem Gebiet zum anderen springen. Man kann nicht am selben Tag über: 1 – die Malerei, 2 – die Molekularbiologie, 3 – die Dichtung und 4 – die Ethnomethodologie schreiben, weil es unmöglich ist, von einer Stunde zur nächsten die Sprache zu wechseln.

Man sagt, ein Polyglotte sei jemand, der mehrere Sprachen beherrscht. Es zeigt sich, daß man heute ein Polyglotte auf dem Gebiet der eigenen Sprache, der Muttersprache, sein muß.

Direkt neben dir lassen deine Feinde ihren Haß sprießen, wachsen, Blüten treiben. Oft weißt du überhaupt nichts von ihnen, weißt nicht einmal, daß sie existieren, bis sie (meist völlig unerwartet) ihre vergifteten Pfeile gegen dich abschießen. Auf diesen Umstand wies Zofia Nałkowska hin, nachdem Stefan Kołaczkowski in der Zeitschrift »Marcholt« eine Rezension ihres Buches »Grenzen« veröffentlicht hatte: »Diese ist wie ein Schlag mit dem Knüppel über den Kopf, in einer dunklen Ecke, an einer

Wegbiegung, wenn man auf nichts gefaßt ist – genauso verbissen, erbarmungslos feindselig, zerstörerisch«, notiert Nałkowska in ihrem Tagebuch. »Eine Sache, die in einer halben Stunde hingeschrieben, hingeworfen wird, ohne Motiv und ohne Beweise – doch welche Selbstsicherheit der Worte und der Überzeugung, selber einer besseren, überlegeneren Gattung anzugehören. Was für ein Haß!«

Es ist das Unglück berühmter Menschen, daß sie kleine Geister zum Angriff reizen. Diese rechnen damit, durch ihre Attacke gegen einen berühmten Menschen selber ein Stückchen Ruhm abzubekommen.

James Wood in »The New Republic« (12. 7. 1996):

»Die Literatur, die etwas entdecken möchte, ist schöner als jene, die alles kennt.« Der Schriftsteller sollte den Eindruck vermitteln, daß er

– eher weniger weiß als mehr,

– daß er andeutet und nicht etwas behauptet,

– daß er vor etwas Unaussprechlichem steht, nicht aber, daß er etwas ex cathedra verkündet.

Es gibt eine elegante, kunstvolle Prosa: Proust, Woolf, Mann. Es gibt schwierige, philosophische Prosa, durch die man sich mühevoll, konzentriert arbeiten muß: Broch, Musil. Und schließlich gibt es noch die Prosa als Schlachtfeld. Hier sind noch die Spuren der Anstrengungen, Konfrontationen, blutigen Schweißes zu erkennen. In dieser Prosa gibt es Knorren und Risse, Unebenheiten, Buckel und Krümmungen: Das sind Lowry, Weil, Peter Weiss, Rosanow.

Selbst die beste Prosa muß banale Fragmente enthalten. Sie sind unentbehrlich, damit sich die Aufmerksamkeit, die durch ständige Anspannung rasch ermüden und abstumpfen würde, wieder erholen kann. Man braucht sie, um Atem zu schöpfen, einen Moment zu rasten und zu verschnaufen, ehe man den Anstieg zum hohen Gipfel in Angriff nimmt. Als Beispiel mag Dostojewski gelten, in dessen Büchern man neben genialen Seiten auch eindeutige Banalitäten finden kann.

Im Jahre 1975 notierte Julien Green in seinem »Tagebuch«: »Wenn ich mich an alles erinnern könnte, was ich je gelesen habe, würde ich den Verstand verlieren. Das Gedächtnis unterzieht sich selber heilsamen Operationen und wirft Tausende von Bänden aus dem Fenster. Ich war der Meinung, ich hätte ›Sesam und Lilien‹ von Ruskin nie gelesen. Gestern blätterte ich in dem Band und fand darin Anmerkungen von meiner Hand aus dem Jahre 1930.«

Viele bisherige Zivilisationen verehrten »Die Schrift« als Kultobjekt: die Veden, die Bibel, den Koran, Popol Vuh. Was wird unsere Zivilisation zum Kultobjekt erheben?

Im Jahre 1988 leitete ich eine literarische Werkstatt an der Temple University in Philadelphia. An meinem Seminar nahmen 15 junge amerikanische Dichter, Romanschriftsteller, Reporter und Dramatiker teil. Wir diskutierten darüber, wie man schreiben soll, unterhielten uns über den Stil, die Komposition und die Sprache. An den Nachmittagen hatte ich frei und ging oft in die Bibliothek. An der Tür eines Raumes hing ein Schild mit der Aufschrift: Poetry Room. Drinnen standen Gedichtbände auf Regalen, auf einem Tisch lagen Stöße von Lyrikzeitschriften. Ich begann die Regale durchzustöbern. Anfangs schaute ich die Bücher und Zeitschriften aus reiner Neugierde durch, doch dann immer systematischer. Denn da war etwas, was bald meine Aufmerksamkeit erregte: Es gab Dutzende, ja Hunderte von Dichtern, deren Namen mir zum ersten Mal begegneten, obwohl ich immer geglaubt hatte, die amerikanische Lyrik ganz gut zu kennen. Diese Namen tauchten in vor Jahren herausgegebenen Bänden auf, dann riß ihr dichterisches Leben mit einem Mal ab und verlöschte. Die Dichter verschwanden, es erschienen keine neuen Gedichte mehr von ihnen. In späteren Bänden tauchten wieder andere Namen auf, die mir übrigens genauso unbekannt waren.

Ich bekam eine Ahnung, wie die Verbreitung der Lyrik in diesem Land funktioniert. Die Lyriker einer Universität schicken Lyrikern an anderen Universitäten ihre Gedichte, und die senden ihnen ihre und so geht das weiter. Es handelt sich um Gedichtbändchen, Lyrikzeitschriften oder auch nur um Manuskripte und Computerausdrucke. Diese Gedichte landen dann, gelesen oder ungelesen, in den Poetry Rooms, die man an vielen Universitäten findet.

Doch es war nicht dieser geschlossene Kreislauf der Lyrik, der mich am meisten interessierte. Etwas anderes erregte meine Aufmerksamkeit, und zwar die Flüchtigkeit, Sprödheit, Unbeständigkeit des dichterischen Schicksals. Eine ganze Litanei von Namen, denen wir zum ersten Mal begegnen und die oft schon sehr bald für immer verschwinden. Dann tauchen die nächsten auf und wieder die nächsten. Doch was ist mit denen vor fünf Jahren geschehen? Vor zwei Jahren? Vor einem Jahr? Warum schreiben die nicht mehr? Und womit beschäftigen sie sich heute? Wo arbeiten sie? Interessieren sie sich überhaupt noch für Lyrik? Denken sie noch manchmal daran, daß sie einst Gedichte gedruckt, Lyrikbände publiziert haben? Oder war die Lyrik nur eine Episode in ihrem Leben, die spurlos vorüberging, die sie vergessen haben? Denn nur wenige Namen überdauern die Jahre, kehren wieder, existierten weiter: Ashbery, Creeley, Ginsberg.

Ähnlich, wenn auch etwas stabiler, war die Situation der Prosaautoren. Doch auch hier war vieles im Fluß, auch hier war das Schreiben, mit einigen Ausnahmen, nicht so sehr Lebensinhalt als Abenteuer oder sogar Spiel und Luxus. Die Literatur war für sie keine Berufung, keine Karriere, mit der sie ihre Zukunft, ihr ganzes Leben verknüpften, der sie sich ganz und für immer hingaben.

Diese Flüchtigkeit und Wechselhaftigkeit des literarischen Milieus, sein unbeständiger, ja zufälliger Charakter fielen mir vielleicht so auf, weil ich in Philadelphia im Haus der Biologieassistenten der Universität wohnte. Mit der Zeit lernte ich viele von ihnen kennen, wurde von ihnen eingeladen. Im Vergleich mit meinen Kollegen der Feder waren sie ganz anders! Ihre Karrieren folgten einem in kräftigen Strichen vorgezeichneten Weg, dessen Oberfläche hart war, aus solidem, dauerhaftem Material.

Sie waren vom Anfang bis zum Ende Biologen, nur und ausschließlich, um jeden Preis und bis ans Ende ihres Lebens. Sie wußten von vornherein, was sie heute machen würden, in zwanzig Jahren, in vierzig Jahren. Ihre Wahl und Berufung waren geprägt von Entschlossenheit und Selbstvertrauen, Sicherheit und Stolz. Vom Geist eines mutigen und großen Abenteuers. Von Leidenschaft. Von emsigem, verbissenem Arbeitseifer.

Hier hatte ich zwei grundverschiedene Gruppen von Menschen vor mir. Die einen zeichneten Unsicherheit, ja Schüchternheit und mangelndes Vertrauen aus, daß das, was sie tun, wirklich eine Wahl fürs ganze Leben ist, die anderen hingegen starker Wille und Optimismus. Und diese Haltungen schlagen sich wohl auch im Endergebnis nieder: in der Literatur und in der Wissenschaft.

Ich denke an Philadelphia, während ich »Die dritte Kultur«, ein Buch des amerikanischen Physikers John Brockman, lese. Brockman sagt darin das Ende der traditionellen Literatur (oder schönen Literatur) voraus. Sie habe nichts mehr beizutragen, habe nichts mehr in sich, sei – wie ein anderer Amerikaner, John Barth, sagt – erschöpft. »An ihrer Stelle entdeckte ich das Phänomen einer ganz neuen Art der Literatur«, schreibt Brockman. »Ich begegnete einer Gruppe faszinierender Persönlichkeiten und großer Wissenschaftler, viele von ihnen Autoren von Bestsellern, die in keine der bekannten Literaturgattungen passen. Ihre Bücher waren weder Romane noch populärwissenschaftliche Werke, Tagebücher oder Biographien – es war lebendige Wissenschaft.

Es entsteht eine dritte Kultur.

Diese dritte Kultur, das sind die Gelehrten, Denker und Erforscher der empirischen Welt, die mit ihren Arbeiten und Schriften die Rolle der traditionellen Elite der Intellektuellen bei der Suche nach Antworten auf die Fragen übernehmen, die immer schon die Menschheit bewegten: Was ist das Leben, wer sind wir und wohin gehen wir?«

* * *

Warschau, 29. 10. 1996

Ein grauer Tag. Regnerisch. In dieser Nässe erscheint alles verwaschen, aufgelöst, flach, man sieht keinen Hintergrund, die Landschaft ist ohne Tiefe. Plötzlich springt ein Hund aus dem Gebüsch, rennt eine Weile herum und verschwindet im Nebel. Ein Vogelkonzert im hohen Ahorn: Sie üben vor dem Abflug in wärmere Länder ihre Stimmen. Die Wände der Häuser voller Wasserflecken, feucht und schuppig wie Fische. Die Straße leer, voller Löcher, schief wie eine Dekoration in einem verlassenen Theater. Der Mann im Fernsehen sagt eine Kältewelle voraus und hüllt sich in einen karierten Schal.

Ein Paradoxon der literarischen Reportage: Obwohl man die Reportage mit der Presse assoziiert, wird sie nur selten von Journalisten geschrieben. Es handelt sich um eine äußerst zeitraubende Gattung, und Journalisten, die in Redaktionen arbeiten, haben wenig Zeit. In der von Egon Erwin Kisch herausgegebenen Anthologie »Klassischer Journalismus« gibt es Kapitel wie *Leitartikel, Lokalchronik, Feuilleton,* doch kein Kapitel über die *Reportage.* Im übrigen führt diese Anthologie ein paar Dutzend Namen, darunter Autoren wie Martin Luther, Jonathan Swift, Victor Hugo oder Heinrich Heine, jedoch kaum Journalisten. In einer anderen umfangreichen Reportage-Anthologie, »The Faber Book of Reportage«, findet man Tacitus, Marco Polo, Chateaubriand, Dickens, Flaubert und Dutzende anderer Autoren, Wissenschaftler und Reisender, aber auch hier nur wenige Journalisten.

Insgesamt gibt es mehr Reportagen als Reporter, weil die Mehrheit der Reportagen, die in der Welt geschrieben werden, nicht von Reportern stammen, sondern von Prosaautoren, Dichtern, Wissenschaftlern, Militärs. Vor allem jedoch von Schriftstellern. In Polen wären etwa Autoren, wie Henryk Sienkiewicz, Władysław Reymont, Władysław Umiński, Maria Kuncewiczowa, Ksawery Pruszyński, Zofia Nałkowska, Witold Gombrowicz u. a. zu nennen, eigentlich gibt es nur wenige, die keine Reportagen schrieben.

Über Stellung und Platz der Reportage in der Literatur schrieb 1987 der Professor für englische Literatur in Oxford, John Carey, in seinem »Faber Book of Reportage«:

»Die Frage, ob die Reportage ›Literatur‹ ist, scheint weder interessant noch wirklich von Bedeutung. Die ›Literatur‹, wie wir sie heute begreifen, ist keine objektiv feststehende Kategorie, der von ihrem Wesen her bestimmte Werke zugeordnet werden könnten. Sie ist eher ein Begriff – gebraucht von meinungsbildenden Institutionen und Gruppen, die großen Einfluß auf die Kultur ausüben –, der darauf abzielt, jene Texte hervorzuheben, denen sie aus diesem oder jenem Grund mehr Wert verleihen wollen. Wir sollten daher nicht fragen, ob die Reportage Literatur ist, sondern warum Intellektuelle und literarische Institutionen ihr so verbissen diesen Status absprechen wollen.

Die ablehnende Haltung gegenüber den Massen, die als Konsumenten der Reportage gelten, trägt natürlich dazu bei, dieses Vorurteil zu verstärken. Die Terminologie, mit der das zum Ausdruck gebracht wird, enthält oft eine versteckte soziale Bedeutung. Die ›Hochkultur‹ wird unterschieden von der ›Trivialität‹, die angeblich die Reportage auszeichnet. In der Diskreditierung der Reportage spiegelt sich der Wunsch wider, eher das Irreale zu fördern als das Reale. Man ist der Ansicht, fiktive Werke stünden von vornherein höher als andere und zeichneten sich darüber hinaus durch geistige Elemente aus, die dem ›Journalismus‹ fehlten. Der schöpferische Künstler beschäftige sich mit höheren Wahrheiten als den realen, und das verleihe ihm bevorzugt Einsicht in die menschliche Seele.

Diese Überzeugungen sind offensichtlich Relikte eines magischen Denkens. Die Flucht in Vorstellungen von Höhenflügen, wie man sie bei Vertretern dieses Denkens findet, aber auch die Betonung der Reinheit, der Ekel vor irdischer Verunreinigung, Schmutz und der Glaube an die Inspiration, das alles gehört zu den traditionellen Mythen von Priestertum und geheimnisvollen Kulten. Menschen mit solchen Ansichten von der Literatur tendieren auch dazu, jeden Versuch zu verwerfen, eine Verbindung zwischen den Werken und dem Leben ihrer Schöpfer herzustellen, wie manche Kritiker das tun. Sie sind vielmehr überzeugt, eine biographische Sichtweise bedeute eine Herabsetzung der Literatur, weil sie diese mit der gewöhnlichen Wirklichkeit in Verbindung bringe: Man müsse die Texte von ihren Autoren trennen und sie rein und abgehoben oder – bestenfalls – gemeinsam mit anderen, ebenso reinen und abgehobenen Texten, auf sich wirken lassen.

Die Vorurteile, die hinter solchen Dogmen stecken, mögen ebenso interessant sein wie die Relikte primitiver Kulturen, es wäre jedoch schlimm, wollte man ihnen in der Diskussion das Gewicht ernsthafter Argumente beimessen. Die Überlegenheit der Reportage gegenüber der fiktiven Literatur ist deutlich. Damit die fiktive Literatur ihre Wirkung entfalten kann, muß der Leser freiwillig und von vornherein an das glauben, wovon sie spricht. Das setzt Elemente des Spielerischen, der Übereinkunft oder des Selbstbetrugs voraus. Im Gegensatz dazu beschreibt die Reportage, was wirklich ist, was die Literatur nur mittels Fiktion zeigen kann.

Es wäre selbstverständlich unklug, wollte man aus diesem Grund die Rolle der fiktiven Literatur herabsetzen. Die Tatsache, daß sie nicht real ist, daß ihre Trauer, Liebe und ihr Tod nur scheinbar sind, ist ja der einzige Grund dafür, daß wir uns zu ihr hingezogen fühlen. Sie ist ein Traum, den wir jeden Moment unterbrechen können, weshalb sie uns im ständigen Zwang des realen Lebens die wertvolle Illusion der Freiheit schenkt. Sie läßt uns die Wonnen der Leidenschaft, aber auch andere Gefühle (Zorn, Angst, Mitleid usw.) auskosten, die im normalen Leben nur in mit Schmerz oder Sorgen verbundenen Situationen auftreten. Auf diese Weise befreit sie uns und erweitert den Horizont unserer Gefühle. Es ist anzunehmen, daß die Mehrheit der Leser viele Reportagen als Fiktion betrachtet. Die in den Reportagen dargestellten Schicksalsschläge und Katastrophen werden von ihnen nicht als wirklich erkannt, sondern als Teil einer irrealen Welt, weit entfernt von ihren eigenen Sorgen und der bedrückenden Wirklichkeit. Daher konnte die Reportage im Leben vieler Menschen den Platz der fiktiven Literatur einnehmen. Sie lesen lieber Zeitungen als Bücher, und diese Zeitungen können ebensogut mit Fiktion gefüllt sein wie die Romane von Frayn.

So angenehm das auch wäre, würde es doch eine Flucht vor der Wirklichkeit bedeuten, ähnlich wie die fiktive Literatur, während es das Ziel jeder guten Reportage ist, diese Flucht zu verhindern. Die Reportage verbannt uns aus dem Land der Fiktion in die bitteren Gefilde der Wahrheit. Alle großen realistischen Autoren des neunzehnten Jahrhunderts – Balzac, Dickens, Tolstoj, Zola – näherten sich der Technik der Reportage an, indem sie in ihre Romane Berichte von Augenzeugen und aus Zeitungen einfügten, um ihnen ein größeres Maß von Realismus zu verleihen. Doch das angestrebte Ziel erreichten sie nie. Bestenfalls gelang ihnen eine Imitation der Reportage, der jedoch das wichtigste Element fehlte: das Wissen des Lesers, daß das alles wirklich passiert ist.

Wenn wir (um das drastischste Beispiel zu nennen) die Berichte von Zeugen lesen, die den Holocaust überlebten, können wir uns nicht damit trösten (wie wir das bei Leidensberichten in realistischen Romanen tun), dies sei alles bloß Fiktion. Die berichteten Tatsachen verlangen unsere Akzeptanz und zwingen uns zu reagieren, obwohl wir nicht wissen, wie. Wir lesen Details – Juden, die am Rand von Massengräbern auf ihre Erschießung warten; ein Vater, der seinen Sohn tröstet und zum Himmel deutet; eine Großmutter, die mit einem kleinen Kind spielt – und sind schon überwältigt von unserer eigenen Hilflosigkeit, vom absurden Wunsch zu helfen, Gefühle, die für immer ungestillt und nutzlos bleiben.

Oder vielleicht doch nicht völlig nutzlos. Denn auf dieser Ebene (so, daß jeder hoffen darf) kann die Reportage ihre Leser verändern, deren Gefühle formen, deren Ansichten zum Thema, was es heißt, Mensch zu sein, in beide Richtungen erweitern und ihre Toleranz für jegliche Unmenschlichkeiten verringern. Diese Verdienste werden für gewöhnlich der fiktiven Literatur zugeschrieben. Weil aber die Reportage – im Gegensatz zur Literatur – die Wirklichkeit allen Zierats beraubt, sind ihre Lehren viel wichtiger. Und weil sie Millionen erreicht, die für die Literatur unerreichbar sind, hat sie auch unvergleichlich größere Möglichkeiten.«

Reportagen unterscheiden sich in ihrem Niveau (das ist klar) und ihrer Bestimmung. Es gibt die für den Moment geschriebene Zeitungsreportage, eine Art »belletristischer Information«. Es gibt aber auch Reportagen mit höheren Ambitionen – literarische, soziologische, anthropologische.

Hinsichtlich der Helden lassen sich die Reportagen in drei Typen unterteilen:

1 – die Reportage, in der ein Ereignis der Held ist (zum Beispiel die Ermordung von Präsident Kennedy in Dallas),

2 – in der ein Problem der Held ist (zum Beispiel die Arbeitslosigkeit, die Malaria),

3 – in welcher der Autor der Held ist (der zum Beispiel seine Eindrücke von einer Reise nach Brasilien beschreibt).

Kisch: Was ist die Reportage? »Sie ist eine Form der Aussage« (in: »Jahrmarkt der Sensationen«).

Die Definition der Reportage soll zwei Elemente enthalten:

a – die Intention des Projekts: Ich fahre mit einem Ziel irgendwohin (oder werde dorthin geschickt), um Bericht zu erstatten;

b – das Thema wurde aus dem Leben gegriffen (ein Ereignis oder Problem, ich fahre, sammle Material – Gespräche, Dokumente, Eindrücke – schreibe, drucke das in einer Zeitung oder mache daraus ein Buch, einen Film, eine Radiosendung).

Während ich diese Notizen niederschrieb, fand ich noch andere Definitionen der Reportage:

– »eine publizistisch-literarische Gattung« (»Słownik terminów literackich« / »Wörterbuch literarischer Begriffe«, herausgegeben von Janusz Sławiński, 1988);

– eine Form des Schreibens, die versucht, einen wahren und detaillierten Bericht von direkt beobachteten Ereignissen oder präzis dokumentierten Dingen zu liefern: »Man könnte vielleicht einfach sagen, es ist die einzige Art von Literatur, die Wert besitzt« (George Orwell, in: »Encyclopaedia Britannica«, 1986);

– »die Reportage ist eine literarische Gattung, die zu einer der wichtigsten literarischen Formen werden könnte« (Jean Paul Sartre, »Robert«, 1984).

Der Begriff »Reportage« taucht erst verhältnismäßig spät in den Wörterbüchern auf. Er ist weder im »Słownik języka polskiego« (»Wörterbuch der polnischen Sprache«) von Jan Karłowicz aus dem Jahre 1912 zu finden noch im Wörterbuch von Larousse von 1923 oder in der bereits zitierten Anthologie »Klassischer Journalismus«, von Kisch im Jahre 1923 herausgegeben. Als bewußt geschaffene, eigenständige Form ist die Reportage eine junge, vielleicht sogar die jüngste literarische Gattung, ein Produkt der Epoche der Massengesellschaft und der Massenkommunikation, des Massentourismus, der multiethnischen Kontakte und der weltumspannenden Medien.

Obwohl der Begriff aus dem Französischen stammt, wurzelt die Reportage am tiefsten in der Tradition der angloamerikanischen Literatur. Reportagen haben Mark Twain, Jack London, Herman Melville, Richard Wright, Ernest Hemingway, John Steinbeck, Norman Mailer und viele andere amerikanische Autoren geschrieben. Die Liste der englischen Autoren großer Reportagen ist ebenfalls lang und reicht von Charles Dickens über D. H. Lawrence und Aldous Huxley bis zu Evelyn Waugh. Und auch in anderen Sprachen haben viele Autoren Reportagen geschrieben, unter ihnen Claude Roy, Amos Oz, Heinrich Böll, Elias Canetti, Hans Magnus Enzensberger, Ilja Ehrenburg, Joseph Kessel, Arthur Koestler, Jean Baudrillard und viele andere.

The New Journalism: Der Wendepunkt in der Diskussion, ob die Reportage Literatur ist, erfolgte in den sechziger Jahren. In den Vereinigten Staaten tritt Tom Wolfe mit der These hervor, die amerikanischen Fiction-Schreiber übergingen weite Gebiete des sozialen und politischen Lebens (und das sind im Westen Jahre der Revolution!) mit Schweigen, weshalb sich »neue Journalisten« dieser Themen annehmen müßten. Daher der Begriff: New Journalism. Als die wichtigsten amerikanischen Vertreter dieser neuen Gattung werden Tom Wolfe (z. B. »The Right Stuff«), Norman Mailer (z. B. »Advertisements for Myself«), Hunter S. Thompson (z. B. »The Great Shark Hunt«) und Truman Capote angesehen, der den sogenannten Faktenroman (»In Cold Blood«) schaffen wollte.

Die Reportage als literarische Gattung erlebt eine Entwicklung vom Journalismus zur Literatur. Ein Grund dafür ist unter anderem in der immer schwächer werdenden Position der Printmedien auf dem Markt der öffentlichen Meinung zu suchen. Auf diesem Markt, den früher Politiker und Journalisten der Printmedien beherrschten, taucht nun eine neue, dominierende Gestalt auf – der Dircom (Kommunikationschef oder -manager, Medienmanager) –, die Geschmack, Interessen und Ansichten des Publikums formt. Die soziale, interventionistische Mission der großen Printmedien geht zu Ende, die Tageszeitungen werden zunehmend zum Sprachrohr diverser Interessengruppen, sie lassen an Kritik und Kampfgeist nach. In dieser Situation verliert die Reportage – ihrer Natur nach eine kämpferische Gattung – ihre Daseinsberechtigung, wird (unter verschiedenen unsachlichen Vorwänden) aus den Zeitungen eliminiert und findet ihren neuen Platz in literarischen Zeitschriften oder Büchern. Das gilt natürlich nur für die hochstehende, künstlerisch wertvolle Reportage (von den Franzosen *le grand reportage* genannt). Die auf das Tagesgeschehen hin geschriebene, oberflächliche Reportage verschwindet einfach.

Collage, Symbiose: Die Reportage verwendet heute oft Techniken, die charakteristisch sind für den Roman oder die Erzählung, während die schöne Literatur umgekehrt gern auf Errungenschaften der Reportage zurückgreift. Doch das war auch schon früher so. Die Romanschriftsteller unterschieden sich in ihrem Eifer beim Materialsammeln nicht von Reportern. Hier eine Schilderung, wie etwa Balzac das Material für seinen Roman »Die Chouans« sammelte:

»Im Herbst des Jahres 1827 macht er sich auf ins Gelände, nach Fougères, wo er die Handlung der ›Chouans‹ ansiedelt. Er ist dort zu Gast bei General de Pommereul und seiner Frau, mit denen sich seine Eltern noch in Tours befreundet hatten. Hier waren die Erinnerungen an den Aufstand der Chouans noch ganz lebendig, General de Pommereul und viele seiner Bekannten erinnerten sich sehr gut an den Bürgerkrieg. Vom Morgen an wandert Balzac über Meierhöfe und Felder, Felsen und Heidegrund, verborgene Pfade und an Flechtzäunen entlang, erforscht die entlegensten Winkel und betrachtet den Berg Pélerine und das Tal Couesnon zu den verschiedensten Tageszeiten und im unterschiedlichsten Licht. Am Abend schreibt er. So verbrachte er zwei Monate. Wenn ihr ›Les

Chouans‹ lest, könnt ihr euch überzeugen, wie genau er alles beobachtet hat: die Menschen, ihre Sitten, die Landschaft; wie gewissenhaft und mit der Detailtreue eines Strategen er die Topographie der Umgebung erkundet hat. Ihr findet dort Betrachtungen über die sozialen und wirtschaftlichen Gründe der Rebellion, zu der es – nach seiner Erkenntnis – ohne Elend und Rückständigkeit des bretonischen Volkes und die Agitation des lokalen Klerus gar nicht gekommen wäre; ihr seht nicht nur den damaligen Partisanenkrieg vor euch, sondern lernt auch die Methoden kennen, mit denen er geführt wurde. Balzac interessiert sich für alles: für das System der Felderwirtschaft, die Rinderzucht, den Glauben, den Aberglauben, die Verteilung der Höfe und sogar die Qualität und Herkunft der Geräte, die er in den Schuppen entdeckte.« (Julian Rogoziński)

Das Thema? Wie findet man ein Thema?

Nun, alles kann Thema sein. Babel schreibt: »Mit dem Stil machen wir unsere Eroberungen, mit dem Stil! Ich könnte eine Erzählung über das Wäschewaschen schreiben, und sie würde tönen wie die Prosa Julius Cäsars. Alles hängt von der Sprache und vom Stil ab!« Und er klagt, er habe schon 22 Fassungen einer kurzen Erzählung geschrieben und wisse immer noch nicht, ob die letzte sich endlich zum Druck eigne.

Der zeitgenössische amerikanische Anthropologe Clifford Geertz wies in seinem Essay »Über die verwirrten Gattungen«, den er schon 1980 schrieb, darauf hin, daß »in den letzten Jahren eine unglaubliche Vermischung der Gattungsformen erfolgte, die immer noch andauert«. Die Situation in der Literatur ist geprägt von einer »Verwischung der Grenzen zwischen den Gattungen«, schreibt er: »Dieses Durcheinanderwirbeln der Formen hat heute einen Punkt erreicht, wo es nicht nur schwer fällt, den Autor einzuordnen …, sondern auch sein Werk zu klassifizieren … Statt einer starren, streng nach qualitativen Gesichtspunkten getrennten Typologie natürlicher, klar geordneter Gattungen sehen wir ringsum immer öfter ein weites, fast endloses Feld verschieden konzipierter und komponierter Werke, die wir nur nach praktischen, relativen Gesichtspunkten einordnen können, in Übereinstimmung mit unseren eigenen Zielen.«

Einer derjenigen, die zu dieser »Verwirrung der Gattungen« beitrugen, war Bruce Chatwin. Der 1989 verstorbene Chatwin ist der bekannteste englische Autor moderner Reportagen. Er debütierte 1976 mit einer Reportage in Buchform aus Argentinien unter dem Titel »In Patagonien«. Über die Schwierigkeiten, diese Form von Literatur präzise einzuordnen, schreibt die Herausgeberin des Buches, Susannah Clapp: »Wer ›In Patagonien‹ liest, darf nicht erwarten, daß die dort beschriebenen Menschen genauso aussehen wie in der Wirklichkeit. Chatwin hat die für die traditionelle Reportage geltende Forderung nach Faktentreue verworfen und Techniken verwendet, deren sich auch Romanautoren bedienen. So entstand eine Reportage, die sich wie eine Erzählung liest. Der Autor beschreibt nicht, wie er von einem Ort zum anderen kommt. Die Stimme, mit der er spricht, ist abgehackt und eindringlich, und das Auge gehört einem, der sich von allem angezogen fühlt, was überraschend und widersprüchlich ist. Es ist eine Reportage, gleichzeitig aber auch ein historischer Essay und dazu noch ein Roman. Es war eine neue Art des Schreibens, welche die Literatur der

Fakten zu einer aufnahmefähigeren und reicheren Gattung machte.«

Egon Erwin Kisch schreibt im Rückblick auf die frühen Jahre der Reportage: »Die Hindernisse waren als Thema oft interessanter als das Thema selber.« Tatsächlich hatten viele Reportagen die Beschreibung der Probleme zum Gegenstand, mit denen der Reporter zu kämpfen hatte, um an den Ort des Geschehens zu gelangen, die Berichte von seiner Verhaftung, von den Schwierigkeiten, die Informationen zu übermitteln, davon, daß er den Kontakt zur Zentrale verliert usw. Alles das ist heute kein Thema mehr – die Kommunikation ist viel besser als früher, ähnlich wie die Verbindungen.

Ein Phänomen unserer Zeit, der Massentourismus, hat die Anforderungen, die heute an die Reportage (vor allem die Auslandsreportage) gestellt werden, grundlegend verändert. Dieser Tourismus entstand aus der Verbindung zweier neuer Erscheinungen: der Massengesellschaft, die ständig in Bewegung ist und Unterhaltung sucht, und den billigen Charterreisen, die zur Befriedigung dieser Bedürfnisse erfunden wurden. Jeder kann jeden Ort besuchen. Früher beinhaltete schon der Begriff des Weges ein gewisses Geheimnis. Heute wird dieses Geheimnis verdrängt von der finanziellen Kalkulation: Habe ich genug Geld, um hierhin oder dorthin zu gelangen? Der Weg ist kein Thema mehr. Die große Reportage Goethes, die »Italienische Reise«, wäre heute undenkbar. Für die Fahrt von Karlsbad nach Neapel, die Goethe auf den dreihundert Seiten seiner »Italienischen Reise« beschreibt, braucht ein Flugzeug heute eine Stunde: Die Zeit langt gerade, um einen Kaffee zu trinken und eine Zeitung durchzublättern.

Mißverständnisse über die Reportage resultieren auch

aus den Unterschieden zwischen der angloamerikanischen und der kontinentaleuropäischen Presse.

Der angloamerikanische Journalismus wurzelt in der liberalen Tradition, in der Überzeugung, die Presse sei eine gemeinnützige soziale Institution, die Interessen und Ansichten aller Bürger gleichermaßen zum Ausdruck bringen solle, weshalb sie unabhängig, unparteiisch und objektiv sein müsse. Daher verlangt man dort vom Journalisten unabhängige, unparteiische und gleichsam unpersönliche Berichte. Dem Reporter ist es nicht erlaubt, im Text eigene Ansichten zu äußern. Seine Aufgabe ist es, möglichst viel »reine« Information zu liefern. »Was ist hier los?« fragte ich einmal einen Kameramann von NBC, der Aufnahmen von Straßenkämpfen bei einer Demonstration in Mexiko machte. »Ich hab' keine Ahnung«, antwortete er. »Ich mache meine Aufnahmen und schicke die Kassette nach New York. Dort suchen sich die Chefs dann schon heraus, was sie brauchen.«

Weil aber eine Zeitung nicht allein aus Informationen bestehen kann und der Leser auch Kommentare erwartet, gibt es in der angloamerikanischen Presse eine besondere Kategorie von Schreibern, die nur kommentieren und erläutern, eben – Meinung zum Ausdruck bringen. Diese werden Kolumnisten genannt. Sie sind nicht zahlreich. In der Regel sind das große Namen, weltberühmte Stars, Aristokraten der Feder. Walter Lippmann, Joseph Alsop, James Reston – auf die Kommentare dieser Kolumnisten wartet oft schon das ganze lesende Amerika.

Reporter und Kolumnisten – das sind zwei völlig unterschiedliche Situationen. Die Amerikaner unterscheiden zwei Arten des Journalismus: *investigative journalism* (Sache der Reporter) und *reflective journalism* (das Feld der Kolumnisten).

Die kontinentaleuropäische Presse hat andere Wurzeln. Sie geht auf die politischen Bewegungen zurück: Sie war ein Werkzeug des Parteienkampfes. Im Gegensatz zur angloamerikanischen Presse war sie also geprägt von Einseitigkeit, Engagement, Kampfgeist, Parteilichkeit. Information und Kommentar waren nicht getrennt, sondern die Informationen wurden genau zu dem Zeitpunkt lanciert, wenn sie den Parteiinteressen (oder anderen Kräften, welche die Zeitung repräsentierte) dienlich waren. Daher fand man nur selten »reine« Informationen (wie in der angelsächsischen Presse), sondern meist kommentierte. Vom Journalisten wurden eigene Meinung, Engagement und vor allem Dabeisein erwartet. (Ich stelle hier, um Mißverständnisse zu vermeiden, ganz bewußt diese beiden unterschiedlichen Modelle in ihrer reinsten, radikalsten Form vor, obwohl sich in der Praxis natürlich viele Mischformen herausgebildet haben).

Wenn man einmal diese beiden Modelle der Presse kennt, fällt es einem leichter, eine Antwort darauf zu geben, ob die Reportage zum Journalismus gehört oder zur Literatur. In der angelsächsischen Welt gehört sie eindeutig zur Literatur. Im Modell der angloamerikanischen Presse hat ein so persönliches Produkt wie die Reportage, die ihre Kraft ja aus der Anwesenheit des Autors am Ort des Geschehens, aus seiner nicht nur physischen, sondern auch emotionellen Beteiligung, seinen Eindrücken und Reflexionen schöpft, keinen Platz. Daher erscheinen die Reportagen dort in literarischen Zeitschriften und in Buchform. Niemand wird bestreiten, daß die Bücher von V. S. Naipaul, James Fenton oder Colin Thubron zur Belletristik gehören.

In den kontinentaleuropäischen Ländern ist das anders. Eine Zeitlang gab es hier die journalistische Reportage, die da und dort noch heute gepflegt wird. Diese erfüllte vor allem in Ländern mit Zensur eine spezifische Rolle, weil sie der unabhängigen, kritischen Meinung mehr Möglichkeiten einräumt.

Auch in Europa gab es die literarische Reportage, die vor allem von Schriftstellern verfaßt wurde. Die polnischen Autoren solcher Reportagen waren in den seltensten Fällen Berufsjournalisten – Wańkowicz war Herausgeber, Kuncewiczowa Schriftstellerin, Jasienica Historiker.

Ein Gespräch mit dem Korrespondenten von »Time« in New Delhi, Anthony Speath, darüber, daß Erfindungen wie Fax, Modem, E-Mail und Satellitentelefon für die Arbeit des Korrespondenten einen Fortschritt, gleichzeitig aber auch Rückschritt darstellen. Denn einerseits erleichtern sie das Sammeln von Informationen, andererseits jedoch:

– bewirkt die rasche, problemlose Verbindung mit der Zentrale, daß sich der Korrespondent enger mit dieser verbunden fühlt als mit dem Ort und der Kultur, in der er lebt. Die ständige Verbindung mit seiner Zentrale hat zur Folge, daß er sich trotz der geographischen, kulturellen und zivilisatorischen Entfernung weiterhin im Gebäude seiner Redaktion befindet (die für gewöhnlich in New York, London oder Paris liegt). Weil er durch die dauernde »elektronische Verbindung« die Zentrale nie wirklich verläßt, empfindet er seinen Aufenthalt in der anderen Kultur als vorübergehend, zufällig und oberflächlich. Nichts ermutigt ihn, die neue Kultur und die Menschen, unter denen er lebt, näher zu studieren (Ich reiste einmal kurze Zeit mit einem Team des englischen Fernsehens durch Afrika. Die meisten Mitglieder des Teams waren zum ersten Mal dort. Ich beobachtete erstaunt ihr Verhalten. Wo immer wir hinkamen, suchten sie sofort ein Telefon, riefen London an und unterhielten sich stundenlang mit ihren Familien. Der Gedanke, daß sie am nächsten Abend wieder in London anrufen konnten, ließ ihnen den kommenden Tag in Afrika irgendwie erträglich erscheinen. Afrika selber interessierte sie nicht im geringsten, sie machten nicht einmal den Versuch, es näher kennenzulernen.).

– Zweitens läuft der Korrespondent durch die elektronische Verbindung mit der Zentrale Gefahr, daß diese jeden seiner Schritte im Terrain lenkt und ihm jede Initiative abnimmt, mit einem Wort, daß er eher ein »Sendbote« ist als selbständiger Reporter und Forscher.

Truman Capote und seine »Musik für Chamäleons«. Er arbeitete nie als Journalist, wollte jedoch »den Journalismus als Kunstform« betreiben. Er nannte das »narrativen Journalismus« oder »Tatsachenroman«.

Im Jahre 1966 publiziert er das Buch »Kaltblütig«. Dieses Werk stellt einen Durchbruch in der Geschichte der Reportage dar, den Beginn des »journalistischen Romans«. »Der Autor muß alle Farben auf einer Palette haben und die Fähigkeiten, diese zu mischen«, sagte Capote und zählte folgende Gattungen auf: »Drehbücher, Theaterstükke, Reportagen, Gedichte, Novellen, Erzählungen, Romane«.

Aus welchem Buch stammt das? Daß von einem Afrikareisenden Askese verlangt wird. Der Auslandsreporter ist ein Übersetzer der Kulturen. Er greift die allgemein herrschende Ignoranz, Stereotypen und Vorurteile an. Er ist von Natur aus Eklektiker und lebt in bezug auf die eigene Gesellschaft in kultureller Emigration.

Die Einsamkeit des Reporters, der durch die Welt reist, in ferne Länder: Er schreibt über Menschen, die ihn nicht lesen, für Menschen, die sich kaum für seine Helden interessieren.

Er ist einer, der dazwischen steht, zwischen den Kulturen schwebt, die er übersetzt. Seine Frage und sein Problem: Wie weit kann ich in eine andere Kultur eindringen, diese kennenlernen, da sie doch aus internen, geheimen Codes besteht, die wir, die Ankömmlinge aus einer anderen Welt, nicht entziffern und begreifen können.

Reporter sein ist eine Lebenshaltung, ein Charakterzug. Wir haben das Jahr 1940. Krieg. Einmarsch der Deutschen in Frankreich. Die Pariser fliehen in Massen aus der Stadt, Panik, Apokalypse. Diese Massen beobachtet Andrzej Bobkowski. Er sieht sie und notiert in seinen »Szkice piórkiem« (Federskizzen): »Das einzige Gefühl in mir ist jetzt Neugierde, intensiv und dicht, die sich im Mund sammelt wie Speichel. Schauen, schauen, in sich aufsaugen, sich erinnern. Zum ersten Mal im Leben schreibe ich, notiere ich. Und nur das erfüllt mich.«

Die Entwicklung der Medien, die ganze Informationsrevolution, hat eine breite Berufsschicht hervorgebracht, für die der Journalismus ein Beruf ohne Emotionen und Mystik ist, der nur eine von vielen möglichen Karrieren bietet, die man morgen ebensogut wieder aufgeben kann, um sich einer völlig anderen, besser bezahlten Beschäftigung zuzuwenden. Diese Menschen fühlen sich wohl in den riesigen Nachrichten-, Bild- und Tonfabriken, wie die modernen Redaktionen, Fernseh- oder Rundfunkanstalten sie darstellen, die durch weltweite Infoautobahnen miteinander verbunden sind. Dort ist kein Platz mehr für den Individualisten, Einzelgänger, Sonderling, der seinen eigenen Weg geht, wie der Reporter seiner Natur nach einer ist. In der Folge ergänzt die Reportage heute das breite Spektrum der literarischen Gattungen und wird neben dem Roman, Essay und Drama an den Hochschulen des Schreibens gelehrt, nicht aber an den Journalistenschulen, die sich im übrigen immer häufiger Schulen für Reklame, Promotion oder Marketing nennen.

Tiziano Terzani. Italiener, Florentiner. Er lebt seit 25 Jahren in Asien. Er war lange Jahre Korrespondent für den »Spiegel« in New Delhi. Ein Autor hervorragender Reportagebücher. Ich erhielt von ihm einen Brief:

»Unser Beruf verschwindet«, schreibt er, »die neuen ›Kollegen‹ stellen eine austauschbare Rasse dar – morgen kann jeder von ihnen Makler werden oder an der Börse arbeiten, was im übrigen viele von ihnen ohnehin tun. Die Welt scheint sich immer mehr mit den materiellen Seiten des Lebens zu beschäftigen, die Menschen interessieren sich für ein angenehmes Leben und verschiedene Hobbys, die Gleichgültigkeit allem gegenüber wird zum neuen moralischen Prinzip.«

★ ★ ★

28. 5. 1996

Ich fragte A. B., der vor einem Jahr einen Gehirnschlag erlitt (von dem er auf wunderbare Weise gerettet wurde), ob dieser Vorfall irgendwelche Spuren zurückgelassen habe? »Ja«, antwortete er, »erstens ermüde ich rasch. Am frischesten fühle ich mich am Morgen, dann werde ich von Stunde zu Stunde langsamer und schwächer, bis sich am Abend mein Denken abschaltet, ich kann zwar sehen und hören, doch alles dringt wie aus weiter Entfernung, wie durch Nebel zu mir. Am Abend spüre ich auch das Gewicht meines eigenen Körpers. Das ist ein seltsames Gefühl, denn der Körper rückt dann ab von mir und verschwindet schließlich. Ich weiß, daß ich dann einschlafe. Doch oft kann ich nicht einschlafen. Das sind dann Stunden der Leere. Ich will nicht schlafen, kann nicht denken, kann mir nichts vorstellen. Ich liege da und warte auf den Morgen.

Weiters beobachte ich auch große Schwankungen in meiner Stimmung. Manchmal schlägt meine Stimmung von einer Minute auf die andere grundlos um. Eben noch war ich munter und rege, doch plötzlich befallen mich Apathie und Unlust, fühle ich mich wie gelähmt. Ich kann mich nicht konzentrieren, meine Sprache wird undeutlich.

Ich habe auch Probleme mit dem Kurzzeitgedächtnis, damit, mich an etwas zu erinnern, was gerade erst passierte. Wo habe ich meinen Schlüssel hingelegt? Wen wollte ich anrufen? Was habe ich gestern gelesen? Diese Erinnerungslücken lösen Schmerz und Verzweiflung aus. Was ist, wenn ich morgen alles vergesse? Alles verlangt verstärkte Aufmerksamkeit von mir. Und sei es nur eine Tätigkeit wie das Gehen. Für gewöhnlich ist das eine instinktive, mechanische Bewegung. Ich aber muß mich voll darauf konzentrieren. Es ist nicht so, daß ich das Gleichgewicht verliere, schwanke, stolpere. Nein, das nicht, aber ich muß mir sagen: Paß auf, jetzt gehst du, denk daran, daß du gehst.«

Das Denken des Kranken nach einem Gehirnschlag erinnert an einen Menschen, der durch eine Stadt irrt, deren Straßen und Plätze menschenleer, Tore, Türen und Fenster geschlossen sind. Er glaubt zu wissen, ja ist sicher, daß hinter diesen Mauern überall Leben ist, daß dort Menschen sind, Dinge passieren, daß sich dort Geschichte ereignet, die gewöhnliche, alltägliche, aber auch die heroische und große, er ist jedoch nicht imstande, diese Häuser zu betreten, an dem Geschehen in ihnen teilzuhaben. Er ist von dieser Wirklichkeit abgeschnitten, kann sie nicht miterleben. Er hat eine Fähigkeit eingebüßt, wurde bestimmter Werte beraubt.

Er kann die Schwelle nicht überschreiten? Nicht durch diese Türen treten? Vielleicht versucht er es nur nicht? Vielleicht hat er Angst davor, es zu versuchen. Das unterscheidet ihn, wie er heute ist, von dem, der er gestern war. Wenn er früher einer Herausforderung begegnete, nahm er sie sofort an. Wenn das mißlang, ließ er sich nicht entmutigen und versuchte es gleich noch einmal. Heute hingegen ist seine Angst so groß, daß er gar nicht erst den Anfang wagt, allein der Gedanke daran läßt ihn zittern, versetzt ihn in Panik, lähmt ihn.

Es gibt keine Durchlässigkeit zwischen ihm und der Realität, keine belebende, anregende Osmose. Die aktive, dynamische Verbindung ist unterbrochen. Selbst wenn er noch imstande ist, die Zeichen und Symbole, die er wahrnimmt, zu lesen, senden diese doch keine Wellen, Strahlen, Anregungen mehr aus. Er nimmt sie wahr, doch er empfängt sie nicht, sie rufen keine Reaktion in ihm hervor, sondern gehen irgendwo unterwegs verloren.

Er ist, unfreiwillig, abgeschottet wie in einer hermetisch isolierenden Jacke.

Amsterdam

Das Begräbnis des holländischen Schriftstellers I. B. (die Familie ersucht mich, seinen Namen nicht zu nennen), der Selbstmord verübte. Seine Briefe der letzten Jahre haben mich tief beunruhigt. Er schrieb seit einigen Jahren an einem Roman. Er schrieb, doch er konnte ihn nicht vollenden, weil der Roman ständig wuchs und immer umfangreicher wurde. Nicht so sehr was die Seitenzahl betrifft, sondern das Thema. Aus seinen Briefen ging hervor, daß sich I. B. zunehmend bemühte, alles zu erfassen. Mit der Zeit interessierte ihn nur mehr eines: das Ganze. »Was du schreibst«, warf er mir einmal vor, »behandelt höchstens ein paar Häuser, vielleicht eine Straße. Ich möchte die ganze Stadt erfassen!« Doch dann war ihm auch das nicht mehr genug: »Du erzählst von einer Region, einem Land. Mein Roman hingegen wird gleichzeitig viele Staaten, den ganzen Kontinent behandeln!« Und er fügte hinzu: »Warum meldest du dich nicht? Fühlst du dich nicht bei Kräften?«

Ich antwortete nicht, weil ich nicht wußte, was ich schreiben sollte. Die ständig wachsende Welt von I. B.s Roman ließ mich an seinem Geisteszustand zweifeln. Ich kannte Fälle, wo das Grenzenlose und Endlose den Menschen schließlich vollständig und gänzlich verschlang.

Ich wußte, daß er einen Fixpunkt braucht, um existieren zu können, daß er eine Grenze, eine Linie, ein Ziel, etwas Konkretes, beinahe Greifbares sehen muß, um sich gegen den Abgrund zu schützen, der stärker ist als der Mensch.

Sein letzter Brief: »Ich stehe kurz davor, die ganze Welt zu erfassen, alle Menschen, alles Lebendige und sogar alle toten Dinge – Felsen, Steine, Sandkörner.«

A. B. vertraut mir an, er trage sich mit dem Gedanken, eine Erzählung zu schreiben. Ihr Thema: sein Körper. Die Handlung spielt am Morgen, nach dem Aufwachen. A. B.s Körper war einmal wie eine Feder, ein Katapult, das ihn am Morgen in den Himmel schleuderte, ins Tageslicht, ins Leben. Er sprang leichtfüßig, munter, gut gelaunt, dynamisch aus dem Bett. Er spürte, daß ihm Flügel wuchsen, in einer Minute hatte er sich und die ganze Welt in der Hand.

Nun hemmen verrostete Bremsen diesen Körper, die jede kleinste Bewegung unterdrücken. Was soll er tun? Ob er will oder nicht, muß er erste Versuche, Forschungen, Explorationen unternehmen. Vorsichtig hebt er die Hand, dann unsicher und mißtrauisch ein Bein, schließlich – in panischer Angst, auf das Schlimmste vorbereitet – den Kopf. Schmerzen! Ein Pochen in den Schläfen, ein Pulsieren unter dem Schädeldach. Und jetzt die linke Schulter. Wie entsetzlich das schmerzt! Bewegen! Es tut weh, doch er muß sich bewegen. Das sagt der Arzt, der diesen Zustand schmerzende Starrheit oder Morgensteifheit nennt. Der Schmerz dringt auf unsichtbarem Weg in den Körper und setzt sich an einer Stelle fest, wo er pocht, sich hineinbohrt, stärker wird, bis er schließlich explodiert; oder er wechselt die Stelle, kreist durch den Körper, wandert umher, strömt wie Feuer heute hierhin, morgen dorthin, und niemand kann sagen, wohin er sich wenden, welche Richtung er einschlagen wird. Warum er plötzlich beschließt, die Wirbelsäule zu verlassen und in die Bänder im Knie zu kriechen, sich wie ein eiserner Splitter in die Kniescheibe zu bohren? Warum er die Nieren freigab und sich dafür im Herzen festsetzte? Der Schmerz ist unergründlich, hat seine Geheimnisse, sein eigenes Leben.

Am quälendsten angesichts des Todes ist der Gedanke an die Einsamkeit dieser Erfahrung. Selbst wenn wir in diesem Moment unsere Nächsten um uns haben, sterben wir doch allein, und je näher der Tod rückt, um so einsamer sind wir.

Joseph Heller – »No laughing matter«, 1986. Der Autor leidet an einer seltenen Krankheit (Guillain-Barré), einer Muskellähmung. Spital. Behandlung. Doch seine Einzelzelle wird zum Salon voller Besucher. Das Buch ist ein Bericht, der dieselben Ereignisse aus zwei verschiedenen Blickwinkeln beschreibt – dem des Autors und dem seines Freundes Speed Vogler: Das erste Kapitel schreibt Heller, das nächste Vogler, und so wechseln sie einander ab. Die uramerikanische Philosophie, sich mit einer Krankheit vertraut zu machen und diese in den Griff zu bekommen, indem man sie minimalisiert, scherzhaft über sie spricht: der Versuch, die Tragödie zur Unterhaltung zu machen, um so ihre zerstörerische, destruktive Wirkung abzuschwächen.

Schmerz und Leiden. Der Schmerz gehört zur physischen Welt, das Leiden zur psychischen. Das sind verschiedene Gebiete, die jedoch miteinander verbunden sind, sich gegenseitig beeinflussen. Der Schmerz kann an einer Stelle lokalisiert sein (Kopfschmerzen, Magenschmerzen), das

Leiden hingegen zehrt an unserem ganzen Wesen, es zerstört, schwächt, erniedrigt uns oft.

Den Schmerz sehen wir als notwendiges Übel an, zulässig und selbstverständlich: Wenn wir uns mit der Säge einen Finger abtrennen, schmerzt die Hand, das ist logisch und erstaunt uns nicht weiter. Diesem Schmerz verzeihen wir. Anders verhält es sich mit dem Leiden – dieses betrachten wir als Ungerechtigkeit, als Mißgeschick, als unverschuldetes Unglück: Unsere erste Reaktion auf das Leiden ist Auflehnung, Protest. Leiden verunglimpft, ja erniedrigt uns sogar. Eine Amerikanerin sagte mir einmal: »Als ich Krebs hatte, fühlte ich, wie mich diese Krankheit erniedrigt. Jeder Arzt konnte mich anfassen, abtasten, meinen Körper drücken. Das war empörend!«

Manchmal dringt der Schmerz in unseren Körper ein und beginnt in ihm zu kreisen. Wir erwachen am Morgen – die Hüfte tut uns weh, dann hört dieser Schmerz auf, er ist nach oben gewandert, ins Schultergelenk, schließlich kriecht er von dort hinunter ins Knie. Der Schmerz kreist wie ein unsichtbares, blindes Tier in unserem Körper, er lauert darauf, uns immer wieder anzugreifen, zu beißen, zu quälen. Obwohl dieses Tier in unserem Inneren sitzt, ist es uns fremd, unzugänglich, feindlich. Wir erwarten keine Nachsicht von ihm. Höchstens verhält es sich aus unbekanntem Grund plötzlich still und läßt uns für einen Moment verschnaufen.

Älterwerden: Die Zeit ist in unserem Bewußtsein immer deutlicher anwesend. Und diese Anwesenheit wird immer mühsamer, belastender. Am deutlichsten und bedrückendsten empfinden wir ihre Unumkehrbarkeit. Die Zeit ist eine Lawine, die dahinrollt, vor der wir uns nicht in Sicherheit bringen, die wir nicht aufhalten können.

Wenn ein Mann stirbt, verändert sein Tod auch seine Frau. Er verändert sie physisch, sie wird kleiner, weniger. Sie wird auch irgendwie verschlossener, sogar unsicherer. Sie ist die Hälfte von etwas, das es nicht mehr gibt. Sie bewahrt im Gedächtnis etwas, das nicht vermittelt werden kann, dessen Schlüssel oder Code keiner mehr kennt.

Der Wunderheiler Harris kommt nach Warschau. Dieser junge, energisch auftretende Engländer, ein wenig verrückt, irgendwie umnebelt, als sei er in eine unsichtbare, doch spürbare Wolke gehüllt, schreitet durch die Reihen der liegenden, sitzenden, stehenden Menschen, bleibt bei jedem kurz stehen – fragt über den Dolmetscher, was ihm fehlt –, berührt für eine Sekunde, für den Bruchteil einer Sekunde(!), die angegebene Stelle und geht rasch weiter.

Massen strömen zu Harris. Die Eintrittskarten sind schon viele Wochen vor seinem Kommen ausverkauft. Diese Massen, ihre nervöse Begeisterung, ihr ungeduldiges, hoffnungsfrohes Warten, machen bewußt, wieviel Schmerz es um uns herum gibt. Wie viele Kranke, Leidende, Niedergedrückte. Wie viele Menschen, die unter uns leben und gelernt haben, ihr Leiden zu verbergen, im stillen zu ertragen, unsichtbar.

Harris kommt und hebt mit einer Bewegung die Decke, die einen Kranken verhüllt. Unter dieser Decke ein gekrümmter, gequälter, verwelkter, kraftloser Körper, der zwar zu uns gehört, uns jedoch immer beschwerlicher und fremder erscheint, der nur mehr durch den Schmerz, den er uns zufügt, eine letzte Verbindung mit uns bewahrt.

Der Baalschem sprach zu seinem Leibe: »Ich wundere mich, Leib, daß du noch nicht zerbröckelt bist aus Furcht vor deinem Schöpfer« (Martin Buber, »Die Erzählungen der Chassidim«).

Der Tod, der in der Erde lauert. Der entlang des Weges droht. Dieser Tod greift nicht von selber an, erst wenn du ihn berührst. Doch es genügt, einen Schritt zu tun. Ihn zu berühren.

Minen.

Der Vorteil der Mine: Sie ist klein (sie paßt in eine Hand), leicht (sie wiegt weniger als ein Kilo), billig (sie kostet ein paar Dollar). Millionen Minen lauern dir auf. Ungefähr hundert Millionen liegen in der Erde verborgen, im Sand, unter Steinen, auf den Straßen von 62 Ländern. Das war der Stand von 1993, wenn ich das schreibe, beträgt ihre Zahl schon 150 Millionen, und wenn du das liest – übersteigt sie 200 Millionen.

Alles wird hier in Millionen gerechnet.

Millionen von Todesopfern durch die Minen, Verletzte, Verkrüppelte, Menschen ohne Beine, ohne Arme, blind, taub, verrückt. Die meisten Opfer sind Kinder, denn diese sind am lebhaftesten, vorwitzigsten und unvorsichtigsten, ohne Selbsterhaltungsinstinkt.

Es gibt nur wenige, die eine Begegnung mit einer Mine unverletzt überstehen. Von zehn Opfern sterben acht an ihren Wunden und am Blutverlust, ehe sie Hilfe erhalten.

Die Gegner in Dutzenden bewaffneter Konflikte legen gegeneinander Minen aus, doch wenn der Krieg beendet ist, bleiben die Minen – auf den Wegen, in den Furchen der Äcker, im Waldstreu, in den Gebüschen, an den Ufern der Flüsse, in den Wänden der Häuser, unter Fußböden, in Kaminen, auf Müllhalden. Die Minen bleiben, denn die Entminung ist ungeheuer kostspielig, und arme Länder, wie Afghanistan, Kambodscha, Angola oder Somalia, wo es die meisten Minen gibt, haben kein Geld.

Die Minen terrorisieren die Bevölkerung, isolieren die Dörfer, paralysieren die Verkehrsverbindungen. Die Menschen verdursten, doch sie können nicht zum Brunnen gehen, um Wasser zu holen, weil die Wege vermint sind. Die Rinderherden hungern, doch die Hirten haben Angst, sie auf die Weide zu treiben, weil die Weiden vermint sind. Die Bauern bestellen ihre Felder nicht mehr, sammeln kein Reisig als Brennmaterial, gehen nicht mehr zum Markt – überall liegen Minen. Es gibt immer mehr Minenfelder auf der Welt, immer mehr Böden, die man besser meiden sollte.

Minen – Metaphern des Todes, auf den du dich zubewegst, ohne es zu wissen, ohne ihn zu sehen.

Es gibt Dutzende Arten von Minen. Die gefährlichste ist die amerikanische »Claymore«. Sie kostet 27 Dollar und ist ungeheuer effizient, da sie in 700 Schrapnelle explodiert. Fachleute kündigen für die nächste Zukunft eine Vorrichtung an, die es ermöglicht, zahllose Minen auf einen Schlag detonieren zu lassen. Dann kann man eine große Fläche auf einmal in die Luft jagen und ein riesiges Blutbad anrichten.

Nur der lärmende, spektakuläre Tod, der Tod in Form eines Feuerwerks, bewirkt, daß man ihn beachtet und versucht, ihm Einhalt zu gebieten, ihn einzudämmen. Der stille, stumme, abseitige Tod – durch Hunger, Tuberkulose und Malaria, durch Minen, die irgendwo in der Einöde explodieren – kann sich ruhig ausbreiten, vermehren, seine Opfer hinmähen.

Das Paradoxon des Todes: Den stärksten Eindruck

macht der einzelne Tod, der einen Menschen trifft, dessen Gesichtszüge wir beschreiben, dessen Namen wir nennen können. Je größer die Zahl der Opfer, um so schwächer ist ihre Wirkung auf unser Empfinden. Statt den Eindruck zu steigern, tötet die große Zahl diesen ab.

★ ★ ★

1. 1. 1996

Frost. Eisiger Wind. Bedeckter Himmel. In der Erlöser-
kirche in Warschau. Ein kleines, sympathisches Zigeuner-
kind geht von einem zum anderen und bettelt um Gaben.
Es kniet vor jedem hin, bekreuzigt sich und faltet die
Hände wie zum Gebet. Manchmal bekommt es eine
Münze. Als es den Priester sieht, der die Spenden einsam-
melt, geht es zu ihm hin und legt das erbettelte Geld auf
den Teller.

Marion Gräfin Dönhoff schreibt in ihren Erinnerungen
»Kindheit in Ostpreußen« an einer Stelle: »Wenn ich darüber nachdenke, muß ich sagen, daß ich weder von meinen Eltern noch von den häufig wechselnden Erzieherin-
nen etwas Wesentliches gelernt habe, sondern eigentlich
nur durch die Atmosphäre des Hauses ...«

Die Atmosphäre des Hauses! Und weiter gefaßt: die
Atmosphäre der Straße. Der Stadt. Der Umgebung. Der
Generation. Der Epoche. Etwas, was nicht zu erfassen
noch zu beschreiben ist. Die Bedeutung all dessen, was die
Stimmung, das Klima, den Zustand ausmacht, was sich
nicht messen und nicht abwägen läßt und doch prägend ist
für unser Verhalten und Denken. Daher sind auch in der
Kunst und Literatur die Nuancen, Halbschatten, Halbtöne
und Pastellfarben so wichtig, das Aufspüren all dessen, was
in der Schwebe bleibt, Teilchen ist, Stäubchen, ein Raum
dazwischen, was unausgesprochen bleibt, verschwiegen
wird, dieses Aufblitzen der Empfindung und Intuition, die
unserer Hand Einhalt gebietet, wenn sie bereits über der
Seite schwebt, um den Punkt auf das i zu setzen.

Während meines einjährigen Aufenthaltes in Berlin
(1994) hörte ich Dutzende von Diskussionen, die Deut-

sche miteinander führten. Alle endeten stets mit der Frage, wie es dazu kommen konnte (dazu – das heißt zum Nazitum, zu Hitler). Es gab keine Antwort. Die Jüngeren stellten unentwegt neue Fragen, während die Älteren immer tiefer in Schweigen versanken. Ältere und Jüngere. Die totalitäre Erfahrung des zwanzigsten Jahrhunderts, die immer noch bedrohlichen, furchteinflößenden Schatten, die Schwächen der menschlichen Natur, welche diese Zeit bloßlegte, haben unüberwindliche Gräben der Fremdheit, Bitterkeit und Verständnislosigkeit zwischen den Generationen aufgerissen. Ich erinnere mich, daß einer, der von der Unterschiedlichkeit der Erlebnisse sprach, Kohl erwähnte. Helmut Kohl hat einmal von der »Gnade der späten Geburt« gesprochen. Die »damals« und die »später« Geborenen – sie sprechen völlig verschiedene Sprachen!

Fatum, Fügung, Urteil: in einer Epoche zu leben, die unsere Schwächen auf die Probe stellt. Wir alle werden mit der Erbsünde geboren, doch nicht alle trifft der Fluch, wählen zu müssen. Viele Menschen bringen ihr ganzes Leben in Verhältnissen zu, in denen sie sich keine Fragen von großem ethischem Gewicht, letzte Fragen, stellen müssen. An diese Menschen erinnert man sich dann als edel, aufrecht, ohne Makel, obwohl sie ihre Seele vielleicht einzig dadurch retteten, daß ihre Haltung nie auf die Probe gestellt, von ihnen nie etwas verlangt wurde, daß sie nie zu etwas gezwungen wurden. Sie brauchten keine Wahl zu treffen und liefen daher nie Gefahr, in die Falle des Irrtums zu tappen.

Der Unterschied zwischen den Menschen erklärt sich nicht allein durch das Alter, sondern auch durch die unterschiedlichen Fähigkeiten, die Welt um sie herum aktiv und offen aufzunehmen. Wenn wir einer Gruppe Erwachsener begegnen, registrieren wir vor allem diesen einen verblüffenden Unterschied. Rein äußerlich mögen sie ähnlich aussehen. Und auch in kurzen Gesprächen über alltägliche Dinge treten kaum Unterschiede zutage. Wenn die Begegnung jedoch länger dauert, sich eine Diskussion entwickelt und sie Erinnerungen austauschen, werden diese Unterschiede gleich deutlich. Dieser Herr blieb im Jahre 1956 stehen, jener 1968. Die Erinnerungen seines Freundes enden mit dem Jahre 1970, die seines Bruders 1980. Diese Daten wirken auch wie Richtungsscheinwerfer: Jeder beleuchtet die Geschichte aus einem unterschiedlichen Winkel und in verschiedener Intensität. In der Folge sprechen diese Menschen verschiedene Sprachen, die von ihnen beschriebenen Welten gleichen einander kaum.

Die Erinnerung an die eigene Vergangenheit: ein tiefer Abgrund. Irgend etwas blinkt dort unten. Irgendwelche Teilchen. Punkte. Ein Zittern. Irgendwo. Deformiert. Verwischt. Unlesbar.

Canetti: »Es gibt ein peinliches Unbehagen, das unverkennbar ist, ein Zustand, in dem sich nichts unternehmen läßt, weil man auf nichts Lust hat; in dem man ein Buch nur aufschlägt, um es wieder zuzuschlagen; in dem man nicht einmal sprechen kann, denn jeder andre Mensch ist einem lästig, und man ist sich selbst auch ein andrer Mensch. Es ist ein Zustand, in dem alles von einem abfallen will, was einen früher auszumachen pflegte, Ziele, Gewohnheiten, Wege, Einteilungen, Konfrontationen, Launen, Gewißheiten, Eitelkeiten, Zeiten. Es ist ein dunkles und zähes Vortasten in einem von etwas, das man überhaupt nicht kennt; nie ahnt man, was es sein wird; nie kann man ihm in seiner blinden Bewegung helfen.« (»Die Provinz des Menschen«)

Die Menschen interessieren sich heute vor allem für das Individuum, seine Probleme und Dramen, sein Innenleben. Diese Verschiebung der Interessen von der gesellschaftlichen Sphäre zum Privaten hat viele Gründe. Einer ist in der Krise und Kompromittierung der totalitären Ideologien zu suchen, die Antworten auf alles wissen und Lösungen für alles anbieten, und das in einer Welt, in der die schmerzliche Praxis genau das Gegenteil bewiesen hat. Das zunehmende Interesse für sich selber ist auch eine Abwehrreaktion gegenüber einer Welt, die überfrachtet ist mit Informationen, die in ihrer Fülle und ihrem Übermaß unsere Psyche und Empfindsamkeit gefährden: Wir sind außerstande, alles aufzunehmen und zu verdauen, der Tisch ist zu voll, zu reichlich und chaotisch gedeckt – wir fragen daher: Wozu? Warum sollen wir das alles wissen? Diese Welt des Überflusses, die uns in einem Moment Tausende und Abertausende von Dingen aufdrängen und vermitteln will, erscheint uns allzu aufdringlich und problematisch, weshalb wir uns in private, persönliche Nischen zurückziehen. Und schließlich: Je weiter sich die Demokratie ausbreitet und je größer die Freiheit der Menschen wird, um so eindeutiger wird das Individuum zum unabhängigen, selbständigen Subjekt. Neben dem Gefühl der eigenen Kraft erlangt es in diesem Prozeß auch ein Bewußtsein der eigenen Schwächen. Viele Fehler, die früher der Masse, der Gesellschaft, dem Staat zugeschrieben wurden, erkennt das Individuum nun als seine eigenen: Es versucht daher sein Inneres, seine Labyrinthe und Abgründe, besser kennenzulernen.

Der Mensch setzt sich selber gewisse Grenzen. Er trägt
sie in sich. Er spürt ständig ihre unnachsichtige, erbar-
mungslose Existenz. Er denkt – weiter sollte ich nicht
gehen. Oder – ich kann keinen Schritt mehr weiter. Leben
bedeutet, sich innerhalb dieser Struktur zu bewegen, bis
man an die letzte Grenze stößt – den Tod.

25. 8. 1996
Im französischen Fernsehen sah ich den Film von J. T.
Cousteau »Das Geheimnis der grünen Schildkröte«. Der
Film wurde in den Tiefen des Meeres vor der Insel Bor-
neo gedreht. Fünf Taucher verfolgen die Wege der grünen
Schildkröten unter Wasser. Diese führen sie durch die verschlungenen Labyrinthe von Korallenwäldern, Felsen,
Höhlen und Grotten, die gigantische, verschieden geform-
te, endlose Städte voller Straßen, Plätze und Winkel bilden,
in denen die Taucher überraschend tote Schildkröten finden, ganze Friedhöfe mit Schildkrötenskeletten. Die
Hypothese Cousteaus dazu lautet: Eine Schildkröte muß
von Zeit zu Zeit Luft schnappen. Doch nicht immer findet sie den Weg aus einer solchen Unterwassermetropole.
Kraftlos und erschöpft geht sie dann in diesem Labyrinth
zugrunde.

Etwa zur selben Zeit sah ich mir einen ungewöhnlichen Bildband an: »Eine Reise in das Innere unseres Körpers«. 250 Fotografien unseres Gewebes, unserer Zellen,
unserer Muskeln, vom schwedischen Fotografen Lennart
Nilsson unter dem Elektronenmikroskop aufgenommen.

Ähnlich wie im Film Cousteaus: was für ein Reichtum
an Formen und Farben, die wir aus unserem Alltag nicht
kennen. Was für eine verblüffende Vielfalt der Formen –
fransig, kugelförmig, stabförmig, oval, konkav, körnig,

schwammig, grün, rot, blau und violett, in den phantastischsten, erstaunlichsten Zusammensetzungen, Verbindungen, Verknüpfungen, Collagen, Kompositionen.

Für gewöhnlich sehen wir im Leben nur einen kleinen Teil dieser Welt! Einen kleinen Teil, und noch dazu den unscheinbarsten, flachsten, monotonsten und banalsten! Wir gehen ständig an Dingen vorüber, deren Strukturen und Geheimnisse wir nicht kennen, ja von deren Existenz wir keine Ahnung haben!

Auf unser Leben wirkt eine dreidimensionale Welt ein (der Kosmos, die sinnlich wahrgenommene Wirklichkeit und der Mikrokosmos), doch bewußten Kontakt haben wir im Alltag nur mit dem sinnlich wahrgenommenen Teil. Menschen, die nichts von dieser Beschränkung ahnen, mußten sich in früheren Zeiten Götter, Dämonen, Zauber und Geister ausdenken, um sich das Wirken der Kräfte zu erklären, die ihr Schicksal gestalten.

Der Guru von Aurangabada sagt zu den Pilgern, die sich um ihn scharen:

»In jedem von uns stecken dunkle, namenlose Kräfte, denen wir ausgeliefert sind. Wir können das Wesen dieser Kräfte nicht begreifen und sie nicht definieren, weshalb sie uns noch geheimnisvoller und drohender erscheinen. Wir sind also Sklaven des Unbestimmten, Diener eines Herren, den wir nie gesehen haben und den wir nicht einmal benennen können. Das ist das Paradoxon der Welt.«

A. B.:

»Mußt du alles begreifen? Achte die Existenz eines Geheimnisses. Was unbekannt ist, verleiht den Dingen Tiefe.«

Eine Chimäre oder den Teufel bildlich darzustellen schwächt diese, beraubt sie ihrer Kräfte. Die Darstellung des Bösen, sogar in seiner schlimmsten, abstoßendsten Gestalt, entwaffnet es. Schrecken verbreitet vor allem das Abstrakte, selten etwas Konkretes. Wenn wir den Teufel im Bild sehen, denken wir: Und das ist alles? Denn unsere Mittel, das Böse darzustellen, sind beschränkt, erbärmlich und ratlos! Das Böse – das größte, düsterste und schrecklichste Geheimnis der Existenz – wirkt in der bildlichen und plastischen Darstellung banal und des Schreckens beraubt, den nur das Gefühl des Unvorstellbaren wecken kann. Wenn man es sich erst einmal vorstellt, verliert es seine metaphysischen Zähne, selbst wenn ihm jemand im Bild riesige gekrümmte Fangzähne gemalt hat.

Alles, was die Welt der Vorstellung ausmacht, hat größten Einfluß auf den Menschen. Wer die Gestaltung dieser Vorstellung zu beeinflussen vermag, gewinnt die wahre Macht über den Menschen.

Wir denken in Assoziationen, Gegensätzen, Gegenüberstellungen. Das Denken muß auf Widerstand stoßen, sogar auf Widerspruch. Ein Gedanke, der sich nicht unter größten Schwierigkeiten durchsetzen muß, verliert an Dichte, an diamantener Härte, wird schlaff und trocken.

Jeder Gedanke, jede Ansicht, jede These tragen ihr Gegenteil in sich.

Wiederholungen, ihre Wiederkehr. Wiederholung – Schlüssel und Geheimnis. Wir wissen, daß es wieder genauso sein wird, und wollen es doch wiederholen. Alles dreht sich einzig um den Wunsch nach Wiederholung, die

Angst vor der Wiederholung. Der Rhythmus der Wiederholungen. Der Mensch ist ihr Sklave. Frage: Woher nehmen die Wiederholungen die Energie für ihre ständige
Wiederkehr?

Wieviel eigener Egoismus steckt hinter der Sorge um
den Nächsten? Der Wunsch, daß der andere überleben
möge, weil dann auch wir überleben? Es ist nicht leicht,
den Egoismus vom Altruismus zu trennen, aber vielleicht
ist es besser so? Vielleicht wäre der Altruismus ohne eine
geringe Beimischung von Egoismus nur ein oberflächli-
ches, schwaches, vorgetäuschtes Gefühl?

Der Mensch glaubt an das, woran er glauben will. Sogar
mit aller Kraft. Der Glaube ist ein fühlbarer, drängender
Wunsch. In diesem Akt verlangen wir keine Garantie, weil
wir dadurch, daß wir glauben, ein inneres, subjektives
Bedürfnis stillen und sonst nichts. Das macht es allen
Betrügern so leicht – vom kleinen Schwindler bis zum
großen Abzocker. Nicht ihre Geschicklichkeit macht ihren
Erfolg aus, sondern wir selber sind es, die ihnen Glauben
schenken wollen, weil da etwas in uns steckt, was wir aus-
strahlen möchten, unabhängig von Wert und Charakter
des Objekts, auf das wir unsere Strahlen richten.

A. B. sagte mir, er glaube, wenn er Abneigung gegen
jemanden empfinde, würden die Strahlen dieses Gefühls
die ungeliebte Person treffen und bei ihr ähnliche Reaktionen einer grundlosen, irrationalen Antipathie auslösen,
die sich dann wieder gegen ihn richte. Seiner Ansicht nach
könnte sich diese Person sogar verwundert fragen, woher
diese plötzliche Abneigung gegen A. B. stamme. Und sie
würde sich dann beschämt bemühen, dieses unerwartete

Gefühl zu unterdrücken. Genau damit aber rechnet A. B. – daß dieser Mensch seine Abneigung als etwas Fremdes zurückweist.

Charakteristisch für den Psychopathen ist die Instrumentalisierung anderer. Er braucht dich, wenn er dich braucht. Sonst existierst du nicht für ihn. Er denkt selektiv an andere: Er denkt nur an diejenigen, die in diesem Augenblick etwas für ihn tun, ihm etwas geben können. Wenn dieser Zeitpunkt vorbei ist, vergißt er sie oder, noch öfter, beginnt er sie zu hassen. Dieser Haß ist das auf andere übertragene, unterdrückte Gefühl von Schuld und Scham angesichts der eigenen Niederträchtigkeit. Dieser Mechanismus spielt sich jedoch meist unbewußt ab, weshalb der Psychopath eine hohe Einschätzung von sich selber hat.

»Tonka« von Robert Musil. Der Autor über das Verhältnis zwischen unserem Gefühl und der Person, der dieses Gefühl gilt. Daß wir einfach den Wunsch haben, dieses Gefühl zu geben, und zwar einer Person, die sich in diesem Augenblick gerade im Radius seiner Strahlen befindet. Und diese Person kann völlig zufällig sein! »Nicht die Geliebte ist der Ursprung der scheinbar durch sie erregten Gefühle, sondern diese werden wie ein Licht hinter sie gestellt ...«

Locke war der Ansicht, wir wüßten nur, was wir erfahren. Berkeley geht einen Schritt weiter: Es existiert nur, was wir erfahren.

Ein Opfer, das nicht heroisch ist, erscheint sinnlos. Der Tod der Häftlinge, die in den Gulags Revolten anzettelten, ihre heldenhafte Proteste führten oft zu einer Verbesserung der Bedingungen für diejenigen, die überlebten. Der Tod von Menschen hingegen, die passiv und schweigend ums Leben kommen, bestärkt nur die Henker in der Überzeugung von der Straflosigkeit ihres Tuns.

Der österreichische Psychologe Erwin Ringel führt den Begriff des »sich selber Verfehlens« ein, wenn der Mensch sich selber zum Feind wird und sich auslöschen möchte (Ringel spricht von der Neurose der Selbstzerstörung).

Die Grenze zwischen Mensch und Bestie ist im Menschen stets fließend; sie ist ein Geheimnis, eine Herausforderung und Bedrohung.

Alle Menschen verspüren den Wunsch, sich zu verewigen, im Gedächtnis zu bleiben. Unsere Ingenieure in Port Harcourt, die mich immer wieder ersuchen, über sie zu schreiben, sie wenigstens kurz zu erwähnen. Und sei es nur mit einem Wort.

Die Sehnsucht, Zeugnis von seiner Existenz abzulegen, Spuren zu hinterlassen.

Der Mensch tritt nicht allein ab. Zusammen mit ihm verschwindet die Welt, die er um sich herum schuf, die seine Erweiterung darstellte, diese spezifische, einzigartige, unikale Mikrowelt, die nur durch die Anwesenheit dieses einen Menschen existierte. Mit seinem Tod verschwindet also noch etwas, etwas mehr.

* * *

Auf demselben Planeten leben zwei Arten von Menschen, völlig verschieden und andersartig.

Der eine nennt nichts sein eigen. Wir begegnen ihm in den Bergen Asiens, im afrikanischen Busch, in den Höhen der Anden oder der heißen Wüste Gobi. Er wandert dahin, einen Stock in der Hand, einen Schluck Wasser in seiner Palmflasche. Er besitzt keinen Groschen, weiß nicht, wann er zum letzten Mal gegessen hat, es ist nicht einmal sicher, ob er irgendwo ein Dach über dem Kopf hat. Er spricht wenig – worüber auch? Vielleicht kennt er die Namen seiner Nächsten. Und den eigenen. Ich habe auf meinen Reisen viele solcher Menschen getroffen und überlege, ob sie außer ihrem Namen noch etwas besitzen, doch es fällt mir nichts Nennenswertes ein.

Der zweite Mensch ist vielfältig, verästelt, gebeugt unter der Last der Dinge, die seinen unverzichtbaren Besitz ausmachen. Seine Verlängerung ist der ans Internet angeschlossene Computer. Er braucht einen Kühlschrank, eine Klimaanlage, Filter für sauberes Wasser. In der einen Rocktasche trägt er viele Schlüssel – fürs Auto, den Safe, den Schreibtisch, die Kasse. In der anderen ein Bündel Kreditkarten. In einer Hand hat er ein Mobiltelefon, in der anderen die Aktentasche, prall gefüllt mit Dokumenten.

Diese Menschen sind zwar Brüder, weil sie derselben menschlichen Familie entstammen, doch sie begegnen einander nie und hätten einander im übrigen auch nichts zu sagen.

Die Richtung der Entwicklung der Menschheit:

Früher einmal (im Paläolithikum) gab es eine einzige Kultur (Acheuleén). Auf der Erde lebte ein Stamm mit einer einzigen Sprache.

Von dort aus war der Fortschritt ein ständiges Knospen,

eine Vermehrung von allem. Die Menschen leben immer länger, werden immer größer, der durchschnittliche Intelligenzquotient nimmt ständig zu.

Doch auf vielen Gebieten haben wir schon die Grenzen, den Plafond, erreicht. Diesen Zustand beschrieb der amerikanische Paläontologe Stephen Jay Gould in seinem Buch »Full House: The Spread of Excellence from Plato to Darwin«. Ja, das Haus ist voll. Wir haben die Perfektion erreicht. Zum Beispiel im Hochsprung. Wieviel höher können wir springen? Oder die Wolkenkratzer. Viel höher kann man nicht mehr bauen. Das Gesetz der zunehmenden Perfektion führt oft in eine Sackgasse. Als Beispiel mag der Fußball dienen. Viele Spiele enden torlos: Vollendete Stürmer treffen auf ebenso vollendete Verteidiger.

Am anderen Ende der Skala: Nichts kann kleiner sein als die Zelle. Daher kann sich das Leben nur in eine Richtung entwickeln, in Richtung von Wachstum und Vermehrung.

Evolution? Nur wenn man die kleinen Teile des Systems betrachtet, nicht die Gesamtheit. Denn als Gesamtheit bleibt das Leben gleich. Die Existenz besitzt eine bewahrende Eigenschaft.

»Du meinst«, sagt A. B. zu einem Freund, »unsere Epoche sei eine Zeit großer Transformationen. Doch die Menschen, die vor zweihundert Jahren lebten, haben das auch von ihrer Zeit behauptet. Wo ist also der Unterschied?«

Der Unterschied, das Neue liegt im globalen Ausmaß dieser Transformation. Daß erstmals in der Geschichte eine globale, planetare Gesellschaft entstand, die als ganzes eine Periode der Veränderung, der Identitätssuche erlebt. Und daß diese Gesellschaft, auch das erstmals, zur selben Zeit über ein System der simultanen, weltweiten Kommunikation verfügt.

Der Übergang von der Agrargesellschaft zur industriellen und dann zur Informationsgesellschaft bringt auch Veränderungen in der zeitlichen Orientierung mit sich: Agrargesellschaften orientieren sich auf die Vergangenheit, industrielle auf die Gegenwart, Informationsgesellschaften hingegen auf die Zukunft.

Und auch der Begriff des höchsten Wertes ändert sich:
– In der agrarischen Gesellschaft ist das der Boden,
– in der Industriegesellschaft – die Maschine,
– in der Informationsgesellschaft – das Denken (daher die wachsende Rolle der Kultur, der natürlichsten Umwelt des Denkens, in unserer Welt).

22. 4. 1996

Im Palast der Radziwiłłs in Jadwisin ein Vortrag für hundert überdurchschnittlich begabte Mittelschüler. Das Thema: »Zwischen dem zweiten und dritten Jahrtausend«. Die Jugend ist neugierig, aufnahmefähig, nachdenklich.

In ihren Augen entwickeln wir uns in Richtung einer einheitlichen Welt, einer großen Unifizierung. Es wird eine einzige Kultur geben, ein System, eine gemeinsame Identität. Die räumlichen Entfernungen werden uns nicht trennen, sondern verbinden, es wird keine Kriege mehr geben, die Zahl der Katastrophen wird abnehmen, und es wird tatsächlich das Ende der Geschichte anbrechen.

»Im nächsten Jahrhundert«, schreibt Michael Elliott in »Newsweek« vom 7. 10. 1996, »werden sich die großen strategischen Ereignisse im Pazifik abspielen und nicht im östlichen Teil des Mittelmeeres. Ein Aufblühen Kontinen-

talchinas. Eine Rivalität zwischen China und Japan. Der
drohende Ausbruch eines nuklearen Konflikts zwischen
Indien und Pakistan. Alles das wird die Aufmerksamkeit
von Diplomaten und Politikern in den nächsten Jahrzehnten beanspruchen. Ich würde den Doktoranden aller
Hochschulen raten, eher die Namen der Halbinseln und
Schelfe im Chinesischen Meer auswendig zu lernen als die
Geschichte und Soziologie von Tulkarm, Nablus, Hebron
und Ramallah.«

Unterscheidet sich das Europa des 14. Jahrhunderts tatsächlich so sehr von jenem, dem man heute in der Gegend
von Brest, an der Grenze zwischen Polen und Weißrußland, begegnet, wo Überfälle auf Reisende und Raub an
der Tagesordnung sind? »Hier streifen die Hirten bewaff-
net durch die Wälder, doch weniger aus Angst vor Wölfen
als vor Räubern. Der Pflüger geht im Panzerhemd hinter
dem Pflug her und treibt den widerspenstigen Ochsen mit
der Lanze an. Der Vogelfänger versteckt seine Netze unter
dem Schild. Der Fischer knüpft seine Leine an das
Schwert. Und du würdest es nicht glauben, daß derjenige,
der Wasser aus dem Brunnen schöpft, einen rostigen Helm
an den Strick knüpft. Die ganze Nacht sind die Rufe der
Wachen auf den Mauern oder die Rufe: ›An die Waffen!‹
zu hören« (Petrarca aus Italien an Kardinal Colonna).

Bucht von Biscaya
    Es ist eine Unruhe in der Bewegung des Meeres, eine
potentielle Bedrohung – daß das Meer sich plötzlich
erhebt, riesenhaft anwächst, daß aus der Tiefe des dunklen
Horizontes eine vielstöckige Welle heranstürmt, die uns
überflutet.

San Sébastian

Bei einem Seminar über Mitteleuropa spricht der Prager Philosoph Karel Košik, ein Freund Milan Kunderas, über die moderne Kultur. Seiner Ansicht nach zeichnet sich diese durch drei Merkmale aus.

Erstens – das Provisorium. Es herrscht ein Provisorium, alles kann hinterfragt, verändert, in Klammern gesetzt, verworfen werden. Nichts ist stabil, dauerhaft, endgültig. Es dominieren der Relativismus, die Tendenz, offensichtliche Wahrheiten in Frage zu stellen, ein Pragmatismus ohne alle Prinzipien.

Das zweite Merkmal ist die Überzeugung, alles müsse perfektioniert werden. Nichts ist perfekt, wird nie perfekt sein, daher muß alles dauernd perfektioniert werden. Dahinter steckt die Idee von der Endlosigkeit. Die Perfektion hat kein Ende, der Fortschritt hat kein Ende. Die Idee des Fortschritts wurde zum Goldenen Kalb, zum Kult, zum Sacrum gemacht.

Das dritte Merkmal: Den Platz der Kultur in ihrem einstigen geistigen, geistig erlebten Sinn hat heute die Subkultur des Spektakels eingenommen. Die Haltung des modernen Menschen zeichnet sich dadurch aus, daß er alles (passiv) anschauen will. Daher ist der Tourismus zu einem Symbol unserer Zeit geworden. Dinge anzuschauen, von denen man eigentlich gar nichts weiß. Das Anschauen ersetzt Wissen und Verständnis, ja es wird zu deren Synonym. Die Kultur ist nicht länger eine Form des Lebens, sie wurde auf Gebiete reduziert, die man Spezialisten überläßt, zu einer Domäne von Professionalisten, zu einem Reservat.

Tendenzen der modernen Welt (Thesen für einen Essay):

1 – der Übergang von der Revolution von unten (spontan, blutig, zerstörerisch) zur Revolution von oben (gelenkt von Eliten, eingeschränkt von ihren Interessen) und der verhandelten Revolution (in der die ehemalige herrschende Klasse die politische Macht abgibt, aber die wirtschaftliche Macht behält);

2 – die entwickelte, reiche, herrschende Welt versucht, Kriege und Konflikte aus ihrem Territorium »zu verdrängen«, über den Limes hinaus, und sie dort zu isolieren oder in Vergessenheit geraten zu lassen (meist beides);

3 – der etappenförmige Übergang von der Massengesellschaft (die vorwiegend in den entwickelten Ländern herrscht) zur planetaren Gesellschaft (verbunden durch Elektronik, Informatik, den Markt billiger Waren, Massenkultur, Massenkommunikation usw.);

4 – das Entstehen – innerhalb eines Staates, aber auch weltweit – von zwei großen Klassen: der herrschenden Klasse der Eliten (upperclass) und der unteren, ärmeren Klasse (underclass). Die immer tiefere Kluft im Niveau und Lebensstandard der beiden Klassen;

5 – die Krise der Kultur: zunehmende Bedeutung eines irrationalen Faktors im Leben des Einzelnen und der Gesellschaft (Sekten, Parapsychologie), Niedergang der traditionellen Werte (Ehre, Loyalität, Solidarität, Güte, Hingabe usw.). In den zwischenmenschlichen Beziehungen wird der Dialog vom Monolog verdrängt. Triumph der Technik über die Kultur.

Die Utopien sind am Ende, doch die Welt wird weiterhin von Mythen beherrscht.

Über Ostmitteleuropa (Notizen für spanische Studenten). Einige Merkmale:

a – Verschiedenartigkeit und Reichtum der Kulturen, Nationalitäten, Religionen, Sprachen;

b – die Geschichte dieser Region hat etwas von Treibsand an sich. Alles ist ständig in Bewegung. Staaten entstehen und verschwinden. Die Grenzen ändern sich, Hauptstädte und Flaggen. Die Interessen, Systeme, gegenseitigen Beziehungen der Staaten, die Bündnisse;

c – der Provinzialismus. Lokale Angelegenheiten verdecken die Welt. Sie sind die Welt. Das Denken reicht nicht über die Grenzen des Stammes, der Heimat, der Region, des Landes hinaus. Wie in der holländischen Stadt Vondervotteimittiss in E. A. Poes Erzählung *Der Teufel im Glockenstuhl*. Die Bewohner dieser hermetisch von Bergen umgrenzten Stadt »haben es nie gewagt, deren Gipfel zu überschreiten. Sie führen übrigens einen ausgezeichneten Grund für ihre Seßhaftigkeit an, indem sie sagen: sie glaubten nicht, daß auf der anderen Seite der Hügel ›überhaupt etwas sei‹«;

d – die Lage zwischen zwei großen, machtvollen Staaten und Kulturen, die immer wieder Bündnisse schlossen, um Mitteleuropa untereinander aufzuteilen;

e – die gemeinsame Erfahrung der Totalitarismen – Nazismus und Kommunismus;

f – der bäuerliche Charakter der Gesellschaften. Dieses Gebiet war jahrhundertelang die Kornkammer

Westeuropas. Bäuerliche Kultur und bäuerliche Armut. Schwäche und Bedeutungslosigkeit der Mittelklasse. Die Vernichtung dieser Klasse, Vernichtung der Intelligenz durch Nazismus und Kommunismus. Diese Gesellschaften treten, atomisiert durch Krieg und Armut, in die zweite Hälfte des zwanzigsten Jahrhunderts ein, zivilisatorisch verspätet, dominiert vom sowjetischen Moskau;

g – starke Tendenzen zur Emigration, als Aussicht auf ein besseres Leben (Polen, Jugoslawien, Ukraine).

Die Zerstörung unseres Planeten muß nicht unbedingt Folge eines Kriegs der Sterne sein, ein Werk zerstörerischer Ideologien, von Invasionen mächtiger Armeen, von Regimen, die besessen sind vom Gedanken, die Welt zu beherrschen. Diese Vernichtung kann ebensogut durch ganz gewöhnliche menschliche Dummheit erfolgen. Die Warschauer Tageszeitung »Rzeczpospolita« vom 19. Februar 1997 meldet zum Beispiel, daß die Polizei in der Slowakei zwei Männer festnahm, die im Kofferraum ihres Personenwagens »3 Kilogramm reines Uran 238« transportierten. Ein Wunder, daß die Slowakei noch existiert. Daß ihre Nachbarn noch existieren. Daß Europa noch existiert!

Ich erinnere mich an eine Geschichte, die mir der Reporter Juliusz Fos vor ein paar Jahren erzählte. Der Fluß Narew schwemmte unterhalb von Ostrołęka plötzlich Leichen an. Das erregte sein Interesse. So viele Leichen? Von wo kamen die? Warum? Fos ging der Sache nach. Und er fand die Lösung. Burschen am Narew wollten sich den Fischfang erleichtern. Statt stundenlang mit der Angel am Fluß zu stehen, kamen sie auf die Idee, heimlich die durch angrenzende Felder laufende Starkstromleitung mit Drähten anzuzapfen und dann mit diesen ins Wasser zu steigen, um die Fische mit Stromschlägen zu betäuben. Sie wußten nicht, daß sie sich damit selber zum Tod verurteilten.

Am 7. September 1996 wurde in Las Vegas nach einem Boxkampf, in dem Mike Tyson seinen Gegner bereits in der zweiten Minute k.o. schlug, Tupac Shakur, Star des amerikanischen Gangsta-Rap, erschossen, dessen Ruhm mit jenem James Deans verglichen wird. Shakur saß in einem schwarzen BMW, den der Besitzer von Death Row Records, Marion Knight, lenkte. Plötzlich fuhr ein weißer Cadillac neben ihnen her, aus dem ein unbekannter Mörder eine ganze Serie von Schüssen in Kopf und Körper Shakurs jagte. Beide Wagen rasten mit hoher Geschwindigkeit dahin, und die ganze Szene dauerte nur wenige Sekunden.

Die Afroamerikaner reagieren ihre Frustrationen und Aggressionen ab, indem sie Gangsta-Rap hören und tanzen, dessen Rhythmus Aggression, Entladung und Befreiung ist. Der schwarze Shakur sang:

> And they say
> It's the white man
> I should fear
> But it's my own kind
> Doin' all the killin' here.

In diesem kurzen Vers ist alles enthalten – die Bitterkeit, die Angst und der Alpdruck, die überall dort herrschen, wo es Rassenkonflikte gibt: die Obsession.

Januar 1997

Wieviel von Afrika sich in Amerika findet! Die Afrikaner sagen: Ohne Afrika gäbe es kein Amerika. Die Kräfte Afrikas wurden zum Aufbau Amerikas gebraucht – nachdem in dreihundert Jahren Millionen von Sklaven über den Atlantik transportiert wurden, ist Afrika heute so ausgelaugt und energielos, daß es mit den übrigen Ländern nicht mithalten kann. Die Verfechter dieser Theorie besitzen überzeugende Argumente: Die afrikanischen Sklaven halfen in jenen Jahren mit, Macht und Reichtum Amerikas zu mehren. Und ihre Nachfahren tun das heute noch.

Die Realität erinnert immer wieder an die afrikanischen Wurzeln Amerikas. So gibt es in Oakland eine Auseinandersetzung, ob Ebonics als zweite oder gar erste Sprache in Schulen anerkannt werden soll, in denen afroamerikanische Kinder die Mehrheit ausmachen. Der Begriff Ebonics entstand 1973 als Bezeichnung für eine Umgangssprache, einen Dialekt, der heute schon als Sprache gilt, die von den Menschen in den schwarzen Gettos in den USA gesprochen wird. Grammatik und Wortschatz wurzeln in westafrikanischen Sprachen.

Die Tatsache, daß der Kampf um die Anerkennung von Ebonics als unabhängige, nichtenglische Sprache ausgerechnet in den Grundschulen einsetzte, bestätigt die These von Sprachforschern und Historikern, daß Sprachen von Kindern erfunden werden. Als Beispiel kann man Schul- und Hinterhofslangs anführen, die von Erwachsenen oft gar nicht verstanden werden. Die Kinder haben ihre eigene Welt, ihre eigenen Vorstellungen (vide – ihre ungewöhnliche Malerei) und denken sich für ihre Kommunikation Chiffren aus, die Erwachsene dann in den Rang von Sprachen erheben.

2. 9. 1996

Gestern begann Saddam Hussein eine Offensive gegen die von Kurden bewohnten Gebiete. Als Antwort versetzt Clinton die in diesem Teil der Welt stationierten amerikanischen Truppen in Alarmbereitschaft.

Bilder von CNN: Flugzeugträger laufen aus. Unter den Flügeln von Düsenjägern werden Raketen angebracht. Schwärme von Hubschraubern starten. Abdeckplanen werden von Panzerwagen genommen. Marinesoldaten setzen Helme auf, die mit ihren vielen Antennen, Leitungen und Mikrofonen aus Science-fiction-Filmen stammen könnten.

Eine imponierende Demonstration von Wundern der Technik, Kommunikation, Disziplin. Clinton, der eben noch diese blitzartige Mobilisierung befahl, spricht irgendwo in der amerikanischen Provinz zu seinen Wählern, lachend, gut aufgelegt, im legeren Sporthemd. Die Sonne scheint und es ist Hochsommer.

Die amerikanischen Intellektuellen bewundern die Macht ihres eigenen Landes, das im zwanzigsten Jahrhundert dominiert. »Nie hat es in den letzten 500 Jahren eine größere Kluft zwischen der Nummer eins und dem Rest der Welt gegeben«, schreibt Charles Krauthammer. »Hat in diesem Zeitraum je eine Nation auf den Gebieten der Kultur, der Wirtschaft, der Diplomatie, der Rüstung so dominiert wie heute Amerika?« (IHT, 27. 8. 96). Paul Kennedy: »Zwischen der Nummer eins, das heißt den USA, und allen übrigen Ländern der Welt hat sich eine Kluft aufgetan, tiefer als je zuvor in der Weltgeschichte, seit England und Frankreich Afrika mit Hilfe der Gatling-Maschinengewehre eroberten.« (NPQ, Sommer 1996) Notabene: Richard Gatling, der 1862 eines der ersten

Maschinengewehre erfand, war ein amerikanischer Baumwollfabrikant.

Sie haben ein Gefühl der Macht, der Herrschaft. Sie betrachten alles aus globaler, weltumspannender Perspektive. Ihr Schlüsselwort lautet: *Vision*. Ihr Handeln ist geprägt von Dynamik, Forscherdrang und finanziellem Schwung.

John Naisbitt: In den USA beschäftigen die Universitäten mehr Menschen als die Landwirtschaft.

Die Amerikaner wollen ihre Zivilisation überall hintragen, überall durchsetzen, und das größte kulturelle und politische Hindernis dabei ist der Islam. Daher richten sich die gröbsten Geschütze Amerikas gegen diesen. Der Kampf wird an vielen Fronten geführt, nicht zuletzt an der Front der Propaganda. Dabei kommt es zu zahlreichen lexikalischen, semantischen Manipulationen. Zunächst wurde in den Medien das Wort Islam (als Bezeichnung einer Religion) durch den Begriff »kämpferischer Islam« (militant islam) ersetzt, was impliziert, daß der Islam eher eine politische, weniger eine religiöse Bewegung ist. Das wurde besonders energisch in der Zeit der iranischen Revolution (Ende der siebziger Jahre) betrieben. Die Zeitungen brachten gern Bilder von iranischen geistigen Führern mit der Kalaschnikow in Händen. Dann ging die Manipulation einen Schritt weiter: Der kämpferische Islam wurde ersetzt durch den islamischen Fundamentalismus – das ist schon etwas Prinzipielleres, Immanenteres, Unversöhnlicheres. In den Medien waren weniger Fotos von betenden, frommen Gläubigen, Anhängern Allahs, zu sehen, dafür um so mehr fanatische Gesichter junger Menschen, die der Welt mit der Faust drohen. Diese Wüteriche sind also die Fundamentalisten. Meist sehen wir sie in

Massen, wie sie marschieren und demonstrieren. Mit der Zeit gehen die Medien noch einen Schritt weiter – das Wort Fundamentalist wird ersetzt durch das Wort Terrorist. Islamischer Terrorist. Der Kreis schließt sich, das Ziel ist erreicht. Die Etappen des Weges dorthin: Der Bekenner des Islam wird zum kämpferischen Moslem, dieser zum islamischen Fundamentalisten und schließlich – zum Terroristen. Ergo – Bekenner des Islam = Terrorist.

Damit wird auch die These Huntingtons verständlich, wonach ein großer Krieg in Zukunft ein Krieg der Zivilisationen sein wird. Oder genauer: ein Krieg der amerikanischen gegen die islamische Zivilisation. Im Iran hat er eingesetzt, dann auf den Persischen Golf übergegriffen, und die nächste Etappe war Somalia.

Dazu fallen einem auf Anhieb zwei Dinge ein: erstens, daß es in diesem Krieg um die Zukunft des Westens und Amerikas geht, weil der Islam die Ölquellen kontrolliert, ohne die eine entwickelte Welt nicht existieren kann. Und zweitens, daß der Islam längst zu einem internen Problem der Vereinigten Staaten geworden ist. Dort hat sich eine Bewegung entwickelt, die sich Nation of Islam nennt. Ihr Führer – Louis Farrakhan – ist schon dabei, eine islamische Internationale zu organisieren. Die ethnische Basis des Islams in den USA bilden die Bewohner der schwarzen Gettos und Wohnviertel, Millionen von Afro-Amerikanern. Farrakhan sagt, »die Regierung hat große, sehr große Angst vor der zahlenmäßigen Zunahme der schwarzen Bevölkerung«, weshalb sie diese Gefahr mit Rauschgift bekämpft: Sie wolle die Schwarzen durch Rauschgift vernichten.

★ ★ ★

18. 11. 1996

Ungefähr im November stabilisiert sich das Wetter, versinkt in langen, herbstlichen Stillstand. Es ist grau und feucht. Ein schwerer, bleierner Himmel hängt niedrig und reglos über dem Land. Von Zeit zu Zeit ziehen plötzlich Sprühregen durch, wie Scharen nasser Vögel. Es ist kalt, obwohl noch kein Frost herrscht. Es ist eine Zeit der Depressionen, von träge fließendem Blut, von Verkehrsunfällen, Krankheiten und auch mehr Betrieb auf den Friedhöfen.

Der Geschmack der Luft. Die Luft besitzt nicht nur Dichte und Duft, sondern auch Geschmack. Sie kann süß sein, salzig, sauer usw. Dieser Geschmack der Luft beeinflußt unseren psychischen Zustand, unser Allgemeinbefinden.

Eine Bank in Berlin, in der Nähe vom Bahnhof Zoo. Eine massive Barriere aus dunkler Eiche trennt die Kunden von den Angestellten. Der Boden auf seiten der Kunden ist höher als auf seiten der Angestellten, weshalb die Kunden auf diese herunterblicken. Dieses topographische Detail ist wichtig für Fräulein Christine, bei der ich meine Schecks einlöse. Ihrem Aussehen nach ist sie nicht viel älter als zwanzig. Sie ist durchschnittlich hübsch, sogar eher häßlich. Eine zu große Nase, tiefliegende, graue Augen, starke, breite Kiefer. Für diese Unvollkommenheiten hat die Natur das Mädchen mit einem Attribut entschädigt – Christine besitzt (das spüren, ahnen und sehen wir sogar teilweise) einen phänomenalen Busen. In diesem Wort »teilweise« kommt schon das ganze uns hier interessierende Spiel zum Ausdruck, eine in ihrer Subtilität faszinierende Darbietung, eine hinreißend kokette, zugleich aber diskrete Pantomime. Denn Christine will gefallen, das ist klar und nur zu verständlich. Und sie weiß natürlich, was an ihr gefallen kann. Doch ihr Problem besteht darin, daß das Schicksal sie mit einem Schatz bedacht hat, den sie nicht so einfach und simpel in der Öffentlichkeit zeigen kann. Diese Frage bereitet ihr viel Kopfzerbrechen: Wie kann ich zeigen, daß ich, wie man das auch immer betrachtet, einen wirklich schönen Busen besitze, ohne gleich den materiellen Beweis vorzuführen? Das Resultat dieses Nachdenkens und Grübelns können wir täglich in unserer Bank bewundern. Wie sorgfältig die Materialien der Blusen gewählt sind, damit sie richtig eng anliegen und kunstvoll straff sitzen. Wie raffiniert die Dekolletés geschnitten sind, um einerseits nicht die Grenze zu überschreiten, die Sitte und Anstand setzen (boshafte Seitenhiebe der Kolleginnen, giftige Blicke der Chefin), andererseits jedoch auch nicht die kleinste Chance zu versäumen, darauf hinzuweisen, daß hinter diesem Ausschnitt wirklich ungewöhnliche Dinge beginnen. Wie viele Versuche, Anproben, Zweifel, Zwiespältigkeiten sind dieser ideal geschnittenen Linie des Dekolletés vorausgegangen, dessen schier unlösbare Aufgabe darin besteht, verführerisch zu entblößen und gleichzeitig züchtig zu verhüllen. Wie viele Journale mußten durchgeblättert, wie viele Läden besucht, wie viele Blicke in den Spiegel geworfen, wie viele Beratungen mit Kolleginnen abgehalten werden? Nachdem sie einmal die ideale Mittellinie zwischen koketter Verhüllung und mutiger Enthüllung gefunden hat, wird Christine zur wachsamen Sklavin derselben: Beugt sie sich zu tief über ihren Schreibtisch, enthüllt sie zu viel, sitzt sie jedoch übertrieben aufrecht, rutscht die Linie des Dekolletés nach oben und verhüllt wieder zu viel. In dieser fließenden, sich ständig ändernden Form des Dekolletés, seiner offensiven Beweglichkeit stecken alle Geheimnisse des Spiels, zu dem dieses Mädchen uns einlädt.

Die Bank, bei der Christine arbeitet, liegt in einer Straße, in der es auch ein paar öffentliche Häuser gibt. Im Sommer stehen hier viele Mädchen, die alles zeigen, was sie haben, um Kundschaft anzulocken. Und doch ist Christine, eine gewöhnliche Bankangestellte, die Attraktion dieser Gegend. Denn hier, in diesem nüchternen, kühlen Kassenraum, werden wir Zeugen einer kunstvollen, verführerischen Pantomime, die bewußt-unbewußt vorgeführt wird, um uns zu erfreuen.

In dem Film »Smoke« von Paul Auster. Gewöhnliche Menschen und ihre gewöhnlichen Geschichten. Das ist es, was man heute sucht – alles soll gewöhnlich, alltäglich sein, soll seinem eigenen ruhigen Rhythmus folgen. In der Gewöhnlichkeit steckt heute das Ungewöhnliche. Dieselbe Ecke an einer New Yorker Straße, dieselbe Umgebung, wo immer etwas passiert, sich aber nichts ändert, dieselbe Bar, dieselben Menschen, alle an ihr Schicksal gebunden, das ihren Bedürfnissen und Erwartungen entspricht.

In »Newsweek« (9. 9. 1996) eine Rezension von »In Memory's Kitchen« der Autorin Cara De Silva. 82 Kochrezepte, die Insassinnen des Konzentrationslagers Theresienstadt wie Kassiber notierten. Weibliche Häftlinge, die jeden Tag mit dem Tod rechnen mußten, wollten späteren Generationen die Rezepte ihrer unübertrefflichen Salate, Suppen, Vorspeisen, Fleisch- und Fischgerichte, Kuchen, Strudeln, Strauben und Torten überliefern.

Welche Kraft diesen Träumen von der Normalität innewohnt. Sogar noch im Antlitz des Hungertodes im Konzentrationslager ... Der Glaube daran, daß das Leben weitergeht.

Mehr als alle Erscheinungen von Aggression (Morde, Explosionen, Überfälle und Entführungen) interessiert mich das bei einzelnen Menschen und ganzen Gesellschaften sichtbare Streben nach Normalität, nach der beinahe automatischen Rückkehr zur Normalität, wenn diese einmal gestört wurde. Dem Eifer des Menschen bei der Reparatur einer zerstörten Brücke, beim Zuschütten von Bombenkratern, beim Verputzen zerschossener Mauern fehlen jedoch die Dramaturgie, die Spannung, die emotionellen Schauder, die Atmosphäre des Schreckens und alle diese Stimmungen und Empfindungen, die wir erleben, wenn wir Szenen des Kampfes, der Zerstörung, der Vernichtung beobachten. Wenn daher die Normalität gegen diverse Exzesse um unsere Aufmerksamkeit konkurrieren muß, ist sie chancenlos. Die Medien suchen Blut, sie brauchen seinen Geruch, seinen faszinierenden Anblick. Das Böse ist viel fotogener, faszinierender, es schlägt uns gänzlich in seinen Bann.

Quelle des Optimismus kann, paradoxerweise, tiefer Pessimismus sein. Jemand ist zum Beispiel überzeugt, der Mensch sei seinem Wesen nach schlecht, sein stärkster Instinkt sei der Zerstörungsdrang, das hervorragendste Merkmal seines Denkens: Dummheit, seine erste Reaktion: Aggression. Dieser Mensch wird von seinen Mitmenschen nur das Schlimmste, jede nur erdenkliche Niedertracht, jedes Verbrechen erwarten, und wenn diese Bösartigkeiten ausbleiben, nimmt er das schon als Anlaß zur Freude und meint, die Welt stimme doch optimistisch.

274

Diesen Optimismus, der dem tiefem Pessimismus entspringt, nannten die Russen zur Zeit des Stalinismus Kolyma-Faktor. Kolyma, die Gulags von Kolyma waren bekanntlich eine Hölle auf Erden, weshalb alles, was nur einen Deut besser war als dieser Alptraum, schon Zufriedenheit und Optimismus weckte. Wenn in einer Wohnung das Wasser einfror, wenn es nichts zu essen und zum Anziehen gab, trösteten sich die Russen, indem sie sagten: Beklagen wir uns nicht, daß es uns schlecht geht, die in Kolyma sind noch viel schlimmer dran! Und sie betrachteten sich als Glückspilze. Sie waren echte Optimisten.

Auf der Welt leben sechs Milliarden Menschen. Das sind potentiell sechs Milliarden verschiedene Wünsche, Ambitionen, Auseinandersetzungen, Konflikte. Mit so viel gefährlichem Sprengstoff geladen, hätte unser Planet eigentlich schon längst in die Luft fliegen müssen, denn immerhin verfügen wir über Bomben, die ausreichen, um das ganze Universum zu vernichten. Und doch existiert unsere Welt immer noch, lebt (jedenfalls relativ) friedlich, entwickelt sich irgendwie. Wie soll man da kein Optimist sein?

»Es sind schrecklich konservative Zeiten angebrochen«, sagt Agnieszka Holland in einem Interview für die Warschauer Tageszeitung »Rzeczpospolita« (26. 3. 1996). »Keiner will über den Horizont greifen.«

Spanien im Juli 1996
Der Radfahrer Miguel Induraín. Für die Spanier der beste Sportler aller Zeiten. Er gewann fünfmal hintereinander die Tour de France. Und jetzt verliert er zum ersten Mal. Spanien verfolgt das Rennen mit angehaltenem

Atem. Überall, in Córdoba, in Madrid, in Salamanca, sehe ich, wie die Spanier in Bars, in Cafés, zu Hause sitzen, in den Fernseher starren und die dahinrollenden Fahrer beobachten, wie sie Induraín suchen. Die Räder der Rennmaschinen drehen sich in den Schaufenstern, in Wohnungsfenstern, in Warteräumen, in Hotels, sie drehen sich in Spiegeln und Scheiben, sie fliegen vor und neben uns her, kreisen in allen Winkeln und Richtungen, als jagte das ganze Land in der Hitze dahin, in der Glut des Mittags, vornübergebeugte, gestraffte Silhouetten, die sich von einer Seite des Bildschirms zur anderen bewegen, und die Spanier springen auf die Sessel, schlagen sich gegen die Stirn, hauen einander auf die Schultern, den Rücken, die Schenkel, bis sie schließlich mit hängenden Köpfen, trübselig und schweigend auseinandergehen.

Man könnte tatsächlich die Geschichte der Menschheit als Geschichte der Berufe erzählen, die einmal auftauchten, funktionierten und dann aufhörten zu existieren. Solche gab es Dutzende, Hunderte, allein in der europäischen Kultur. Nehmen wir nur den Waffenschmied, den Handwerker, der Rüstungen herstellte. Oder den Zeidler, den Imker wilder Bienen. Oder den Spielmann, einen Sänger und wandernden Schauspieler. Waffenschmied, Zeidler, Spielmann – das ist schon die weit zurückliegende Vergangenheit. Aber wie viele Berufe sind in unserer Zeit, vor unseren Augen verschwunden? Nehmen wir nur den Abdecker oder den Maschinisten der Dampflokomotive, oder den Straßenbahnschaffner, sogar den Schmied. Es gibt nur mehr ganz wenige Schmiede!

Marx sagte das Ende des Kapitalismus voraus, die Arbeiterklasse werde ihn liquidieren (die Bourgeoisie – so heißt es im »Kommunistischen Manifest« – »bringt vor allem ihre eigenen Totengräber, die Arbeiter, hervor«). In Wahrheit ist es genau dieser Kapitalismus, der langsam die Arbeiterklasse liquidiert.

Es begann mit dem Bauerntum. Das Bauerntum als zahlreiche, arme Gemeinschaft von Kleinbauern, von eingeschüchterten, analphabetischen Keuschlern, ist in den entwickelten Ländern längst verschwunden. Je moderner ein Land, um so weniger Menschen sind in der Landwirtschaft tätig, um so weniger Bauern gibt es. Dasselbe Los trifft nun die Arbeiterklasse. In den entwickelten Gesellschaften verschwindet sie – die künftige Wirtschaft braucht eher Köpfe als Hände.

Zwei Kräfte sind die Totengräber der Arbeiter: die moderne Technologie und das weltweite Kapital. Die Technologie macht die Arbeit der Hände immer weniger effektiv und rentabel. Das Großkapital, das sich ungehindert über die Welt ausbreiten kann, tätigt seine Investitionen dort, wo der Arbeiter am billigsten und gefügigsten ist. In Asien verdient er zehnmal weniger als in Amerika, dazu kommt, daß Gewerkschaften dort verboten sind.

Diese Welt ist eine Welt der Reichen. Wer nicht der Schicht der Privilegierten angehört, ist zur Bedeutungslosigkeit, zum Dahinvegetieren, zum Gehorsam verdammt. Wer sich auflehnt, zahlt drauf, im übrigen wird der Geist der Auflehnung unter den Benachteiligten und Abgeschobenen (oder, wie die Franzosen sagen, Ausgeschlossenen) immer schwächer. Unter ihnen breitet sich Resignation aus: Du kannst nicht mit dem Kopf durch die Wand.

Ein paar ökonomische Dogmen wurden zerschlagen. Das wichtigste: daß wachsende Investitionen, Handel und Technologie den Wohlstand der gesamten Gesellschaft vergrößern. Es ist anders gekommen: Heute bereichern sich die, die ohnehin reich sind. Die Menschheit läßt sich in zwei Gruppen teilen: in Sieger und Besiegte. Die einen spüren, daß sie immer höher steigen, während die anderen immer öfter abgedrängt, vom Spiel ausgeschlossen, vom gedeckten Tisch vertrieben werden. In diese zwei Lager zerfällt die menschliche Familie, ist sie immer schon zerfallen, nur daß die Entwicklung der Massenkommunikation uns das erst jetzt so deutlich vor Augen führt.

Es gibt in der Welt viel ökonomische Unruhe und Unsicherheit. Die Arbeitslosigkeit wächst: In den entwikkelten Ländern gab es 1974 weniger als 18 Millionen Arbeitslose, zwanzig Jahre später sind es schon 34 Millionen. Dazu kommt: Wenn ein Arbeitsloser neue Arbeit bekommt, ist diese in der Regel schlechter bezahlt als die vorige. Am schlimmsten benachteiligt sind Menschen mit niedriger Qualifikation. Sie stellen ein großes wirtschaftliches und menschliches Problem dar. Was soll man mit ihnen machen? Oder besser, was sollen sie machen? Der beste Ausweg wäre, ihre Bildung und Kultur zu heben und sie auf ein Leben in der modernen Welt vorzubereiten, in der der Qualifizierte die besten Chancen vorfindet. Doch die Regierungen wählen einen anderen Weg: Sie kürzen die Ausgaben genau auf diesem Gebiet am radikalsten.

Der Niedergang der Arbeiterklasse in den entwickelten Ländern bedeutet nicht ihr völliges Verschwinden. Die traditionellen Industrien bestehen und entwickeln sich weiter – doch ihre Standorte liegen nun in der Dritten Welt. Früher einmal, vor fünfzig Jahren, war die Arbeitsteilung etwa folgende: Die Länder des Nordens erzeugten Waren und exportierten diese in die Länder des Südens, von wo sie Rohstoffe importierten. Heute exportieren die Länder des Nordens immer weniger dorthin, weil ihre Waren für den Süden zu teuer sind, während der Süden immer mehr billige Waren herstellt und in den Norden exportiert. Auf diese Weise hat das Großkapital die teure Arbeiterklasse der reichen Länder mit den Händen der billigen Arbeiter der Dritten Welt erledigt.

Wenn A. B. beschreiben möchte, was den größten Unterschied zwischen Kommunismus und Kapitalismus ausmacht, verweist er auf die unterschiedliche Einstellung zur Initiative. Der Kommunismus tötete die Initiative, weil er sie fürchtete, bestenfalls mit Mißtrauen betrachtete. Er stützte sich auf die menschliche Neigung zu Faulheit und Passivität. Daher entsprach er so gut der Natur des slawischen Bauern, den ein widriges Klima zu monatelanger Untätigkeit verurteilte. Im Gegensatz dazu muß man Initiative beweisen, wenn man im Kapitalismus funktionieren will. Der Kapitalismus ist ein System, das von und für Menschen mit Initiative, Menschen der Stadt, Menschen des freien Marktes, der Konkurrenz, des Aufstiegs geschaffen wurde – andere haben keine Chance.

Die Gesellschaften unserer Welt unterscheiden sich unter anderem durch die Rollen, welche der Initiative des Einzelnen, der Gruppe, der Institutionen in ihnen zukommen. In manchen stellt die Initiative eine wichtige, permanente Antriebskraft dar (die sogenannte *bottom-up society*), eine Kraft von unten, welche die ganze Gesellschaft nach oben trägt und ihre Entwicklung fördert. In anderen Gesellschaften wurde die Initiative von unten hingegen stets kompromißlos unterdrückt und zerstört. Das sind die sogenannten *top-down societies*, Stammes- oder autoritär geführte Gesellschaften, geprägt durch Passivität, Stagnation und Apathie.

Ich wurde in der Überzeugung erzogen, daß Freiheit, Gleichheit und Brüderlichkeit die höchsten Werte sind. Und daß die Gleichheit am höchsten steht und Freiheit und Brüderlichkeit sich ihrem Triumph unterordnen müssen. Daher wurde eine frühe Indienreise für mich zum tiefen Schock. Ich fand mich in einer Welt wieder, in der die Ungleichheit nicht nur den allgemein herrschenden Zustand darstellte, sondern noch dazu durchaus erstrebenswert erschien, und das gerade denjenigen, die nach meiner naiven Überzeugung gegen diese Ungerechtigkeit ankämpfen sollten. Am schlimmsten war es für mich, wenn ich das Hotel, einen Tempel, Museen verließ, alle jene Orte, die von Fremden, von Touristen besucht werden. Sofort bestürmten mich Scharen von Rikschafahrern, die mir hartnäckig ihre Dienste aufdrängten. Mir aber erschien genau das, daß ich nämlich bequem in einer Rikscha sitzen sollte, die von einem ausgezehrten und sicher hungrigen Menschen in der entsetzlichen Hitze des indischen Sommers dahinbewegt wurde, völlig undenkbar. Ich suchte zu entwischen, zu entkommen, lehnte ihre Dienste entschieden und kategorisch ab, obwohl sie mich anflehten, sich um mich balgten, mich in ihre zerlepperten Fahrzeuge stoßen wollten. Jahre später las ich »Traurige Tropen« von Claude Lévi-Strauss wie eine Erkenntnis: Der französische Anthropologe verwies darauf, daß keineswegs alle Menschen gleich sein wollen und es Kulturen gibt, die bestrebt sind, die Ungleichheit zu erhalten und sogar zu vergrößern: »Hier wird man von seinem Gegenüber gezwungen, ihm das Menschsein abzusprechen, das man ihm doch so gerne zuerkennen möchte. Alle Ausgangssituationen, welche die Beziehungen zwischen Personen definieren, sind verfälscht, die Regeln des sozialen Spiels verdorben, es ist unmöglich anzufangen. Denn selbst woll-

te man diese Unglücklichen als Gleiche behandeln, so
würden sie sich über diese Ungerechtigkeit beschweren:
sie wollten nicht gleich sein; sie flehen dich an, beschwö-
ren dich, sie mit deinem Stolz zu erdrücken, denn von
dem Abstand, der dich von ihnen trennt, erwarten sie
einen Brocken (das Englische sagt richtig: *bribery*), der desto kräftiger ausfallen wird, je größer die Entfernung zwischen uns ist; je höher sie mich stellen, desto mehr hoffen
sie, daß jenes Nichts, das sie von mir verlangen, ein Etwas
wird. Sie fordern nicht das Recht auf Leben … Dauernd
streichen sie um dich herum und lauern auf einen Befehl.
Es liegt etwas Erotisches in dieser bangen Unterwerfung.«

Konsumismus ist die unmäßige Sucht nach Konsum.
Unersättlichkeit. Gefräßigkeit. Beutegier. Besitzgier. Tri-
umphbedürfnis. Machtbedürfnis. Man kann das mit sexu-
eller Begierde vergleichen, die sich nie stillen läßt.

Amerika: Die Kulturgeschichte des Alltags wird immer
öfter zur Geschichte der Gastronomie: Wo wurde ein neues Restaurant eröffnet (oder zugesperrt)? Wo kann man
gut essen? Welches Gericht könnte man noch versuchen?
Wer bereitet das beste Kalbfleisch zu? Wer serviert die
besten Austern? Gespräche übers Essen ersetzen Gespräche über das Wetter. Oder besser – das Wetter wird zum
wichtigsten Gesprächsstoff während des Essens.

Mircea Eliade bewundert in seinen Aufzeichnungen
von 1952 die Intuition Sorels. Der französische Philosoph
Georges Sorel definierte schon 1908 in seinem Werk »Illusion des Fortschritts« die Ursache dafür, daß die Reichen
in der Welt so hartnäckig die Idee des immerwährenden
Fortschritts vertreten: »Die historisch-politische Analyse

dieser Verbindung von Ideologie und Mythos wurzelt in psychologischen Motiven«, schreibt Eliade. »Die Bourgeoisie, so sagt Sorel, freut sich über den technischen Fortschritt und ist überzeugt, daß morgen alle von diesem profitieren könnten, weshalb sie sich *heute* ganz ruhig und ohne Komplexe an dem delektieren kann, was sie *jetzt schon* hat. Wenn es nämlich stimmt, daß die Armen heute leiden, dann wird der Fortschritt sie morgen von ihrem Leiden erlösen. Daher haben wir, die Besitzenden, das Recht, uns an unserem Besitz zu erfreuen, weil alle anderen *morgen* unser Glück teilen werden.«

Im Leben der Großstädte, im Chaos, im Getümmel und der Grenzenlosigkeit der gigantischen Metropolen ist es faszinierend, wie die Menschen ein Stückchen privates Leben, ein Körnchen Intimität für sich herauspicken, um einen Augenblick allein oder in der Wärme der Gemeinschaft mit Freunden zu verbringen, in Stille, in Abgeschiedenheit, in einer Art Taucherglocke. Viele Szenen in der amerikanischen Literatur beschreiben einfach, wie es zu Begegnungen zwischen Menschen in so monströsen Orten wie New York oder Los Angeles kommt. Wie sie diese Begegnungen planen, einander deshalb anrufen, welchen Schwierigkeiten sie unterwegs begegnen, was sie erleben, wieviel Glück (sie haben einen Parkplatz gefunden!) oder Pech sie haben (sie haben keinen Parkplatz in der Nähe gefunden), wie sie schließlich ans Ziel gelangen. Diejenigen, die schon dort sind, empfangen die Eintreffenden wie Heimkehrer von einer weiten und gefährlichen Reise. Und genau so schauen die Ankömmlinge auch aus: Sie sind erschöpft, zermartert, zerknittert, zerknautscht, verschwitzt und verstaubt – doch gleichzeitig gelöst, froh und glücklich, dem Bauch des Ungeheuers entkommen zu sein, den Weg durch seine labyrinthischen Innereien aus Stahlbeton gefunden zu haben und sich nun für einen Moment, für ein Stündchen, einen Abend verstecken, in einer hermetisch geschlossenen Muschel einsperren zu können.

In der allgemeinen Verwirrung und Hast, im Kampf der Ellbogen, in all dieser Rüpelei und Aggression weckt einer, der uns zulächelt, uns zunickt, uns höflich anspricht, sofort unsere positive Aufmerksamkeit. Wir erinnern uns seiner, werden ihn hervorheben, loben und von ihm sagen: Was für ein netter Mensch!

Wie sehr sich die Städte verändert haben! Ich betrachte das Bild Claude Monets mit dem Titel »Le Boulevard des Capucines« aus dem Jahre 1873. Die Häuser auf diesem Bild leuchten. Die Gebäude und Straßen, die Stadt sind eine Quelle des Lichts. Die Stadt ist hell, sie strahlt wie ein Stern. Heute ist derselbe Boulevard eine tosende Schlucht, gefüllt mit Wolken von Abgasen und Staub.

Bei einem Stand in der Nähe des Kremls erstand ich die Werke Wassilij Kljutschewskijs. Der große russische Historiker Kljutschewskij notierte in Vorwegnahme der Begeisterung seiner Landsleute für den Kommunismus im Februar 1898 in sein Tagebuch: »Durch Jahrhunderte haben uns die griechische und dann die russische Literatur gelehrt zu glauben, an alles zu glauben, jedem zu glauben ... Gleichzeitig haben sie uns verboten zu denken. Sie sagten uns: Glaube, denk nicht. Wir fürchteten das Denken wie eine Sünde, ehe wir noch zu denken begannen und die Kunst erlernten, Fragen zu stellen. Wenn wir daher mit fremden Gedanken konfrontiert wurden, nahmen wir diese gläubig auf. In der Folge machten wir wissenschaftliche

Wahrheiten zu Dogmen, zu Fetischen, und die Tempel der Wissenschaften zu Kapellen des Aberglaubens und Tabus. ... Unter dem Einfluß von Byzanz wurden wir zu Sklaven eines fremden Glaubens.«

Herbert Schnädelbach schreibt in seinem Werk »Die Philosophie in Deutschland 1831–1933«, daß in Preußen nach 1815 statt der Emanzipation des Bürgertums eine Emanzipation der Staatsbürokratie erfolgte, die eine »Revolution von oben« durchführte, weil sie das Entstehen der preußischen Staatsnation mit bürokratischen Mitteln förderte.

Es gibt zahlreiche Analogien zwischen Preußen und Rußland, dem zaristischen und später dem sowjetischen! »Staatsnation«, ja, genau das ist es! Der Staat als Quelle der Identität des Bürgers. Die Gleichsetzung staatlicher Interessen mit denen der Nation, der Gesellschaft, des Einzelnen (die Privatsphäre wird vom Staat aufgesogen, hört auf zu existieren). Die Staatsmacht verkündet die These: Je stärker der Staat ist, um so stärker bist auch du, während in demokratischen Systemen eine andere Philosophie gilt: weniger Staat, und an seiner Stelle – mehr Gesellschaft!

Obwohl Lenin sich zum Führer des Proletariats ernannte (also der damals armen Klasse), galt sein Denken nie dem Elend der Armen und der Verbesserung ihres Schicksals, sondern nur dem Problem der Macht. Maxime, Schlüssel dieses Strebens war die Kategorie der Ausschließlichkeit, des Monopols, des Totalitarismus, die Überzeugung, man dürfe die Macht mit keinem teilen. Um diesen Zustand des absoluten Monopols zu erreichen, gab es nur einen Weg – die physische Vernichtung des Feindes. In dieser biologischen Sicht des politischen

Kampfes, im ständigen Streben nach einer Endlösung, steckt das eigentliche Wesen des Leninismus.

5. 6. 1996

Radio »Swoboda« meldet, daß in Rußland nach jüngsten Angaben des Innenministeriums mehr als 8000 kriminelle Organisationen tätig sind, von denen 140 auch im Ausland (vor allem in den USA und in Deutschland) agieren.

Jeder Nationalismus ist abstoßend und gefährlich, doch der Nationalismus eines starken, riesigen Landes ist für die Welt besonders bedrohlich. Die These, wonach der Nationalismus den Platz der totalitären Ideologie einnimmt, wird von vielen Politologen vertreten, und die Wirklichkeit scheint sie zu bestätigen. Das Anwachsen des Nationalismus und chauvinistischer Tendenzen in den größten Ländern ist besonders besorgniserregend. In Rußland etwa erlebt der Nationalismus eine Blüte. Seine radikalsten Varianten zeigen religiös-mystische Färbungen. Nationalistische Haltungen machten sich auch in den Vereinigten Staaten während der Olympischen Spiele in Atlanta bemerkbar. Charles Krauthammer schreibt, die Fernsehberichte von der Olympiade seien von einem »unerträglichen, schamlosen Chauvinismus geprägt gewesen. In jeem Bericht geht es nur um eines: Was machen die Amerikaner, und wenn sie keine goldenen Medaillen gewinnen, warum nicht?« (IHT, 27. 8. 1996)

Gleichzeitig zanken sich China und Japan im Pazifik um eine kleine, felsige, unbewohnte Insel (die japanisch Senkakus heißt und chinesisch Diaoyus), auf die beide Länder Anspruch erheben.

Siegfried Lenz: »Der Begriff ›Heimat‹ ist enger als ›Vaterland‹. Mich interessiert gerade diese Verengung des Horizonts, diese provinzielle Beengtheit, die Hochmut und fatale Ansprüche hervorbringt. Provinzler fühlen sich oft als Auserwählte des Schicksals, sie haben ein Gefühl unbegrenzter Möglichkeiten« (im Gespräch mit Barbara Šurowska und Karol Sauerland, »Literatura na Swiecie« 5/85).

Den Begriff Vaterland ersetzen wir immer öfter durch den Begriff eines angenehmen Ortes auf Erden, wo wir ganz nach unseren Wünschen leben können.

Eines der Probleme der modernen Welt, die eine tiefgreifende, radikale, umfassende Transformation durchmacht, besteht darin, in dieser neuen Situation den Begriff der nationalen Identität zu definieren. Welche Bedeutung kommt diesem in den heutigen Gesellschaften zu? Mit welchen Werten ist er verbunden? Mit welchen Symbolen? Mit welchen Bestrebungen? Was heißt es, heute ein Serbe zu sein? Spanier? Pole? Welche aktuellen Begriffe verbergen sich hinter diesen Namen? Sieht man nicht dort, wo die Nationalismen am lebendigsten und hartnäckigsten sind, daß sich die nationale Identität oft auf völlig veraltete, anachronistische Merkmale reduziert? Und daß ihre Verteidiger und Verfechter um so aggressiver auftreten, je veralteter diese Merkmale sind? Daß die Menschen dort nicht imstande sind, über ihre Situation nachzudenken und einen neuen Platz, eine neue Rolle für ihre Gemeinschaft zu finden?

9. 1. 1997

Wenn man Immigranten aus den ärmsten Ländern beobachtet, die sich in reichen Ländern niederlassen, entdeckt man in ihrer Haltung eine Taktik vorsichtigen Lauerns. Sie bemühen sich, keine Aufmerksamkeit zu erregen. Sie bemühen sich, anonym zu bleiben. Sie führen brav alle Anweisungen aus. Sie kritisieren nicht. Protestieren nicht. Gründen keine Parteien. Kämpfen nicht um die Macht. Er hat Arbeit als Maurer bekommen? Dann will er Maurer werden. Er wurde als Straßenkehrer eingestellt. Dann möchte er Straßenkehrer werden. Er will nicht Mitglied des Parlaments werden. Nicht Minister. Der Einwanderer bleibt auf dem ihm zugewiesenen Platz, er weiß, was ihm zusteht. Er ist der Prototyp des Menschen der künftigen Zivilisation: anonym, gehorsam, arbeitsam, effektiv, diskret egoistisch, mäßig ambitioniert, entwurzelt aus seinem Dorf, seiner Stadt, seinem Land und seiner Kultur, bildet er den Sauerteig einer neuen, planetaren Gesellschaft, deren Gestalt sich erst abzuzeichnen beginnt.

Nische: »Ausbuchtung, Vertiefung«. Eine Form des Überdauerns. Und auch eine Art, ein Klima der Selbstverherrlichung herzustellen, denn die Nische hat einen Vorteil – man kann sie nur mit sich selber füllen, was uns vom Alpdruck der Konfrontation befreit, von der Notwendigkeit, uns dem Vergleich, dem Urteil der Öffentlichkeit zu stellen.

So lange in einem Land leben, daß man sagen kann: Ich kenne es überhaupt nicht!

Viele Worte, die Werte bezeichnen, sind bei uns längst außer Gebrauch geraten! Die Worte Ehre, Stolz, Großmut,

Barmherzigkeit, Aufopferung und Dutzende andere. Und auch über die Werte selber wird nur mehr an Feiertagen geredet.

Banalität. Ist aber die Banalität nicht auch wahr? Nur daß diese Wahrheit offensichtlich ist? Wie oft erleben wir, daß sich diese offensichtlichen Wahrheiten nur mit größter Mühe durchsetzen, an die Oberfläche durchkämpfen können. Offensichtliche Wahrheiten − das sind jene, die ein Weiser ausspricht, ein Schlaumeier hingegen als banal verhöhnt.

Molière: »Die einen sagen nein, die anderen sagen ja, und ich sage ja und nein.« (»Der eingebildete Kranke«)

Der Glaube, im Humanismus etwas Neues zu entdekken, wurzelt heute nur mehr in unserer mangelnden Belesenheit.

Im Kampf um die Macht gewinnt oft derjenige, der den Antrieb und Willen zum Sieg besitzt. Beobachten wir eine Gesellschaft, eine Gruppe, in der es zum Kampf um die Führung kommt. Bald stellen wir fest, wie sehr sich die Menschen hinsichtlich Kraft und Intensität ihres politischen Willens unterscheiden: Die einen wollen den Kampf um jeden Preis gewinnen, andere warten eher ab, wieder andere bleiben gleichgültig. Diejenigen, die das stärkste Machtbedürfnis äußern, werden höher und höher steigen. Es ist da etwas in ihrem Verhalten, das unsere Aufmerksamkeit erregt: Sie sind erfüllt von einer intensiven, fiebrigen Bereitschaft zum Sprung. Sie streben ihr Ziel so verbissen an, daß wir sie, ohne nachzudenken und oft sogar gegen unsere Überzeugung, unterstützen.

Das Phänomen Clinton. »Newsweek« vom 9. September 1996 schreibt über Clinton: »He is often accused of having no core.« Wie soll man das übersetzen? Daß er kein Rückgrat hat? Kein Knochengerüst? Keine eigene Meinungen? Kein Inneres? Daß er ein Opportunist ist? Pragmatiker? Ich habe im Oxford-Wörterbuch der Synonyme von 1991 nachgeschaut. Das Wort »core« hat 28 Bedeutungen. Neben den oben genannten gibt es noch: Kern, Mark, Essenz, Achse usw.

Clinton ist der Repräsentant einer neuen Generation von Politikern, die die Weltherrschaft antritt. Nach Jahren der Herrschaft massiger, düsterer, verbissener, mürrischer Ideologen bricht nun die Zeit der leichten Kaliber an, postmodernistischer Lockerheit, einer elastischen Linie. Wichtig sind die aktuelle Situation und die momentanen Interessen. Die Gegenwart regiert und entscheidet. Es werden Verpflichtungen ohne Bedeutung eingegangen und Versprechen gemacht, die nur ein Spiel sind.

In der Welt kommt die Generation der *Glatten* an die Macht. Nicht die der Strategen, der Cäsaren, der Weisen – nein, die der Glatten. Nicht die der Verbissenen, der Düsteren, der von Ideen Erfüllten, der Fanatiker – nein, die der Glatten. Nicht die der Rachsüchtigen, der Psychopathen, der Satrapen, der Diktatoren, sondern die der Glatten. Der Glatten, der Gestriegelten, der Zuvorkommenden, der Überfreundlichen, der Die-von-allen-geliebt-werden-wollen.

Allgemeine Wahlen, die in den letzten Jahren in vielen, ganz verschiedenen Ländern abgehalten wurden, zeichnen sich durch drei gemeinsame Merkmale aus:

a – Unübersehbar ist die Tendenz, daß die Gesellschaften in zwei große Blöcke zerfallen, etwa in die sogenannte Linke und Rechte (ich spreche von der sogenannten Linken und Rechten, weil diese Begriffe heute nicht mehr viel bedeuten und bloß verschiedenen Gruppierungen als Stichworte für die Identifikation dienen). Es ist bemerkenswert, daß die Wahlsiege oft nur sehr knapp ausfallen. Die Tendenz geht in Richtung von Resultaten, die in etwa 50 : 50 lauten;

b – nach den Wahlen kann man im Lager der Sieger eine rasche Pragmatisierung der Politik feststellen. Der Radikalismus der Erklärungen und Vorwahlversprechen verflüchtigt sich. Das neue Regierungslager entideologisiert sich. Der Machtwechsel bedeutet keine politische Revolution, sondern eher personelle Rochaden;

c – überall manifestiert sich eine kadermäßige Stabilisierung der politischen Eliten. Die Aufnahme neuer Menschen in diese Eliten erfolgt selten spontan. Es kommen immer wieder dieselben Namen vor, nur in anderen Kontexten und Rollen. Die Eliten schaffen geschlossene Einheiten und lassen sich, bei allen inneren Unterschieden und Spaltungen, doch von einem gemeinsamen, übergeordneten Interesse leiten: auch weiterhin die herrschende Klasse zu stellen.

Man muß sich von berufsmäßigen Politikern fernhalten, weil einen diese als Instrument, als Werkzeug betrachten.

Wenn ein Berufspolitiker dich sieht, denkt er:

– Wozu könnte ich den brauchen? Wozu eignet sich der? Soll ich ihn zu dem oder jenem machen? Ihn dorthin oder dahin schicken? Und schon bist du deine Freiheit los, bist zum Opfer irgendwelcher Ambitionen, Spiele, Projekte geworden.

Unabhängigkeit, Einhaltung hoher ethischer Prinzipien – das hängt auch vom Charakter, von der Veranlagung eines Menschen ab. Orwell – ein introvertierter, schweigsamer Einzelgänger – war unabhängig, an niemanden gebunden. Gesellige, schwache, eitle Naturen, die Publikum brauchen und Applaus, neigen eher zum Opportunismus und dazu, sogar einen unwürdigen Status quo zu akzeptieren.

Eine These von Hermann Broch: Der politische Indifferentismus ist eng verwandt mit dem ethischen Indifferentismus.

Schwäche der Ethik: daß sie auf der Schwelle von Wissenschaft und Technik stehenbleibt, die in diesem Konflikt, falls es zu einem solchen kommt, fast immer die Oberhand behalten.

Pragmatismus. Was zeichnet ihn aus? Daß man die Karten immer wieder neu austeilen muß.

Irgendwo (aber wo?) habe ich gelesen, linke und rechte Überzeugung seien angeborene Orientierungen, mit denen der Mensch zur Welt kommt, weshalb es unter reichen Bürgern fanatische Kommunisten und unter armen Proletariern fanatische Rechte gegeben hat.

Wir können in der heutigen Welt eine deutliche Eskalation politischer, gesellschaftlicher, religiöser Bewegungen ohne intellektuellen Rückhalt, ohne theoretischen Unterbau beobachten. Die Beteiligten lassen sich von Emotionen, Instinkten, Reaktionen, Phobien, Vorurteilen usw. leiten, es fehlt ihnen jedoch an Wissen, Reflexion, an einem rationalen Programm.

A. B.: Krise der Intelligenz? Es ist eher das Ende einer gewissen Rolle, die diese in unseren Gesellschaften gespielt hat – die Rolle als Trägerin erhabener ethischer Werte, der meinungsprägenden Schicht, auf deren Stimme andere warten und für gewöhnlich hören. In diesen Kreisen wurde erstmals über den Charakter unseres kollektiven Verhaltens und den Sinn unseres Handelns nachgedacht.

Doch die Zeiten haben sich geändert und mit ihnen die Position der Intelligenz und die in sie gesetzten Erwartungen. Ihre Bedeutung, ihr Wert liegen heute in ihrer Kompetenz, ihrem Sachverstand, ihrem Wissen. Die Stelle des Sehers hat der Spezialist übernommen, der Mensch, der auf irgendeinem Gebiet von Wissenschaft oder Kunst etwas schafft, und zwar eher derjenige, der etwas hervorbringt, und weniger derjenige, der moralisiert.

Allein sind wir klüger als in der Gruppe.

Der Kommunismus bekämpfte jede Unabhängigkeit. Der Westen marginalisiert sie.

Politik – die Kunst, sich scheinbare Probleme auszudenken, um die Aufmerksamkeit der Öffentlichkeit von den echten abzulenken.

Westlicher Kapitalismus – das ist hochentwickelte Wissenschaft und starkes Recht. Dieser Kapitalismus unterscheidet sich von allen anderen Kapitalismen durch rationale und effektive Organisation. Alle anderen Kapitalismen stützen sich weniger auf Organisation als auf Improvisation.

In der Wirklichkeit, in der wir leben und die wir, wie wir meinen, kennen, entsteht unablässig die Zukunft, von der wir nichts wissen.

Warschau

Im PEN-Club eine Begegnung mit Gabriel Moked, Professor an der Universität Beer Sheba. Mir gefällt die Art, wie er auf Fragen antwortet. Er gibt auf alles die postmodernistische Antwort: »Kommt darauf an, wer«, oder »Kommt darauf an, was«.

Zum Beispiel:

Können die Juden in Israel Jiddisch?

»Kommt darauf an, wer. Es gibt welche, die Jiddisch können, und andere, die es nicht können.«

Weiß man in Israel etwas über Levinas?

»Kommt darauf an, wer. Es gibt welche, die etwas über ihn wissen, und andere, die nichts von ihm wissen.«

Und so weiter.

Und natürlich hat er recht. Er ist vorsichtig und unterstreicht die Relativität von allem, denn in dieser vielfältigen, mannigfaltigen Welt voller Widersprüche und Gegensätze ist es riskant und gefährlich, sich allzu weit mit Verallgemeinerungen vorzuwagen.

Ich traf A. J., eine Kultursoziologin. Ich schilderte ihr meine Eindrücke von der gestrigen Wahl der Miß Polonia. Es gab 18 Teilnehmerinnen am Finale. Auf die Antwort nach ihren Interessen antworteten die meisten: Parapsychologie.

Das war für mich eine Entdeckung! Nicht die Schönheit, nicht die Figur dieser Mädchen interessierten mich, sagte ich zu A. J., sondern ihr Denken. Die Parapsychologie! Hat also New Age solche Fortschritte gemacht? Hat es die junge Generation so weit beeinflußt? A. J. hingegen war weniger erstaunt. Ja, räumte sie ein, die Faszination für Parapsychologie ist bei der Jugend allgemein verbreitet. Ein großes Problem und ein großes Thema, fügte sie hinzu.

Von allen Welten, die auf unserem Planeten existieren, ist die Welt der Kinder am ungerechtesten eingerichtet. Es gibt einen lauten, verbissenen Streit um die Frage, wer das Recht hat (und ob er es hat), über die Geburt des Menschen zu entscheiden. Doch nicht weniger wichtig (obwohl allgemein mit Schweigen übergangen) ist eine andere Frage: Wo kommt der Mensch zur Welt? Unter welchen Bedingungen? Unter welchem Dach? Ob in der Familie reicher Amerikaner in Florida oder als Kind einer hungernden Mutter in den Ruinen eines angolanischen Dorfes? Ob er als herziges Baby in einem schattigen Garten in Sydney lebt oder auf Müllhalden in Recife Bananenschalen suchen muß?

Die Kinder im reichen Australien, in Amerika oder in Kanada werden in ein für sie geschaffenes Paradies hineingeboren. Die Kinder in Kambodscha, Mozambique und Bolivien in eine Hölle. Im Paradies gibt es Spielsachen, Süßigkeiten, Teddybären und Mickymäuse, das Paradies bemüht sich, dem Kind alles zu bieten, um es zufrieden zu stellen, froh zu machen. In der Hölle gibt es Hunger, Kälte, Krätze und Flöhe, kein Dach über dem Kopf und keine Schule, man muß betteln und stehlen und oft auch – früh sterben.

Zwei unterschiedliche Schicksale, die diese Kleinen

weder selber geschaffen noch sich ausgesucht haben. Wann begreift jeder von uns, ob ihn das Leben auf ein weiches Polster gesetzt oder, im Gegenteil, bis zum Hals in den Dreck getunkt hat? Und sind sich die Erniedrigten und Benachteiligten überhaupt des Unrechts bewußt, das ihnen zugefügt wird?

Im Jahre 1944 streunten wir – eine Schar abgerissener Kinder – durch die Straßen von Otwock, das die Deutschen bereits geräumt, die Russen jedoch noch nicht besetzt hatten. Wir waren hungrig, ohne Aussicht, etwas Eßbares zu ergattern. In der Nähe der Bahnstation führte ein Mann eine Reparaturwerkstatt für Fahrräder. Jeden Tag zu Mittag kam eine ältere Frau. Sie nahm einen tönernen Topf mit heißem Gulasch, einen Viertellaib Brot und eine Flasche mit Himbeerkompott aus ihrem Korb. Der Mann legte sein Werkzeug weg, setzte sich auf die Schwelle der Werkstatt und stellte den Topf zwischen die Beine. Er beugte sich vor und sog den Duft ein. Der Geruch der heißen Fleischbrühe ließ sein verschmiertes Gesicht erstrahlen. Langsam und bedächtig tauchte er den Aluminiumlöffel in den dampfenden Topf, blies auf die Fleischbrocken, kaute das Brot und trank dazu das Kompott aus der Flasche. Wir standen fasziniert von diesem Anblick auf der Straße, weit genug, daß uns der Mann nicht verjagen konnte, und doch so nahe, daß uns der Duft von Fleisch, Brot und Himbeeren wie Rauschgift betäubte. Ein Tier begann sich in meinem Inneren zu regen, wollte herausspringen, schnürte mir die Kehle zu. Ich verspürte Übelkeit. Übelkeit. Aber ein Gefühl, daß mir Unrecht geschah? Daß ich jemanden beneiden müßte? Dieses Gefühl von Neid, Wut und der Niederlage fand ich auch nicht bei den Kindern, mit denen ich in Liberia, Uganda und Somalia an der Front zusammen war.

Nachdem ich jahrelang in Afrika und Asien von Front zu Front gereist war, erkannte ich irgendwann einmal, daß die Kriege unserer Zeit Kriege von Kindern sind, daß in diesen Kriegen vor allem Kinder kämpfen und zugrunde gehen. Nach verschiedenen Angaben kämpfen über 200 000 Kindern an den Fronten der 24 bewaffneten Konflikte, die es heute gibt.

Man kann viele Gründe dafür aufzählen, daß so viele Kinder mit der Waffe in der Hand kämpfen. Die demographische Explosion der letzten Jahrzehnte ließ vor allem die Zahl der Jüngsten wachsen: Sie stellen daher eine Reserve dar, auf die man leicht zurückgreifen kann. Gleichzeitig haben die großen Migrationszüge, Hunger und Krankheiten viele Kinder ihrer Eltern beraubt – es gibt überall Massen von Waisen. Viele suchen Zuflucht in der Armee, wo sie etwas zu essen bekommen und auch Ersatz für die Familie finden.

Diese Scharen von Waisen fanden nicht zuletzt deshalb Beschäftigung im blutigen Kriegshandwerk, weil heute eine billige Ausführung einer leichten automatischen Waffe produziert wird (die russische AK-47 wiegt rund vier Kilo). Ein Kind kann diese Waffe mühelos tragen, mit ihr schießen und töten. Kinder, die noch zu klein sind, um den Wert des Lebens zu kennen, zeichnen sich in den Kämpfen durch besondere Lebensverachtung und hemmungslose Brutalität aus. Oft versorgen die älteren Anführer (die manchmal auch nicht viel älter sind – in Monrovia und Maputo habe ich schon halbwüchsige Jungen in dieser Rolle gesehen) die kleinen Soldaten mit Rauschgift und versetzen die Kinderbataillons damit in einen hemmungslosen Mordrausch. Ich habe einige Male solche Kindersoldaten an die Front begleitet. Obwohl sie in den sicheren Tod fuhren, waren sie fröhlich, als erwartete sie eine glänzende Unterhaltung, während ich Qualen der Angst erlebte.

Camus: »Die Welt ist nur eine unbekannte Landschaft, in der mein Herz keinen Halt mehr findet.«

Wann immer ich allein im Zimmer bin, alles um mich herum still ist und ich mich in ein Buch vertiefe, glaube ich, ja bin ich sicher, wenn ich aufschaue, eine Maus zu sehen, die aus einer Ecke gekommen ist und sich unsicher, ängstlich und zitternd umblickt, weil sie nicht weiß, wo sie hin soll.

★ ★ ★

Oase Al-Buraymi

Als ich am Rand dieser Oase (in der Nähe von Dubai, in den Vereinigten Arabischen Emiraten) entlangwanderte, sah ich eine erregte Menge, die sich um eines der großen Zelte geschart hatte. Alle drängten ins Innere, aufgeregte Rufe, lautes Zanken waren zu hören. Ich ging näher und versuchte mich durch das erhitzte, verschwitzte Getümmel zu drängen. Endlich gelangte ich hinein. Im Zelt herrschte Halbdunkel, unter dem niedrigen, ledernen Dach war die Luft so dick und schwer, daß ich kaum atmen konnte. Männer in weißen Galabijas standen dicht gedrängt, riefen durcheinander, haderten, gestikulierten, drohten mit den Fäusten und brüllten, bis ihre Halsadern anschwollen und die Augen blutunterlaufen waren.

In der Mitte des Zeltes stand eine verschreckte, magere Ziege. Sie schaute sich ängstlich um, wie sie sich am besten davonmachen könnte, doch an eine Flucht war nicht zu denken: Ein Junge hielt sie an einem kurzen Strick, der eng um ihren Hals geschlungen war. Die Araber betasteten die Ziege, um festzustellen, wieviel Fett an ihr dran war, und hoben sie am Schwanz hoch, um ihr Gewicht festzustellen. Dabei feilschten sie um ihren Preis. Es ging um eine Summe von rund dreißig Dollar. Ich betrachtete ihre Gesichter. Welche Leidenschaft aus denen sprach, welche Entschlossenheit, ja Besessenheit! Die Welt begann und endete mit dieser Ziege, die Ziege war ihr ein und alles.

Ich trat vor das Zelt. Ringsum war Wüste, überzogen mit einem Netz von Rohrleitungen, durch die Erdöl im Wert von Millionen und Abermillionen Dollars strömte. Doch keiner im Zelt dachte daran. Die Rohrleitungen und das Erdöl waren Abstraktionen, die zu einer anderen Welt gehörten. Ihre Welt waren das Zelt, die Wüste und die Ziege. Ohne Ziege kann ein Nomade nicht herumziehen, weil sie Milch gibt, die den Durst löscht und Leben schenkt.

Der deutsche Schriftsteller Hans Christoph Buch sagt mit Bedauern über seine Landsleute: »Die Deutschen interessieren sich nicht für Afrika.« Doch hier geht es um etwas anderes, um mehr: Es sind die Reichen dieser Welt, die sich nicht für die Armen interessieren. Die Reichen wollen von diesen Menschen nichts wissen, weil ihnen das die Freude am Konsum verderben und sie zwingen würde, über die Ungerechtigkeit der Welt nachzudenken. Nur der Erfolg zählt, nur über den lohnt es sich zu sprechen.

Noch vor zwanzig, dreißig Jahren strebten viele Länder nach Unabhängigkeit. Diese Länder suchten sich aus großen globalen Strukturen zu lösen. Heute ist die dominierende Tendenz eine andere: Heute geht es darum, in große globale Strukturen aufgenommen zu werden und daraus Nutzen zu ziehen. Mit einem Wort, die Entwicklung in der zweiten Hälfte des zwanzigsten Jahrhunderts verläuft über den Kampf um Unabhängigkeit zum Streben nach freiwilliger Abhängigkeit.

Die Armut ist unsolidarisch. So konnte sich auch kein Ethos der Dritten Welt, kein Patriotismus der Dritten Welt herausbilden.

Die Intellektuellen der Dritten Welt sind voller Komplexe, Überempfindlichkeiten und Ängste, so daß es ihnen schwerfällt, positive Meinungen, Theorien und Programme zu formulieren. In der Folge beteiligen sie sich nicht an den Diskussionen über das Schicksal unseres Planeten und seine Zukunft – dabei wäre ihre Stimme ungeheuer wichtig.

Die demographische Explosion, die Angst vor Übervölkerung, das sind uralte Ängste und Bedrohungen! »Im vierten Jahrhundert vor Christi«, schreibt Lidia Winniczuk in ihrem Buch »Menschen, Gebräuche und Sitten im antiken Griechenland und Rom« (1983), »wird das Problem der Übervölkerung als Bedrohung empfunden. Um das Jahr 330 v. Chr. entschlossen sich die Griechen, den Nachrichten des Historikers Polibius zufolge, nur mehr ein Kind, höchstens zwei aufzuziehen.« Wenn mehr Kinder zur Welt kamen, »wurden diese einfach auf den Misthaufen geworfen, was in der Regel einem Todesurteil gleichkam«. Die Autorin zitiert den Brief eines gewissen Hilarion an seine Frau Alis (1. Jh. v. Chr.): »Wenn du glücklich gebierst und es ein Knabe ist, laß ihn am Leben, ist es jedoch ein Mädchen, dann wirf es weg.«

Das Ende der Konfrontation zwischen Ost und West, welche die ganze zweite Hälfte des zwanzigsten Jahrhunderts prägte, macht eine neue Front von Konflikten sichtbar, die unsere Welt im einundzwanzigsten Jahrhundert bestimmen werden. Vereinfacht könnte man von einem Konflikt zwischen Norden und Süden sprechen, oder anders: zwischen Reich und Arm.

Noch eine zweite Veränderung wird sichtbar – an die Stelle der Massengesellschaft, die in der ersten Hälfte dieses Jahrhunderts entstand und sich im wesentlichen auf die entwickelten Länder beschränkte, tritt heute, als Folge der Entkolonialisierung und auch der rasanten Entwicklung der weltweiten Kommunikation, die »globale Gesellschaft«. Die Denkschulen, die ihr Entstehen begleiteten, gingen davon aus, daß die Entkolonialisierung fast automatisch einen wirtschaftlichen Aufschwung mit sich bringen würde. Erst in den siebziger Jahren begann man das nüchterner zu sehen: Auf der ersten Konferenz der FAO in Rom 1974 etwa wurden alarmierende Berichte vorgetragen.

Heute hegt keiner mehr Illusionen: Wir leben in einer Welt, in der alles ungerecht verteilt ist. Ein Drittel der Menschheit lebt im Wohlstand und zwei Drittel leben in Armut. Diese Kluft wird immer tiefer, da die Geburtenrate der armen Gesellschaften bekanntlich sehr hoch ist. Die reichen Gesellschaften Westeuropas sind bedeutend älter als die Gesellschaften in Afrika und Asien, wo fast fünfzig Prozent der Menschen jünger sind als 15 Jahre – und das verschärft noch die Brisanz der Situation, weil diese jungen Menschen keine Perspektive sehen und auch nichts auf Verbesserungen hindeutet. Im Gegenteil, in den Massenmedien sind in den letzten Jahren ganz deutlich Tendenzen zu beobachten, diese Probleme zu verharmlosen. Die Medien gehören den Reichen, und die sind nicht daran interessiert, ein *Bewußtsein* der Armut zu wecken.

Die weltweiten Medien kennen drei Methoden der Manipulation. Erstens ist allgemein bekannt, daß die Regionen der Armut in der Dritten Welt liegen. Und doch ist immer wieder von den »asiatischen Tigern« in der Dritten Welt die Rede, von Singapur oder auch Taiwan. Die Tatsache, daß die Bewohner dieser Staaten im Verhältnis zur Gesamtbevölkerung Asiens nur ein Prozent ausmachen, wird dabei verschwiegen.

Die zweite Manipulation besteht darin, das Problem allein im Hunger sehen zu wollen. Das ist ein wichtiger Unterschied: Nicht alle Menschen, die in Armut leben, leiden ständig Hunger. Wenn man die Probleme aller Armen allein auf das Problem des Hungers reduziert, verharmlost man das Phänomen der ungerechten Güterverteilung.

Man sagt, daß ungefähr 800 Millionen Menschen Hunger leiden, während die Gesamtbevölkerung der Erde doch beinahe sechs Milliarden beträgt. In Wahrheit leben zwei Drittel der Menschen in Armut, das heißt rund vier Milliarden.

Die dritte und ethisch bedenklichste Manipulation beschränkt das Problem der Hungernden auf die Frage der Ernährung. Die Zeitschrift »The Economist«, ein Sprachrohr der besitzenden Schichten, erschien vor einiger Zeit mit dem bezeichnenden Titel: »Wie kann man die Welt ernähren?« Eine solche Haltung reduziert das Individuum auf seinen Verdauungstrakt. Zur Beruhigung des Gewissens werden eigene Abteilungen internationaler Organisationen geschaffen, deren Ziel es ist, die Hungernden mit den wichtigsten Nahrungsmitteln zu versorgen. Wir verfügen über Organisationen, Finanzen und Transportmittel, sind also imstande, hierhin oder dorthin etwas Reis und Mais zu liefern.

Man spricht in diesem Zusammenhang weder von der Korruption, die oft die humanitäre Hilfe begleitet, noch davon, daß diese Art der Problembewältigung die Menschen, denen wir helfen wollen, schrecklich erniedrigt, ja ihrer Menschenwürde beraubt. Armut ist nicht allein ein Problem der Ernährung, des Hungers, von dem man spricht und den man bekämpfen möchte, indem man in dieses oder jenes Land Lebensmittel schickt. Das ist nur die Spitze des Eisbergs. Hinter dem Begriff »Hunger« stecken erbärmliche Lebens- und Wohnbedingungen, Krankheiten, Analphabetismus, Aggression, zerbrochene Familien, eine Auflösung der sozialen Bindungen, fehlende Zukunftsperspektiven und niedrige Produktivität. Ein Mensch, der sich einmal daran gewöhnt hat, Hilfe zu empfangen (die im übrigen nicht ausreichend ist), wird bis ans Ende seiner Tage am Tropf internationaler Organisationen hängen. Ich habe viele Flüchtlingslager gesehen und weiß daher, daß das, was das Fernsehen uns zeigt – Menschenmassen, die irgendwo Hilfe erhalten –, das wahre Problem ausblendet, nämlich die Tatsache, daß in diesen Lagern Millionen von Menschen unproduktiv sind, weil sie keine Arbeitsgeräte besitzen. Wir dürfen nicht vergessen, daß sich das vor allem in tropischen Zonen abspielt, wo die Böden, wenn sie nur kurze Zeit brachliegen, völlig unfruchtbar werden. Auf dem Fernsehschirm ist jedoch deutlich zu erkennen, daß diese Menschen kein Vieh mitführen und auch keine Gerätschaften, nicht einmal primitive Hauen. Sie haben nur Matten, auf denen sie schlafen. Und sie werden genau so lange leben, wie sie internationale Hilfe bekommen. Das ist ein viel ernsteres Problem: Den Hunger können wir mit einigem guten Willen beim gegenwärtigen Stand der Technik bekämpfen. Doch das Elend?

Man darf nicht vergessen, daß Armut und Hunger von einem Gefühl der Scham begleitet werden. Ein armer Mensch schämt sich oft ganz einfach und fühlt sich erniedrigt, weil in vielen Kulturen die Armut als Sünde gilt. Hier kommen wir zu dem Problem, das der amerikanische Anthropologe Oscar Lewis die Kultur der Armut nennt. Hinter Armut und Hunger steckt eine ganze Kultur, eine Form der negativen, destruktiven Existenz. Ein Mensch, der seit Generationen in einer Kultur der Armut lebt, ist nicht mehr imstande, unter anderen Bedingungen zu funktionieren. John Galbraith, Autor einer hervorragenden Studie über das Phänomen des Massenelends, unterschied zwei Formen von Armut: die pathologische Armut, die Menschen erfaßt, die in reichen Gesellschaften gescheitert sind, Entwurzelte, Obdachlose, und die Massenarmut, die ganze Gesellschaften der Dritten Welt erfaßt.

Es war Galbraith, der sagte, daß die Armut das größte und am weitesten verbreitete Unglück der Menschheit darstellt. Und dieser Begriff »Unglück« verschiebt alle unsere Überlegungen von der technisch-budgetären Ebene der Vereinten Nationen in Richtung der planetaren Solidarität, von der Jaspers sprach. Jaspers sagte, wir trügen allein durch unsere Existenz Verantwortung. Die Medien wollen uns diese Verantwortung abnehmen und alles auf die Technik und das Budget schieben.

Wir befinden uns in einer schwierigen Situation, weil die Kluft zwischen Armen und Reichen immer tiefer wird. In den reichen Gesellschaften verschwindet die Mittelklasse, und der Sozialstaat wird abgebaut. Die entwickelten Länder werden immer reicher und die armen Länder immer ärmer. In Manila gibt es ein Institut zur Verbesserung des Reisanbaus, in dem an der Entwicklung von Sorten gearbeitet wird, die viel höhere Erträge liefern. Diesem Institut wurden die Mittel so radikal gekürzt, daß das Personal um ein Drittel reduziert werden mußte. Gleichzeitig werden riesige Mittel für Forschungen aufgewendet, um die Kontrolle der Reichen über die Welt zu festigen, wie zum Beispiel für Systeme der Telekommunikation, des Cyberspace, aber auch für die Entwicklung immer luxuriöserer Autos. Die Welt wird zunehmend zu einer Welt der Reichen, und sie nehmen sie ausschließlich für sich in Anspruch.

Wir beobachten heute im globalen Maßstab ein neues soziologisches Phänomen (ich sage: »im globalen Maßstab«, weil die amerikanische Soziologie das so nennt) –

die *global outerclass* oder sozial ausgeschlossene Klasse. Bei uns in Polen versteht man das nicht. Früher sagte man oft: »Ich wäre gern ein Arbeitsloser in Frankreich oder in Deutschland«, weil die Arbeitslosen dort in unseren Augen sehr hohe Zuschüsse erhielten. Doch beim heutigen Fortschritt der Technik kann ein Mensch, der einmal die Arbeit verloren hat, diese nie wieder bekommen, weil sein Betrieb in einem Jahr in seiner Modernisierung so weit fortschreitet, daß er nicht mehr mithalten kann. In Westeuropa heißt es schon heute, daß jeder zwei Berufe lernen sollte: Wenn er in einem Beruf den Arbeitsplatz verliert, kann er es noch im zweiten versuchen. Darüber hinaus ist in vielen Ländern ein Prozeß im Gang, der in Amerika *downsizing* genannt wird, Kürzung – Kürzung von Planstellen und Posten, ja von ganzen Betrieben, Firmen, Institutionen. Dieses Damokleschwert schwebt über jedem von uns. Morgen gibt es in meinem Betrieb Kürzungen, und ich bin vielleicht der erste auf der Liste. Es kommt dazu, daß die Menschen Angst haben, in Urlaub zu fahren, weil ein guter Mitarbeiter niemals ausspannt. Wer oft Urlaub nimmt, wird vom Computer als erster entlassen.

Die wichtigste These des Buches mit dem bezeichnenden Titel »La Fin du Travail« lautet: »Eine permanente, garantierte und gut bezahlte Beschäftigung für alle hat für immer aufgehört.

Denk daran, daß du heute arbeitest, doch morgen vielleicht schon auf der Straße sitzt. Verlaß dich nur auf die eigene Verbesserung deiner Qualifikation in immer neuen Gebieten. Nur dein kulturelles Niveau, nur deine Fähigkeiten entscheiden über deine Zukunft.«

Die Erfahrung der zweiten Hälfte des zwanzigsten Jahrhunderts hat gezeigt, daß ein armes Land so lange arm bleibt, bis es eine Kapitalinjektion von außen erhält. Das heißt, einen Ausweg versprechen nur internationale Beteiligungen – so war das auch im Fall der oben genannten asiatischen Tigerstaaten, wo erst riesige Kapitalflüsse aus dem Ausland die wirtschaftliche Entwicklung der relativ kleinen Staaten in Gang brachten. Heute verfügt der Weltmarkt über weniger Kapital, als nötig wäre. Es gibt zuwenig Kapital, und deshalb wendet sich dieses – seiner Natur gehorchend – dorthin, wo es rasche Profite verspricht. Je ärmer ein Land ist, um so weniger Chancen hat es, Investitionen zu erhalten, daher ist es eigentlich zu permanenter Armut verdammt.

Ein weiteres charakteristisches Merkmal der Armut ist der Konflikt zwischen den Bewohnern der Stadt und des Dorfes. Die Landwirtschaft in den Ländern der Dritten Welt ist arm, weil der von der Bürokratie gelenkte Staat die städtische Schicht bevorzugt und die Preise für Agrarprodukte so weit heruntersetzt, daß es sich für den Bauern oft gar nicht mehr lohnt, Lebensmittel zu produzieren, und er selber in die Stadt abwandert. Die Folge sind die Megastädte der Armut, in deren Slums das Leben immer noch besser ist als im Dorf.

Wenn ich in einem afrikanischen Dorf bin, denke ich nur daran, möglichst rasch in die Stadt zu kommen. Dann mache ich mir die Mechanismen des Lebens in der Kultur der Armut bewußt. Der Hunger ist nur ein Teil dieser schrecklichen Existenz, der Rest, das sind ein unbequemes Lager auf dem nackten Erdboden, Flöhe und andere Parasiten, der ständige Wassermangel und, was vielleicht am wichtigsten ist – die Dunkelheit. In den Tropen geht die Sonne um sechs Uhr abends unter. Und bis sechs Uhr früh lebt man in totaler Finsternis. Eine chinesische Taschenlampe kostet einen Dollar, doch in dem senegalesischen Dorf, in dem ich zuletzt wohnte, hat keiner einen Dollar, um sich eine Taschenlampe zu kaufen. In den Städten gibt es noch in den ärgsten Slums Strom und damit Licht und Musik aus einem Radio – also ein wenig Unterhaltung. Die Leute kommen zusammen, und gleich begegnen wir einem paradoxen Konflikt: Der Bauer von gestern wird zum Feind seiner ehemaligen Nachbarn aus dem Heimatdorf. Das sind typische Merkmale für die Kultur der Armut, die Spannungen, Aggression und widersprüchliche Interessen erzeugt: Arme Gesellschaften sind unfähig, Formen gemeinsamen Handelns zu organisieren, weil sie atomisiert sind und zerrissen von internen Konflikten.

Die Gesellschaften unserer Welt leben in zwei unterschiedlichen Kulturen: in der Kultur des Konsumismus – also in Luxus, Wohlstand und Überfluß – und/oder in der Kultur der Armut, das heißt des Mangels an allem, der Angst vor dem Morgen, des knurrenden Magens, der fehlenden Chancen und Perspektiven.

Die Grenze zwischen diesen beiden Kulturen, die deutlich sichtbar wird, wenn man durch die Welt reist, ist gekennzeichnet von Konflikten, Abneigungen, Feindschaft. Es ist die wichtigste und tragischste Grenze, die heute unsere Erde teilt.

Es gibt keine einfachen, idealen Lösungen. Einen sofortigen, wenigstens teilweisen Ausweg würde vielleicht die Entwicklung einer billigen Technologie zur Entsalzung des Meerwassers bieten, um dieses zum Trinkwasser aufzubereiten (weil die Gesellschaften der unterentwickelten Länder unter Wassermangel leiden), und dann auch die Rettung der Wälder, die systematisch geplündert werden.

Heute werden die Dschungel in Südamerika und Afrika nicht nur von großen ausländischen Firmen abgeholzt, sondern auch von der einheimischen Bevölkerung, für die Holzkohle das einzige verfügbare Brennmaterial darstellt. Das zeigt, wie ungleich mit den Reichtümern der Welt gewirtschaftet wird: Es werden Kohlengruben geschlossen, obwohl es weltweit an Kohle mangelt. In den armen Ländern fehlt Petroleum für Lampen, obwohl Petroleum eines der billigsten Produkte ist, das man sich denken kann. Und keiner denkt in globalem Maßstab darüber nach. Es ist schockierend, daß die Bildung in den Ländern der Dritten Welt zurückgeht, weil die Kinder sich oft keinen Kugelschreiber kaufen können, der fünf Cent kostet. In Afrika habe ich oft Kinder getroffen, die nicht um Brot, Wasser, Schokolade oder Spielsachen bettelten, sondern um Kugelschreiber, weil sie zur Schule gehen, aber nichts zum Schreiben haben.

Diese Beispiele zeigen, daß es nicht allein ums Kapital geht, sondern vor allem um den fehlenden Willen, das fehlende Interesse. Die entwickelte Welt umgibt sich mit einem Sicherheitsgürtel der Gleichgültigkeit, sie errichtet eine globale Berliner Mauer, weil sie die Dritte Welt als Welt der Barbarei betrachtet – die Nachrichten von dort künden bloß von Kriegen, Morden, Rauschgift und Diebstahl, ansteckenden Krankheiten, Flüchtlingen und Hunger, alles Erscheinungen, die uns Angst einjagen.

Das Problem der massenhaften Armut muß unter zwei Aspekten gesehen werden, nicht nur unter jenem des »Gebens«, obwohl auch der vernachlässigt wird. Wenn wir einverstanden sind, daß alle Menschen, unabhängig von der geographischen Lage, Geschichte, Klima und Kultur, in Würde leben sollen, dann müssen wir darüber nachden-

ken, wie man die Mentalität der Menschen ändern könnte, die in einer Kultur der Armut aufwachsen, die leider
starke Mechanismen der Anpassung, der Abstumpfung und
des Mißtrauens hervorbringt. Diese Gesellschaften nehmen nicht gern Innovationen an – wenn ich 100 Dollar
besitze und riskiere, davon zehn zu investieren, kann ich
das getrost tun, weil mir, selbst wenn ich das Geld verliere,
immer noch 90 Dollar bleiben. Wenn ich jedoch nur zehn
Dollar habe und diese investieren soll, dann laufe ich
Gefahr, im Falle eines Mißerfolgs meine ganze Lebens-
grundlage zu verlieren. Es mag einfach sein, diese Haltung
bei einzelnen zu überwinden; bei ganzen Gesellschaften
fällt das jedoch ungeheuer schwer.

Die Dritte Welt ist ein neues Phänomen, das nach dem
Zweiten Weltkrieg auftauchte. Der erste Versuch, sich
selbst zu organisieren – die Bewegung der blockfreien
Staaten –, endete in einem Fiasko. Wir müssen also warten,
bis dort ein neues Konzept erarbeitet wird, das mehr
Unabhängigkeit und auch eine eigene Vision der Entwicklung anstrebt. Wir können das nicht für sie tun – in
der Dritten Welt selber muß eine Generation von Intellektuellen und Politikern heranwachsen, ähnlich jener, die
sie in die politische Unabhängigkeit geführt hat. Diese
Generation darf nicht länger die kulturellen Vorbilder der
Reichen kopieren, sondern muß bestrebt sein, die unge-
rechte Verteilung der Güter auszugleichen. Nicht mit
revolutionären Methoden – heute will Gott sei Dank keiner mehr eine weltweite blutige Revolution. Die Evolution des menschlichen Denkens und Verhaltens geht nicht
in Richtung aggressiver Forderungen. Man kann jedoch
nicht ausschließen, daß im Zug dieser Entwicklung – wie
etwa in China – noch mehr nationalistische Ambitionen

wach werden und diese Länder sich stärker auf ihre eigenen Interessen und ihren Platz in der Welt besinnen.

Der Wert des Vermögens, über das heute die 258 Reichsten der Welt verfügen, entspricht in der Summe den jährlichen Einkünften der ärmeren 45 Prozent der Menschheit (das sind rund zwei Milliarden 300 Millionen Menschen).

Zum x-ten Mal in ihrer Geschichte steht die Menschheit vor einem Wendepunkt. Wir haben ungeheure Mengen von Informationen zum Thema Armut angesammelt, können sie jedoch nicht in positives Handeln umsetzen. Wir kennen die Ursachen der Armut und wissen, warum sie so weit verbreitet ist, sind jedoch nicht fähig, sie zurückzudrängen und schließlich ganz zu beseitigen.

Traditionelle Gesellschaften zeichnen sich durch besonders komplizierte Strukturen aus. Ihre Organismen haben sich im Verlauf von Jahrhunderten herausgebildet, übereinander geschichtet, kumuliert, so daß sie am Ende eigenständige, unterschiedliche, kubistische Existenzen schufen. »Sie müssen bedenken«, sagte Javarhalal Nehru zu Tibor Mende, »daß es in den vierziger Jahren in Indien über fünfhundert mehr oder weniger autonome Kleinstaaten gab, die als unabhängig galten.« (Tibor Mende, »Gespräche mit Nehru«)

Ein Traum:
Ich reise durch Afrika. Eines Tages komme ich auf meiner beschwerlichen, langen Reise in ein einsames Dorf, verloren in der Einöde des Busches. In dem Dorf leben nur Russinnen. Sie sind vor ein paar Jahren mit ihren

Männern hingekommen, die in Moskau an der Lumumba-Universität studierten. Dann aber brach in diesem Teil des Kontinents Krieg aus, und die Männer zogen an die Front, und keiner kehrte wieder. Die Russinnen blieben allein zurück, sie wissen nicht einmal genau, wo sie sind.

Im Fernsehsender Euronews eine Reportage über das Rauschgift-Dreieck (Myanmar, Kambodscha, Laos). Einer der Herrscher, der eigentliche Besitzer dieser Region, ist der aus Myanmar gebürtige Khun Sa. Er hat seine eigene Armee, Paläste, unbegrenzte Reichtümer. Er ist ein für unsere Zeit (siehe auch Somalia, Liberia) typischer Warlord, Kazike, Bandenchef.

(Siehe Rufins Buch über »Die neuen Barbaren«, die langsam eine *terra incognita* in Besitz nehmen, Profite aus der internationalen Hilfe schlagen und sich in schwer zugänglichen Regionen der Welt zu Führern aufschwingen.)

Die Kriege haben heute in doppeltem Sinn lokalen Charakter: Sie werden in begrenzten Gebieten geführt, meist innerhalb eines Landes, und ändern nichts an der Ordnung der Welt.

Toronto

Mit Diana Kuprel und Marek Kusiba in der Universitätsbibliothek (Robarts Library). Riesige, helle Säle, die Bücher in Reichweite, Reihen von Computern. Doch das ist es nicht, was meine Aufmerksamkeit erregt. Mich macht das Aussehen der Mehrheit der Studenten stutzig. Toronto? Ich bin hier eher in Peking oder Seoul, Tokio, Singapur, Kuala Lumpur. Hier und da mischt sich ein

Europäer darunter, seltener ein Afro-Kanadier. Asien hat alle Universitäten der neuen Welt erobert, innerhalb von zwei, drei Generationen wurde die Wissenschaft dort zu einer Domäne von Menschen, die aus Hongkong, Shanghai, Yokohama, Manila und Bangkok stammen.

Die Dritte Welt rächt sich für ihre jahrelange Mißachtung, ihre erzwungene Zweitrangigkeit. Doch diese Rache erfolgt nicht in Form eines bewaffneten Angriffs. Ruhig, fleißig und methodisch übernimmt sie Gebiete, die immer deutlicher die Zukunft der Welt bestimmen – die Wissenschaft.

Die einen meinen, das kommende Jahrhundert werde das Jahrhundert Amerikas sein. Andere sprechen vom Jahrhundert Asiens. Doch alle sind sich einig, daß es nicht mehr das Jahrhundert Europas sein wird.

Brest 1996

Am Morgen des 30. Juli fuhr ich mit dem Zug von Pinsk nach Brest. Für die Entfernung von 180 Kilometern braucht der Zug dreieinhalb Stunden: Das sind etwas mehr als 50 Kilometer in der Stunde.

Am Vortag meiner Abreise hatte ich mich sogar gefreut, daß die Fahrt so lange dauern würde, weil ich noch einmal die Landschaft der Grenze, mein Polesie, sehen wollte, doch das war leider unmöglich: Die Scheiben waren so verklebt mit Schmutz und Schlamm, daß man nichts sehen konnte. Was da auf den Scheiben klebte, war alter Dreck, verkrustet, verschiedene Schichten übereinander, wie man das bei geologischen Querschnitten beobachten kann, fast könnte man sagen – ewiger Dreck. Auch öffnen ließen sich die Fenster nicht, denn die waren fest zu, für immer. Wegen der schmutzverkrusteten Fenster herrschte im

Abteil Dämmerlicht, Verdunkelung, obwohl draußen die Sonne schien.

Man konnte auch nicht aussteigen, wenn der Zug in einer Station hielt – dort durften nur die aussteigen, die den Zug endgültig verließen, die ihre Fahrt dort beendeten. Wer weiterfuhr, mußte auf seinem Platz bleiben. Das System funktioniert so, daß sich die Waggontür nur auf einer Seite des Wagens öffnen läßt, und die wird von der Schaffnerin bewacht (es gibt ebenso viele Schaffnerinnen wie Waggons: 20 Waggons – 20 Schaffnerinnen). Meist sind das junge Mädchen mit einem stark ausgeprägten Machtbewußtsein – sie wissen, daß alles von ihnen abhängt: Wenn sie wollen, lassen sie einen zusteigen, wenn nicht, bleibt man draußen. Sie schreien herum, bellen Befehle, drohen. Die Reisenden sind folgsam, unterwürfig und dabei sogar zufrieden – sie sind schon froh, daß sie überhaupt mitfahren dürfen.

Dabei erscheint es einem als Rettung, als Erlösung, nur für einen Moment, für eine Minute den Zug verlassen zu dürfen. Im Waggon herrscht nämlich ein würgender Mief. Seine erstickende Konsistenz läßt sich schwer beschreiben. Was da so duftet, sind Socken, Hemden, Kleider und Schürzen, Achselhöhlen und Füße, es duftet aus den Wachstuchtaschen, vom Fußboden her und von den Wänden, ein unbestimmbarer Geruch, säuerlichfad, bittersüß, allgegenwärtig, allem anhaftend, alles durchdringend, lähmend. Man weiß nicht, wie man atmen soll – atmet man flach, droht man zu ersticken, doch auch wenn man tief atmet, erstickt man, nur ist das Ersticken beim flachen Atmen sauber, eigenverantwortlich, ökologisch unbedenklich, während es beim tiefen Atmen begleitet wird von einem klebrigen, würgenden Gestank, als ramme einem jemand seine verschwitzte Faust in den Rachen.

Auf der Strecke zwischen den Stationen, wenn der Zug durch die weite Ebene Weißrußlands rollt, sind die Schaffnerinnen damit beschäftigt, sich schön zu machen. Jede hat ihr eigenes Abteil und in diesem Abteil einen Spiegel. Als wir in Brest ankommen, sind alle fein herausgeputzt, als sollte im nächsten Moment in der Station eine Modenschau beginnen.

Im Kassensaal in Brest drängt eine dichte Menge gegen die Schalter. Sie drängt, aber schweigt. Wenn einer laut wird, ohne amtlich dazu ermächtigt zu sein (der gewöhnliche Reisende ist aber zu gar nichts ermächtigt), kommen Milizionäre und jagen ihn aus der Schlange. Das Drängen geht also leise vor sich, höchstens hört man diejenigen schnaufen und stöhnen, die keine Fahrkarte ergattert haben.

Auch ich mache mich bereit zu drängen. Nach langem Fragen habe ich herausgefunden, wo die Kassa für internationale Fahrkarten ist. Dort drängen sich die, die eine Genehmigung für die Reise nach dem Westen besitzen. Auch sie drängen, selbstverständlich, doch diese Menge ist irgendwie etwas Besseres. Das sind schon die neuen Weißrussen, Klassengenossen der neuen Russen. Hier sieht man schon modische Anzüge, schnuppert den Duft französischen Parfums. Sogar das Drängen selber ist scheinbar von feinerem Schliff. Denn einerseits wissen diese Leute, daß sie ohne Drängen keine Fahrkarte bekommen, andererseits sind sie sich auch bewußt, daß so ein Verhalten nicht vornehm ist, nicht kultiviert.

Auf einigen Zentimetern spielt sich hier, an der Trennscheibe des Schalterfensters, eine spannende Konfrontation ab, das ständige Aufeinanderprallen zweier Zivilisationen. Auf der einen Seite des Fensters der Duft der weiten Welt – elegante Reisende werfen Namen hin: nach Brüssel,

nach Paris, Aachen, Hamburg. Und holen bündelweise
Dollar, Franken, Mark und Gulden aus den Taschen. Auf
der anderen Seite sitzt ganz allein eine Frau (es gibt nur
eine Kassiererin für die Masse von Menschen) und füllt
mit einem alten Kugelschreiber emsig die umfangreichen,
viele Rubriken umfassenden Fahrkarten aus. Und dann
beginnt sie langwierig und umständlich die Valuta in weiß-
russische Rubel umzurechnen. Das dauert und dauert und
nimmt kein Ende. Man kann nichts machen, nichts verbessern, nichts beschleunigen. Die beiden durch ein kleines Fenster getrennten Welten stehen einander gegenüber,
zwei Kulturen, zwei unterschiedliche Zeitmessungen.

In dieser Konfrontation zwischen der Welt von Brest
und der Welt von Paris und Brüssel trägt jedesmal Brest
den Sieg davon. Denn Brest läßt sich nicht an der Nase
herumführen oder gar zur Eile antreiben. Brest hat seine
eigene Zeitrechnung, und nach der muß hier alles ablau-
fen. Dazu kommt, daß Brest sich lustig macht über die
arrogante und naive Theorie des Westens, daß Geld alles
vermag. Selbst wenn du der Kassiererin ein ganzes Bündel
Dollar unter die Nase hältst, wird sie dir keine Fahrkarte
verkaufen: Keine Plätze mehr, sagt sie und knallt das Schal-
terfenster zu.

Zum Glück besaß ich eine Rückfahrkarte und mußte
die nur bestätigen lassen. Dann begann ich mich nach der
Zollabfertigung umzusehen, denn die Abfertigung findet
in Brest auf der Station statt und nicht im Zug. Auf die
Frage nach dem Zollamt erteilten mir verschiedene Menschen verschiedene Auskünfte, doch schließlich kam ich,
über den Faden zum Knäuel, ans Ziel. Ein großer, kalter
Saal, in der Mitte die Zollabfertigung: Tische, und auf diesen Apparate, um das Gepäck zu durchleuchten – alle
außer Betrieb, denn der Bahnhof war ohne Strom. Der

Bahnhof von Brest wurde einst im Stil der stalinistischen Prachtarchitektur errichtet (das Tor zur Sowjetunion), das heißt mit falschem Glanz, Pomp, vergoldetem Stuck und Marmor. Doch das alles gehört der Vergangenheit an. Der Putz bröckelt ab, die Türen schließen nicht, die Lüster sind zerbrochen, verbeult und blind.

In der Tiefe dieser riesigen Halle saß hinter einem Schreibtisch ein Zöllner und las Zeitung. Ich ging zu ihm hin, um zu fragen, ob man abgefertigt werden könnte. Er las weiter, blickte nicht hoch, gab keine Antwort. Neben ihm ein zweiter Zöllner, also wollte ich mich an den wenden, doch der saß da, den Blick abgewandt, reglos, irgendwie irreal, versteinert, schaute er starr vor sich hin. Ich stand vor ihnen, die Situation begann peinlich zu werden, denn der eine las weiter, obwohl ich meine Frage wiederholte, während der Reglose weiter reglos vor sich hinstarrte, beide völlig autistisch gefangen in ihrer tauben, unzugänglichen Welt. Ich beschloß daher, mich zurückzuziehen, jedoch nicht ganz, weil das ihren Verdacht hätte erregen können – wenn er hereingekommen ist, warum ist er dann wieder gegangen, sicher glaubt er, er könne sich irgendwie an uns vorbeischwindeln zum Zug, so ganz einfach und ohne alles! Ich wußte ja, daß die Köpfe dieser Zöllner anders arbeiten als meiner, deshalb versuchte ich nun mit viel Mühe den verschlungenen Pfaden ihres listigen, argwöhnischen Denkens zu folgen. Und weil dieses Denken auf der Annahme beruht, daß jeder einzelne Reisende böse, verbrecherische Absichten hegt, war mir klar, daß sie auch in mir jemanden sahen, der sie hinters Licht führen will, auf welche Weise jedoch – oh, darauf könnte es hundert verschiedene Antworten geben. Ich blieb daher in der Mitte des Saales stehen, in einiger Entfernung zu den Zöllnern, und wagte es nicht, nach draußen zu gehen.

Die Atmosphäre um mich herum wurde immer dicker, obwohl dem Anschein nach gar nichts geschah – ein Zöllner las und der zweite starrte reglos in die Weite, es war vollkommen still, vom Bahnhof drang kein Laut hierher.

Erst nach einiger Zeit kam ein zweiter Reisender, und gleich begann ich mich wohler zu fühlen. Das Verhältnis war jetzt zwei gegen zwei: zwei Hüter des Gesetzes gegen zwei potentielle Verletzer desselben. Der zweite Passagier begann eine Zollerklärung auszufüllen. Ich folgte seinem Beispiel. Neue Reisende kamen dazu. Wir standen da und warteten, was weiter geschehen würde. Nach etwa einer Stunde verschwanden meine beiden Zollbeamten, und zwei neue tauchten auf. Sie setzten sich an die Tische, und die Abfertigung begann. Ich schaute fasziniert zu, denn so etwas bekommt man heute in der Welt nicht mehr oft zu sehen. Der Mann vor mir in der Schlange reiste nach Berlin. Der Zöllner wies ihn an, alles Geld auf den Tisch zu legen und in Häufchen zu sortieren – hier die Dollar, da die Lire, die Peseten, dort die Mark. Er begann zu zählen, irgend etwas stimmte nicht, er zählte von vorn. Wieder stimmte es nicht überein. Er befahl dem Reisenden, seine Geldbörse vorzuzeigen. Die Börse war abgewetzt und besaß viele Fächer. Und genau das erregte seinen Argwohn: Wozu so viele Fächer, Abteilungen? Nun wurde die Geldbörse untersucht. In diesem Täschchen – nichts. Und hier? Auch nichts. Hmm. Aber irgend etwas stimmt da nicht. Zählen wir also von vorn! Dollar, Lire, Peseten, Mark. Endlich darf der Reisende, gehörig gescholten und zurechtgewiesen, weitergehen. Der nächste. Wieder stimmt nichts. Wieder Zählen, Nachzählen, Stöbern im Portemonnaie. Eigentlich gibt es bei jedem irgendwelche Fehler, Abweichungen, Irrtümer, Ungenauigkeiten, Widersprüche, Versehen, Nachlässigkeiten. Allen muß man Fragen stellen, muß die Widersprüche in ihren Antworten aufdecken, muß noch einmal fragen, ungläubig mit dem Kopf wackeln.

Doch das ist noch nicht das Ende. Ausgefragt, durchgezählt, ordentlich verzollt, müssen wir noch durch die Paßkontrolle gehen. Dafür werden wir in einen neuen Saal geschickt. Ein neuer Saal bedeutet neues Warten. Um ihre ganze Autorität unter Beweis zu stellen, braucht die Macht die Distanz der Zeit. Je größer die Macht, um so länger das Warten. Und außerdem macht Warten weich, wie die Untersuchungsrichter sagen. Ich warte vielleicht eine Viertelstunde, eine halbe Stunde. Dann kommen sie. Die Grenzwächter treten in ihre Verschläge und beginnen mit der Prüfung der Reisepässe. Wieder Fragen, wieder: Und wo, und was, Kopfschütteln, weder als Zeichen des Unglaubens noch der Zustimmung. Schließlich haben wir den Stempel im Paß und können zum Zug laufen, der längst auf dem Perron steht.

Können wir? Wir können nicht! Ein Soldat hält uns zurück und befiehlt uns zu warten. Jedoch nicht so, daß jeder einfach dasteht und wartet, wo er will, nein – man muß in einer geschlossenen Gruppe warten. Einer will sich zur Seite stehlen, der wird sofort ermahnt – bleib bei der Gruppe! Wir müssen dem Soldaten helfen. Ihm wurde befohlen, alle im Auge zu behalten, sie immer wieder zu zählen. Die Menschen drängt es zum Zug, der neben ihnen steht. Sie beginnen zu sabbern, aber – nein! Warten, in der Gruppe bleiben, bis der Befehl ertönt. Alle stehen scheinbar ruhig da, doch innerlich sind sie verunsichert. Alle wissen genau, daß die andere Welt zwar schon zum Greifen nahe ist, ihre ganze Reise jedoch noch einmal zum Ausgangspunkt zurückgeschickt werden kann. Hier sitzt ein Stempel nicht an der Stelle, wo er hingehört, vielleicht sollte man das Geld doch noch einmal nachzählen. Daher wächst die Nervosität der Menge. Durch die Menschen läuft eine elektrische Spannung, die sie in heftiges Zittern versetzt.

Endlich tritt der Soldat zurück – der Weg ist frei! Die Menge drängt in den Zug.

Wir fahren über die Brücke, unter uns träge der Fluß, Sandbänke, hohes Schilf. Im Nebenabteil fährt eine Gruppe junger Russen zu einem Liederfestival nach Prag. Einer spielt Ziehharmonika, alle singen. Sie singen »Jablotschko« und »Kalina«, sie singen »Tschornuju notsch« und »Wssjalby ja banduru«, sie singen »Dnipr ty Dnipr schyrokij« und »Nie sabudsch mjena«. Schließlich beginnt einer zu singen: »Artilleristi, Stalin dal prikaz« (»Artilleristen, Stalin hat befohlen«). Lachen brandet auf, dann wird es still im Abteil.

Artilleristi …

1. 9. 1996

Erster September!

1939: ein sonniger, warmer Morgen. Der Hof vor dem Haus meines Onkels in Pawlowo, wo wir die Ferien verbringen. In einem Lehnstuhl sitzt vornübergeneigt der Großvater. Er ist gelähmt, um den Kopf hat er eine frische Operationsnarbe. Ich erinnere mich gut an ihn: Er war großgewachsen, schlank, hatte ein längliches, hageres Gesicht mit Bartstoppeln. Der Großvater deutet mit seinem Stock gegen den Himmel – hoch oben, im Ozean des Blaus, ein paar silbrige Punkte. Sie sind kaum zu erkennen. An mein Ohr dringt ein entferntes Brummen, ein Dröhnen, der pulsierende Ton von Motoren. Ich habe noch nie Flugzeuge gesehen, noch nie ihr Geräusch gehört.

»Kinder!« ruft der Großvater und zielt mit der Stockspitze gegen die Flugzeuge, »behaltet diesen Tag im Gedächtnis! Behaltet ihn im Gedächtnis!« wiederholt er, während er mit dem Stock droht, wem droht er? – Uns? Den Flugzeugen? Der Welt?

Ich lief mit der Schar der anderen Kinder dorthin, wo wir auf dem breiten, sandigen Weg, der durchs Dorf führte, eine Menschenmenge sahen. Die Menge drängte sich um einen Mann, der den Kopf unter Dutzenden von drohend geschwungenen Fäusten duckte. Ich hörte, wie die Leute ein mir unbekanntes Wort riefen: Spion! Spion! Noch heute sehe ich die geballten Fäuste vor mir, das wilde Gedränge, die erhitzten Gesichter, verschwitzt und entstellt von Haß und Furcht. Ich stehe am Rand dieses Knäuels von Wut und Wahnsinn, ohne etwas zu begreifen, und ich weiß nicht einmal mehr, ob ich damals Angst hatte.

Ein Betonobelisk an der Ulica Elekcyjna in Warschau:
Hier erschossen die Hitlerdeutschen
in Massenexekutionen
der Zivilbevölkerung
ungefähr 4000 Einwohner von Wola

Mich berührt das Wort ungefähr. Diese 4000 Erschossenen sind anonyme Opfer: Wir kennen ihre Namen nicht, wissen nichts von ihnen. Daß diese nicht näher bezeichnete Gruppe von Hingerichteten mit dem Begriff »ungefähr« erfaßt wird, macht sie doppelt anonym: Die Anonymität erstreckt sich sogar auf das Wesen ihrer Existenz – wir wissen nicht, wer sie waren, wie viele sie waren, und nicht einmal – ob sie überhaupt waren. Sie entsprachen – nach Ansicht der Schergen – so wenig dem Status von Menschen, daß sie nicht einmal verdienten, gezählt zu werden. Der Tod ist in diesem Fall keine Herausforderung, kein Schrei, sondern das stille und totale Verschwinden eines, der vielleicht überhaupt nie existierte.

11. 9. 1996

Um sieben Uhr früh fiel dichter Regen. Es war kühl, und es wehte ein heftiger, durchdringender Wind, der die hohen, schlanken Pappeln hin und her bog und dehnte wie Bogensehnen. Eine Stunde später riß der Himmel auf – intensiv blau und weit. Die Luft wurde durchsichtig und frisch. Das dauerte jedoch nur kurze Zeit, und gleich zogen wieder dunkle, bleierne Wolken auf, das Grau kehrte zurück, und die Welt, im Sonnenschein deutlich und plastisch sichtbar, war wieder verwaschen, stumpf, verschwommen. Es begann von neuem zu regnen.

Die große Persönlichkeit Piłsudskis beeinflußte Gestalt und Denken Polens in der Zwischenkriegszeit. Nach der Niederlage Polens im September 1939 nannte daher der bekannte Dichter Tadeusz Peiper die Charaktereigeschaften und Philosophie des Marschalls eine der Ursachen für die Katastrophe: »Piłsudski tendierte von Natur aus zur Improvisation. Planung war nicht seine Stärke. Selbst wenn er sich langfristige Ziele setzte und das menschliche Material dafür vorbereitete, ließ er sich von Impulsen leiten. Daher ist sein Lebensweg nicht gerade. Und daher nennen ihn auch die Sozialisten einen Renegaten und die Demokraten einen Verräter an der Demokratie. Wenn sein Weg auf manchen Etappen konsequent erscheint, dann ist das psychologische Konsequenz, die kurzen Momenten seiner geballten Individualität entsprang. Er vermittelte den Eindruck, er sei Opfer jener üblen Gewohnheiten, die die polnischen Literaten seiner Zeit auszeichneten. In seinem Nachruf schrieb sein Adjutant, daß der Garten beim Gutshof des Marschalls in seinem ursprünglich Zustand, ohne jeden Einfluß gärtnerischer Kultivierungsarbeit, belassen werden mußte: Die Gartenarbeit wurde faktisch auf Null reduziert, nicht einmal neue Pfade durften angelegt und auch die alten nicht verbessert werden. Auch hier: Jeder Eingriff in den natürlichen Verlauf der Dinge war verboten. Auch hier: Jede Planung war unbekannt. Auch hier: Die natürliche Entwicklung wurde sich selbst überlassen. Der Garten war ein Abbild der Psyche seines Besitzers. Leider findet diese nicht nur im Verhältnis zu den Wegen im eigenen Garten, sondern auch zu den Straßen des Landes ihren Ausdruck. Die sprichwörtlich schlechten ›polnischen Straßen‹ betrachtete Piłsudski als einen Schutz für den Fall des Krieges. Auf ihnen sollten die motorisierten Räder des Feindes zerbrechen. Unter Piłsudskis Einfluß wurde also noch ein weiterer der vielen Aspekte der Primitivität Polens bewahrt, die den konservativen Kräften so sehr am Herzen lag. Unter Piłsudskis Einfluß verschwand der Ausbau eines modernen Straßennetzes von der Tagesordnung und wurde der schlechte Zustand der Wege zu einem Geschenk der Vorsehung erklärt. Seine negative Einstellung gegenüber der modernen Zivilisation hinderte ihn, den militärischen Wert neuer technischer Entwicklungen zu erkennen und darin Möglichkeiten für die Verteidigung zu suchen, die den Feind überraschen könnte. Die Einsprüche des Militärs hatten zur Folge, daß das Radio in Polen erst lange nach seiner Erfindung eingeführt wurde, und diese Haltung änderte sich erst, als sich im Ausland längst der Nutzen dieser Erfindung herausgestellt hatte. Pilsudski konnte sich nicht vorstellen, daß die Kampfkraft der Armee durch technische Erfindungen sei-

ner Landsleute verbessert werden könnte. Er hielt nichts
von den technischen Fähigkeiten der Polen. Und doch
waren es Polen, die bei einem internationalen Segelflie-
gerwettbewerb mit dem ersten Preis ausgezeichnet wurden, und noch dazu für die originelle Konstruktion des
Fluggerätes. Piłsudski lud die Sieger, die Konstrukteure
und den Piloten, ein. Beim Empfang sagte er nur immer
wieder: ›Daß Polen mit technischen Konstruktionen Welt-
rekorde aufstellen können! Daß Polen mit technischen
Konstruktionen ... ?!‹«

Die Situation Polens gegen Ende des zwanzigsten Jahrhunderts erscheint insofern paradox, als vieles von dem,
was in der Vergangenheit das Überleben der Nation
sicherte, nun lästig und hinderlich wurde:

1 – Die Polen widersetzten sich fremden, kolonialen
Mächten durch anarchistische Haltungen – Geset-
zesbrüche, Desorganisation usw., und diese Haltungen haben sich verfestigt;

2 – der Verlust der Unabhängigkeit verstärkte die Hinwendung zur Vergangenheit – Konservatismus, eine
Kultur des Freilichtmuseums. Die unabhängige Vergangenheit vor der Zeit der Teilungen wurde in
ihrer Gesamtheit zum glorifizierten Tabu erklärt. Es
war nicht möglich, Neuerungen zu diskutieren,
weil jede Kritik untersagt war (ein Angriff gegen
das Allerheiligste, Nestbeschmutzung usw.);

3 – der Kommunismus verstärkte noch diese Haltung
der Ablehnung, Gleichgültigkeit und des Leerlaufs.
Offizielle Losungen wie »Wir wollen den Parteitag
durch bessere Arbeit feiern« machten das Arbeits-
ethos lächerlich, das in unserer Gesellschaft ohnehin
nie wirklich fest verwurzelt war. Schlechte Arbeit

war eine Form der Opposition gegen das Regime (jeder Pfusch wurde auf diese Weise ethisch geadelt). Die polnische Ehre war die Ehre der heroischen Geste, des Schlachtfelds, der Redoute und Schanze, aber nicht der Arbeit an der Werkbank für höhere Produktion.

Die Überlegenheit der Deutschen und Russen gegenüber den Polen ist nicht nur auf ihre zahlenmäßige Überlegenheit und die Tatsache zurückzuführen, daß sie mehr Panzer besitzen: Sie sind uns auch überlegen, weil sie ein ausgeprägtes Staatsbewußtsein haben, Staatsinteressen über Parteiinteressen stellen und innere Konflikte beilegen, wenn es darum geht, den Staat zu stärken oder zu verteidigen.

Unser schwach entwickeltes Staatsbewußtsein, unsere Unfähigkeit, in Kategorien des Staates zu denken, unsere clanhafte Verbohrtheit, unsere Kultur der Eigenbrötelei – das ist es in Wahrheit, was uns im Vergleich zu unseren Nachbarn schwach und wehrlos macht.

Naleczów

Es ist Anfang Sommer, und Nałęczów ertrinkt in Grün. Ja, es ertrinkt, man hat den Eindruck einer grünen Flut, die uns verschlingt.

Eines fällt ins Auge: Wie viele Schattierungen dieses Grün besitzt! Das Grün des Ahorns und das Grün der Tanne sind farblich ganz verschieden! Und diese Schattierungen von Grün verändern sich je nach Tageszeit. Und je nachdem, wo die Sonne steht, in welchem Winkel ihre Strahlen einfallen und mit welcher Intensität. Das Grün des Vorfrühlings und das Grün des Frühlings sind ganz unterschiedlich. Das Grün des reifenden Sommers ist wieder anders. Und dann das erlöschende Grün des Herbstes. Und sein Verschwinden gegen Ende des Jahres. Wo ist es eigentlich hingekommen? Was geschieht mit ihm während des Winters? Es welkt, verwäscht, verschwindet. Für ein paar Monate versinkt es in einem weißen Winterschlaf.

Wenn man über die Felder von Nałęczów nach Wawolnica wandert, kann man hören, wie die Erde singt. Es ist nicht so, daß irgendwo eine einsame Stimme ertönt, dann an einem anderen Ort eine zweite. Der Gesang kommt von überall – aus den Feldern, von den Hügeln, aus den Schonungen, an denen man vorbeikommt. Die Erde singt mit den Stimmen der Vögel, doch diese sind unsichtbar, weil es heiß ist, die Sonne brennt und sie sich in den Schatten von Hecken flüchten, in Furchen schmiegen, in hohem Getreide verbergen.

Dieser Gesang verstummt nie. Von beiden Seiten des Weges hört man ein Zwitschern und Trällern, Soprane und Alte, ein Pfeifen und Zirpen. Ohne Unterlaß tönt die Erde von lauter Musik – eine vielsaitige, vielstimmige Kantate für Chor und Orchester von Vögeln, die unsere Wanderung begleitet.

Ein offener Raum, das ist es, wonach sich das Auge sehnt. Daß nichts den Blick behindert, begrenzt, einsperrt. Daß dieser nichts registrieren, beurteilen, auswählen, entscheiden muß, daß er frei und ungehindert bis zum Horizont schweifen kann, wo am äußersten Rand der Welt eine kaum sichtbare, in Dunst gehüllte Naht die Erde mit dem Himmel verbindet.

Vor allem aber macht der offene Raum uns selber frei und größer. Befreit vom Gewühl der Straßen, der Autoschlangen, von Autobussen und Metro, von der Enge der Ämter und Warteräume, vom Getriebe der Stadt-Maschine, das uns zu verschwitzten, erschöpften, anonymen Teilchen einer gigantischen Menschenmasse zermalmt, schöpfen wir wieder Atem, gewinnen unsere Freiheit, Gestalt, Identität zurück.

Hier bedroht uns nichts. Keine stoßenden Ellbogen, keine Flüche, Verwünschungen, kein Schuß in den Rücken. Niemand versucht uns hereinzulegen, zu belügen, zu übervorteilen, zu bestehlen. Wir können uns entspannen, ausruhen. Und obwohl wir bis an die Grenze des Horizontes und zum Himmel hinauf reichen, sehen wir, daß da immer noch viel Raum ist und wir diesen mit unserer eigenen Person ausfüllen können so weit wir wollen und können.

Wenn der Mensch durch eine schöne, abwechslungsreiche Landschaft wandert, reich an Hügeln, Tälern, Bäumen und Wasser, versucht er in seinem Verlangen unwillkürlich ihre kleinen stillen Winkel, abgeschiedenen Orte und wilden Flecken in Besitz zu nehmen. Hier, sagt er sich dann, möchte ich ein Haus haben. Ich würde eine große Veranda bauen. Von dieser hätte ich einen schönen Blick auf die Büsche am Fluß und dahinter auf die Baumgruppe im offenen Feld. Und weiter? Nichts. Weiter wäre dann nichts mehr.

Doch dann wird dieser Flecken von einem anderen übertroffen. Hier, denkt er dann, wäre es schön, ein Haus zu haben, auf dieser offenen Wiese. Nur Wiese, Feldblumen, Grillen und Libellen, hin und wieder vielleicht ein flüchtiges Reh. Und das alles umrahmt von dunklem Wald, so dicht, daß keiner herfindet.

So sind die Städte dieser Welt entstanden – Ur und Mohendscho-Daro, Boston und Sydney, Paris und Florenz: aus dem Wunsch, an einem Ort zu verweilen. Aus der

Stimmung, die einen Wanderer oder Seefahrer packt, wenn
er sich irgendwo hinsetzt, herumschaut und sich dann sagt:
Schön ist es hier, und ich hab' keine Kraft mehr, weiterzu-
ziehen. Da bleibe ich!

Wenn wir von Zarzeka nach Osten in Richtung Kolonia Drzewce und Piotrowice gehen, aber nicht auf der
Straße, sondern auf Feldwegen, über Abkürzungen, kommen wir bald zu Stellen, wo es keine Spuren von Menschen mehr gibt. Soweit das Auge reicht, ist niemand zu
sehen. Man hört kein Dröhnen und kein Quietschen,
nichts rattert, nichts knirscht, nichts heult. Unwillkürlich
schauen wir uns um nach Zeichen von Leben. Wenn wir
in der Wüste sind, schauen wir, ob sich da nichts im Sand
bewegt – vielleicht ein Käferchen oder eine Eidechse.
Wenn es eine arktische Landschaft ist, warten wir, ob nicht
eine Raubmöwe hochfliegt, eine Robbe auftaucht. Der
Mensch muß wissen, daß sich etwas bewegt; wenn nichts
geschieht, denkt er sich fliegende Untertassen, Fata Mor-
ganen und Hexen aus, die er auf Besen reiten läßt.

Und hier? In den Feldern zwischen dem weit entfern-
ten Zarzeka und der Kolonia Drzewce, die irgendwo vor
uns liegt? In dieser grünen, sonnenbeschienenen Einöde?
Man braucht nur stehenzubleiben und sich umzusehen.
Wieviel es hier von allem gibt! Im Getreide wiegen sich
blaue Kornblumen. Am Boden schlängeln sich rosa Win-
den. Und über ihnen schwanken weiße Kamillen. Und
flauschiger Löwenzahn, und stechende Disteln. Und bös-
artige Brennesseln, und nahrhafter weißer Gänsefuß, Sal-
bei, Johanniskraut und Gelbwurz. Doch am meisten gibt
es von den verschiedenen Gräsern, über den ganzen
Boden verstreut, auf Lichtungen, Böschungen der
Schluchten, schattigen Wegstücken.

Ja, die Wege. Früher bestand ein Feldweg aus zwei Rillen, die von den eisernen Reifen der Bauernwagen tief in den Boden gegraben wurden. In diesen Furchen lag Sand, von den hölzernen Speichen zu Staub gemahlen. Zwischen den Furchen sah man die Huftritte der Pferde, die vor die Wagen gespannt waren.

Solche Wege gibt es in dieser Gegend nicht mehr. Heute sind es breite Bahnen, von dicken Traktorreifen ausgefahren. In jeder Wirtschaft, jedem Hof steht ein Traktor. Hier ist das Pferd aus der dörflichen Landschaft verschwunden.

Der Mensch verliert den Kontakt zur Natur, entfernt sich immer weiter von ihr (man spricht nicht einmal mehr von der Natur, sondern von Ökologie). Kontakt zur Natur haben Menschen durch ihren Beruf (Biologen, Ornithologen, Förster) oder ihr Hobby – die werden als harmlose Sonderlinge angesehen. Mit der Natur verschwindet auch die Literatur, deren Thema und Held die Natur war.

Fotografien von Nałęczów vom Ende des 19., Anfang des 20. Jahrhunderts. Die Häuser, Villen, Gartenhäuser sind schön, doch es sind nur wenige, und die sind bescheiden! Wohlstand und Reichtum, Luxus und Überfluß hingegen finden ihren Ausdruck in der Größe, der Fülle, der Vielfalt, der Kubatur der verarbeiteten Materialien – Holz, Ziegel, Beton, Glas. Eine Landschaft, in der die aktive Anwesenheit des Menschen, verewigt in seinen konstruktiven Anstrengungen, sichtbar wird. Nehmen wir zum Beispiel Postkarten aus jener Zeit von St. Moritz, Sorrento, Alicante – mit Hunderten, Tausenden von Häusern, Villen, Palästen. Wie bescheiden wirkt Nałęczów im Vergleich dazu! Unsere historische Armut, unser Marasmus, unsere Verschlafenheit finden auch darin ihre Bestätigung.

In den letzten Monaten war ich in mehreren Sanatorien. Die Aufenthalte in solchen Orten geben einem Gelegenheit, die Menschen näher zu beobachten, zuzuhören, wie und worüber sie sprechen, ihr Benehmen und ihre Lebensart zu studieren. Es kommen vor allem ältere Menschen. Was an den meisten gleich auffällt, ist ihre Verbitterung, Gereiztheit, Schroffheit. Ein Lächeln macht alles nur schlimmer – es weckt ihren Argwohn: Er lächelt mir nicht zu, sondern über mich. Auf ein Lächeln reagiert sie oder er nur mit noch größerer Gereiztheit. Diese fehlende Freundlichkeit, die fehlende Wärme für den Nächsten. Ich weiß, daß das eine Folge schlimmer Erfahrungen ist, widriger Umstände am Arbeitsplatz, von Grobheit und Feindseligkeit, einem total vergifteten Leben, das diesen Menschen den Alltag vergällt.

Ja, ich bemühe mich, sie zu verstehen. Daß sie ein graues, erbärmliches, schlimmes Leben hatten. Daß sie es zu nichts gebracht, keine Perspektiven haben. Ich begreife das, kann es jedoch nicht rechtfertigen. Denn sie wirken so, als fühlten sie sich wohl in ihrer verbissenen Bösartigkeit, als stille dieser Mangel an Freundlichkeit und Wärme irgendein Bedürfnis und wäre ihnen sogar angenehm. Daher ist auch nicht zu erwarten, daß sie sich ändern, besänftigen, aufheitern.

Ich denke an Dostojewski, an die Gestalten seiner Bücher, an die Russen, die ständig »gereizt« sind, »irritiert«, »erzürnt«, die »schmollend«, »beleidigt«, »mürrisch« durch die Welt gehen.

Ich glaube, daß die Polen, über die ich hier schreibe, eher dem Typus des Russen entsprechen als dem eines Bürgers im Westen. Sie haben nichts von der Leichtigkeit des Franzosen, vom heiteren Temperament und der Offenheit des Italieners, von der Freundlichkeit und Hilfsbereitschaft des Amerikaners an sich. Statt dessen findet man da östliche Unfreundlichkeit der Steppe, Verschlossenheit und Sauertöpfischkeit der Mienen, eine obsessive Tendenz, Distanz zum anderen zu wahren, Mißtrauen und Kälte.

In diese Schlucht kommt man entweder von der Ulica Chmielowska oder der Ulica Głowackiego. Man könnte meinen, man träte über die Schwelle einer majestätischen Kathedrale. Hohe Schiffe aus massiven Stämmen von Eichen und Buchen, darüber schweben erhabene, weite Gewölbe aus Ästen und Zweigen. Durch die dichten Blätter wird das Sonnenlicht wie durch geheimnisvolle Glasfenster zerstäubt und gefiltert. Es herrscht eine feierliche, erhabene Stille. Die Welt außerhalb dieser Schlucht-Kathedrale hat aufgehört zu existieren. Und auch hier, in ihrem Inneren, ist niemand – kein Mensch, kein Tier. Nur diese reglose grüne Leere. Wenn jemand käme, der zu beten verstünde, würde er anfangen zu beten.

Białowieża

Eine Diskussion über das weitere Schicksal des Urwalds von Białowieża. Zwei Lager prallen dabei aufeinander, mehr noch – zwei Kulturen, zwei Mentalitäten. Da sind einmal die Nachfahren der Menschen aus der Epoche der Jäger und Sammler: Für sie ist die Natur die Dienerin des Menschen. Wenn da ein Wald ist, dann muß er abgeholzt werden, wenn es Tiere gibt, muß man die schießen. Wenn der Stamm dann alle Wälder abgeholzt und alle Tiere getötet hat, zieht er auf der Suche nach neuer Beute weiter. Das ist die Mentalität von Menschen, für die unsere Erde grenzenlos ist, versehen mit unermeßlichen, unerschöpflichen Reichtümern.

Das zweite Lager bilden die Menschen, die in der Natur keine Beute sehen, sondern etwas ganz anderes – unseren Bundesgenossen und Verwandten, dessen Dasein erst unsere Existenz möglich macht. Wenn da ein Wald ist, dann muß dieser wachsen, wenn es Tiere gibt, müssen sie leben. Der Mensch ist nicht allein, er ist Teil der Natur: Wenn er die Natur umbringt, vernichtet er sich selber. Das ist der Kern des Streits um den Urwald, von dem noch große Teile intakt sind.

Noch einmal über Białowieża

Wenn wir den alten Wald gefällt und an seiner Stelle einen neuen gepflanzt haben, bedeutet das nicht, daß wir, wenn der neue Wald zu wachsen beginnt, das Gleichgewicht in der Natur bewahrt oder wiederhergestellt hätten. Den alten Wald bringt keiner zurück. Diesen uralten Bestand an Bäumen mit ihrer Dichte, ihrem Schatten und Duft, ihren inneren Verflechtungen, Verbindungen, Abhängigkeiten kann man nicht neu schaffen, kopieren, wiederholen. Wenn dieser Wald gefällt wird, verschwindet ein Teil dieser Welt für immer.

Es verschwinden die Wälder der Erde: in Brasilien, China, Kamerun. In Ruanda, das einst grün war, bedecken die Wälder nur mehr zwei Prozent des Bodens. Das Abholzen der Wälder schreitet auf allen Kontinenten voran. Die Erde wird immer nackter und schutzloser.

Wola Chodkowska

Grau ist eine zerstörerische Farbe, es hat nichts als Grau in sich, erträgt nicht die Anwesenheit anderer Farben, tötet sie. Wo Grau herrscht, ist alles grau, gibt es keine Wahl, keine Alternative. Vor dem Häuschen in Wola Chodkowska stand ein schöner Rhododendron. Grün, saftig, stattlich. Er trug ansehnliche, große Blüten. Im Morgengrauen kamen Leute, gruben den Busch aus, luden ihn auf einen Wagen und verschwanden.

Früher einmal, vor langer Zeit, war dieser Ort grau. Dann pflanzten die Besitzer des Häuschens hier einen Rhododendron. Der Busch wuchs, war voller farbiger Blüten. Das Grau fühlte sich bedroht und griff an – es zerstörte das Andere. Eben dem Gesetz zufolge, daß Grau nur Grau toleriert. Alles, was bunt ist, muß verschwinden. Alles, was besser ist, wird vernichtet. Was höher ist, wird gestutzt. Grau ist Einheitlichkeit und Gleichartigkeit – niedrig, flach, langweilig, nichtig, und doch beherrschend, absolut, despotisch! Der Platz, wo der farbige Rhododendron stand, ist nun wieder grau: Das Grau stellte den ursprünglichen Zustand wieder her – einen grauen Zustand.

Wenn man über die Demokratie spricht, verweist man viel zu selten auf die Abhängigkeit ihrer Kraft, Autorität und Effizienz vom kulturellen Niveau der Gesellschaft. Dabei schwächt ein niedriges kulturelles Niveau die Demokratie, zieht sie nach unten, macht es ihr unmöglich, sich zu entwickeln und zu erstarken. Alle Diskussionen über die Chancen der Demokratie sind sinnlos, wenn sie nicht begleitet sind von einer Einschätzung des kulturellen Zustandes der Gesellschaft, seines Niveaus und seiner Lebendigkeit. Bei einem niedrigen kulturellen Niveau der

Gesellschaft wird die Demokratie durch ihre Karikatur ersetzt.

Viele naive (und öfter noch listige, hintertriebene) Menschen in postkommunistischen Ländern verstehen unter der Demokratie ein System, in dem alles erlaubt ist. In Wahrheit sind in den Ländern mit alten demokratischen Traditionen die Mechanismen der Kontrolle, des Gehorsams, der Disziplin, der Einschränkungen usw. sehr stark, fest, umfassend und effektiv, nur daß sie oft subtil und unsichtbar mit gesellschaftlichem Gewebe verwoben sind.

Die Leere unserer politischen Auseinandersetzungen. Ethische und kulturelle Leere. Denn nie wird hier die Frage von Benjamin Franklin gestellt: Wie kann man etwas besser machen, nur die Leninsche Frage: Wer – wen?

Cicero: »Non intelligit quid profiteatur« (»Er versteht nicht, was er bekennt«). Wie oft kommt einem das in den Sinn, wenn man verschiedene Aussagen, Erklärungen, Diskussionsbeiträge hört!

Ich sage: »Wie dunkel und schmutzig es bei euch ist!«
Antwort: »Dieses Haus gehört uns nicht!«
Das Problem ist also nicht, daß es sauber sein soll. Das Problem ist, wer dafür die Verantwortung trägt. Wer daran schuld ist. Die Frage ist nicht, wie man etwas verbessern, sondern wie man die Schuldigen ausfindig machen kann.

Wie eng, oberflächlich und demagogisch wir doch den Begriff Umweltschutz sehen! Wir richten unsere Angriffe gegen rauchende Fabrikschlote, vergiftete Flüsse, Abgase in den Städten. Und das ist natürlich richtig. Aber nicht nur die Großindustrie verschmutzt unsere Umwelt. Diese zu schützen und zu pflegen bedeutet auch, die Fenster zu waschen, abgeblätterte Wände neu zu bemalen, Zäune zu reparieren, Glühbirnen in Laternen zu schrauben, Wohnungen zu lüften. Es heißt, saubere Hemden zu tragen, Hände und Füße zu waschen, die schmutzigen Pfützen von den Gehsteigen, den Schlamm aus dem Rinnstein, den Abfall vor den Häusern zu entfernen. Die Umwelt beginnt dort, wo unsere Haut endet, sie ist in Reichweite unserer Hände.

Der junge Kenianer J. B. brachte mir das Drehbuch seines Filmes mit dem Titel »Ich sehe schwarz« zum Lesen. Ein Dokumentarfilm. Im Drehbuch finden sich gesammelte Aussagen von Polen, die belegen, daß diese Rassisten sind. Sie nennen die Afrikaner »schwarze Teufel« und sehen sie als untergeordnete Menschen oder gar Untermenschen an.

Für mich bringt die Wiederholung der These, daß viele Polen Rassisten sind, nichts Neues. Mehr würde es mich interessieren herauszufinden, auf welchen Wegen diese Stereotypen wandern. In diesem Fall ist ihr Ursprung im Westen zu suchen. Das Klischee der »schwarzen Teufel« wurde dort gebraucht, um erstens das historische Verbrechen des jahrhundertelangen Sklavenhandels zu rechtfertigen, aber auch die koloniale Unterdrückung, die ja zumindest in ihrer ersten Phase niederträchtig und blutig war. An keinem von beiden waren Polen beteiligt. Warum übernahmen sie dann eine Ideologie, die schließlich nicht ihrer Sache diente? Dieses Wandern von Stereotypen ist es, was mich fasziniert. Im neunzehnten Jahrhundert glich unsere Situation eher dem Schicksal Afrikas als dem der Schweiz oder Hollands: Wir waren eine Kolonie der Achsenmächte. Die Kolonien, über die Berlin damals regierte, waren Tanganjika, Polen und Ruanda-Burundi. Warum brachte diese gemeinsame Erfahrung keine Solidarität hervor?

Als ich den Historiker Professor Janusz Tazbir nach den Gründen für die Abneigung der Polen gegen die Afrikaner fragte, antwortete er: »Lesen Sie einmal, was die Polen nicht nur über die Afrikaner sagten, sondern auch über andere Weiße, etwa die Deutschen oder die Russen. Hier erst haben sie Ausdrücke gefunden und nicht mit Schimpfworten gespart!«

Gilbert K. Chesterton denkt über das Wesen der Welt nach: »Das Problem dieser Welt liegt nicht darin, daß sie irrational wäre oder auch allzu rational. Das Problem, dem wir am häufigsten begegnen, ist vielmehr darin zu suchen, daß die Welt rational ist, aber nicht vom Anfang bis zum Ende … Das seltsamste Merkmal der Wirklichkeit ist, daß sie insgeheim plötzlich um einen Zentimeter vom vorgesehenen Kurs abweicht. Das wirkt beinahe wie eine geheime Verschwörung im Kosmos. Äpfel oder Orangen sind so rund, daß man sie rund nennen kann, doch in Wahrheit läßt ihre Rundheit viel zu wünschen übrig … Überall begegnen wir diesem Aspekt der Unberechenbarkeit. Er entgeht der Aufmerksamkeit der Rationalisten, doch schließlich kommt er doch an den Tag … Der Wahrheitsgehalt eines Gedankens oder einer Vision läßt sich am einfachsten überprüfen, indem man schaut, ob sie die Existenz versteckter und überraschender Unregelmäßigkeiten in der Welt einkalkulieren.«

★ ★ ★

»Jeder Mensch sollte sein Leben auf dieser Welt nützen und etwas Gutes oder einen Fortschritt schaffen, denn in der jenseitigen Welt wird ihm nichts mehr gelingen.
Hochachtungsvoll
Ihr ergebenster Diener
K. Malewicz«

(Brief an den Kunsthistoriker Paweł Ettinger, nicht datiert)

Der erste Band Aufzeichnungen erschien unter dem Titel »Lapidarium« 1992 im Eichborn Verlag. Der vorliegende zweite Band umfaßt Notizen aus den Jahren 1989–1996, die hier ohne chronologische Ordnung vorgelegt werden.

Die fremdsprachigen Texte sind in der Regel nicht aus der Originalveröffentlichung, sondern aus dem Polnischen übersetzt worden. Wir haben diesen ungewöhnlichen Weg gewählt, um die Korrespondenzen zwischen den Zitaten und dem polnischen Text zu gewährleisten.